法律与科技译丛

算法社会

技术、权力和知识

〔荷〕马克·舒伦伯格　里克·彼得斯 编
王延川　栗鹏飞 译

商務印書館
创于1897 The Commercial Press

Routledge
Taylor & Francis Group

THE ALGORITHMIC SOCIETY

Technology, Power, and Knowledge

Edited by Marc Schuilenburg and Rik Peeters / 9787100220354

编者简介

马克·舒伦伯格（Marc Schuilenburg）

荷兰阿姆斯特丹自由大学刑法和犯罪学系助理教授。研究侧重于政治和犯罪控制、安全治理、社会秩序、理论犯罪学和法国哲学。著有《社会安全化：犯罪、风险和社会秩序》（纽约大学出版社，2015 年）和《歇斯底里：犯罪、媒体和政治》（卢德里奇出版社，2021 年）。

里克·彼得斯（Rik Peeters）

墨西哥城经济学研究与教学中心（CIDE）研究教授。他通过对官僚制、数字政府和行政负担的研究，分析了国家与公民之间的互动，发展了功能失调官僚制的社会成本理论，曾发表有关“数字牢笼”和“低信任官僚制”等方面的研究。

译者简介

王延川

法学博士，西北工业大学马克思主义学院教授、博士生导师。陕西省法学会互联网法律与治理研究会会长、陕西省法学会人工智能与大数据法学研究会常务副会长、陕西省公民科学素质与社会治理研究中心执行主任、西北工业大学智能科技与国家治理现代化研究中心主任和首席专家、西北工业大学陕西省重点舆情信息研究中心研究员、工信部智能科技风险法律防控重点实验室学术委员会委员、中国法学会研究会青年人才、华东政法大学数字法治研究院特聘研究员。研究方向为民商法和数字法治。

栗鹏飞

法学博士，西北农林科技大学人文社会发展学院讲师。陕西省法学会互联网法律与治理研究会秘书长。研究方向为商法、公司法。

译者序

我们无疑已经步入算法社会。人们的生活、工作和学习受到算法的重大和深刻影响。不仅如此，算法更是成为社会权力运行的主要媒介。各国政务机关越来越倾向于使用算法来预测犯罪行为和累犯率、提供公共服务、分配公共资源、识别税务和证券异常行为等。通过对人们日常行为中累积起来的数量惊人的数据进行分析，再用这些分析结果推动对人们日常社会行为的管理和控制，是算法社会的主要表现形式。《算法社会：技术、权力和知识》一书正是对该现象的反思之作。

在新形式的社会治理中，算法充当了“双面”角色。一方面，算法具有正面的社会治理效应。首先，算法在政务决策中可以提高效率，因为它能处理和分析大量数据，并找到人类理性无法创造的模式。其次，算法的使用被认为与公正呈正相关性，因为它减少了人类决策人员的偏见和主观性。第三，算法可用于提高安全性和安全感，因为它可以预测社会上可能出现的风险并给予预防或处理的建议。另一方面，算法也会带来负面效应。首先，政务算法决策的目的是降低管理成本和提高效益，而非正义、公平、赋权和关怀等社会利益追求。第二，政务算法决策是自上而下制定的，缺乏公众监督和基层参与。第三，算法程序由算法企业设计，政府工作人员和被应用于这些技术的社区通常不参与设计过程。第四，算法只能存在于标准化的代码和数据分类稳定的环境中，根据预先设计好的“方法”工作，无法针对突发状况给出解决问题的方案。第五，政务算法决策正在剥夺工作人员现场办公的权力，影响其自由裁量权。第六，算法一旦做出决策，将会影响决策相对方的利益，而且这种决策往往是终局性的，不容人们纠错，这就是算法权力的“任性”。正因如此，算法既是社会治理的工具，又是社会治理的对象。本书对上述观点都有涉及，且给出了精细的原因分析和相关问题的解决和应对建议。

本书的特色主要表现在两个方面：其一，从技术、权力和知识三个维度解析算法社会以及算法在社会治理中的功能。就技术层面而言，算法是决策和预测方法，这个功能借助于机器学习和人工智能来实现。就权力层面而言，最初政务部门只是将算法作为社会治理工具，但算法一旦进入决策系统，逐渐“反客为主”，从治理工具转变为治理主体。就知识层面而言，算法治理的手段并非强制性而是规劝性的，通过知识治理完成对行为的引导。这三个维度贯穿了本书的始终，使得内容具有强相关性。其二，将三个学术领域——公共管理、刑事司法和城市治理——融合到单一的算法治理的概念框架中，并提供了广泛的文化-政治分析，显示了算法这种技术和社会治理有机融合的现状，并试图解决算法使用中的关键性和伦理性问题。

算法问题目前已经得到国内外学界的普遍关注，围绕算法的性质、算法的功能、算法歧视和算法霸权、算法与法律、算法追责等问题已经有一些著作问世。本书与上述著作不同之处在于：

第一，主题广泛。本书除了算法与社会治理的基本知识点之外，主要包括但不局限于以下主题：算法治理术与政府的机械判断、算法与公民对政府信任、自动化决策的公平性、问责制和比例原则、数字管理善治、赋权和包容以及民主的预测性警务构建、预测性刑事司法的公平性、算法预测的解释和算法合理化、智慧城市的技术乌托邦愿景及其超越、智慧城市空间、智慧城市未来假设等问题。这些主题切中要害，深刻展示出算法在社会治理中的具体作用。

第二，涉及学科领域众多。本书将算法社会治理与哲学、法学、社会学、犯罪学、公共管理学、政治学、文化理论甚至生理学等学科联系起来，不仅具体而微地呈现出算法在不同领域的功能，而且勾勒了一幅算法融入社会治理后的宏大图景，读来极富学术张力。

第三，兼具理论抽象与制度分析。本书的贡献在于提供了一个算法技术、治理机制和社会影响的有机和广泛分析图景。从计算机科学研究的前沿出发，讨论算法技术与社会治理机制的实证关系，该讨论既有理论高度，又有建设性制度改进建议，读来极具启发性。

本书由两位著名的学者担任主编，他们是马克·舒伦伯格和里克·彼得斯。马克·舒伦伯格是荷兰阿姆斯特丹自由大学刑法和犯罪学系助理教授。他的研究侧重于政治和犯罪控制、安全治理、社会秩序、理论犯罪学和法国哲学。里克·彼得斯是墨西哥城经济学研究与教学中心（CIDE）研究教授。他通过对官僚制、数字政府和行政负担的研究，分析国家与公民之间的互动，发展了功能失调官僚制的社会成本分析理论，发表了有关“数字牢笼”和“低信任官僚制”等方面的著作。

本书翻译分工为：王延川翻译第一至第六章，栗鹏飞翻译第七至第十二章。王延川承担所有的统稿工作。

译事不易！本书作者基本上属于非英美国家的学者，英语运用非常灵活，加上内容涉及多学科知识和术语，翻译难度较大。由于译者能力有限，书中不够精确和通达之处在所难免，敬请读者谅解。也欢迎各位读者批评指正。

王延川

2023年2月15日

撰稿人简介

费尔南多·阿维拉（Fernando Ávila）：加拿大多伦多大学犯罪学和社会法律学研究中心的加拿大凡尼尔奖学金学者和博士候选人。研究方向是刑罚、人权和刑事司法系统。

加里·科格利亚尼斯（Cary Coglianese）：美国宾夕法尼亚大学爱德华·B. 希尔斯法学教授和政治学教授，指导宾夕法尼亚大学的规制计划。专门研究规制和规制程序，特别关注替代规制的战略和技术。新作有《实现规制卓越》（布鲁金斯学会出版社，2017年）和《规制崩溃：美国规制的信心危机》（宾夕法尼亚大学出版社，2012年）。曾担任《规制与治理》的创始编辑，也是《规制评论》的创始人。

斯蒂芬·格里梅利奎杰森（Stephan Grimmelikhuijsen）：荷兰乌得勒支大学治理学院副教授。研究主要集中于数字政府、数字透明度、公民与国家的互动、行为公共管理和公民对政府的信任等问题。

凯莉·汉娜-莫法特（Kelly Hannah-Moffat）：多伦多大学犯罪学和社会法律学教授，社会学教授。曾发表《算法风险治理：刑事司法辩护中的大数据分析、种族和信息激进主义》（《理论犯罪学》，2019年）。跨学科研究侧重于人权、犯罪记录公开、大数据、人工智能和风险算法、刑罚和差异群体、单独监禁和制度风险管理实践。

基思·海沃德（Keith Hayward）：丹麦哥本哈根大学法学院犯罪学教授。他是12本书的作者、编者或合编者，在犯罪学理论、文化犯罪学、空间与犯罪、恐怖主义与极端主义等领域有着广泛的研究和丰富著作。

保罗·亨曼（Paul Henman）：澳大利亚昆士兰大学数字社会学和社会政策学教授。20多年来，他一直在研究数字技术、政府政策和公共管理之间的关系。最近的工作有效地利用了新的数字方法来审视数字政府。最近的出版物包括《执行政府》（卢德里奇出版社，2018年）和《电子治理》（帕尔格雷夫麦克米伦出版社，2010年）。担任ARC自动化决策和社会卓越中心的首席研究员。

波拉·毛鲁托（Paula Maurutto）：加拿大多伦多大学社会学系副教授，犯罪学和社会法律研究中心兼职教员。研究集中在风险理论、监控以及城市安全和社会福利的交叉领域。目前致力于探索整个北美的数字安全和城市安全。

迈克尔·麦奎尔（Michael McGuire）：英国萨里大学犯罪学高级讲师。研究方向是技术、犯罪、社会控制以及最近的智慧城市文化和政治。著有《处于有利地位的警察机器人：自动化与警务终结》（《警务与社会》，2020年）和《平台犯罪》（卢德里奇出版社，2021年），在相关领域提出了新的话题。

阿尔伯特·梅杰（Albert Meijer）：荷兰乌得勒支大学治理学院公共管理教授。研究方向是信息时代的新公共管理和治理形式。担任《信息政治》杂志的联合主编，欧洲公共行政组织的电子政务常设研究小组联合主席。

布鲁尼尔达·巴利（Brunilda Pali）：比利时鲁汶大学犯罪学研究所高级研究员。她是《关键恢复性司法》（哈特出版社，2017年）和《跨文化欧洲恢复司法与安全》（卢德里奇出版社，2018年）的合编者。感兴趣的研究领域是性别、批判社会理论、社会正义、恢复性司法以及艺术。个人主页：www.restorotopias.com。

里克·彼得斯（Rik Peeters）：墨西哥城经济学研究与教学中心教授。他通过对官僚制、数字政府和行政负担的研究，分析了国家与公民之间的互动。在各种关于"数字牢笼"和"低信任官僚制"的出版物中（与其他出版物一起），发展了功能失调官僚制的社会成本理论。

马克·舒伦伯格（Marc Schuilenburg）：荷兰阿姆斯特丹自由大学刑法和犯罪学系助理教授。研究侧重于政治和犯罪控制、安全治理、社会秩序、理论犯罪学和法国哲学。最近的著作包括《社会安全化：犯罪、风险和社会秩序》（纽约大学出版社，2015年）和《歇斯底里：犯罪、媒体和政治》（卢德里奇出版社，2021年）。个人主页：www.marcschuilenburg.nl。

罗萨蒙德·范·布雷克（Rosamunde van Brakel）：比利时布鲁塞尔自由大学法律、科学、技术和社会研究小组的研究教授，同时负责协调该大学监视研究项目。兼任荷兰阿姆斯特丹自由大学的欧洲微电子研究中心研究小组的博士后研究员，致力于隐私保护和智慧城市的研究项目。自2006年以来，她一直在研究儿童风险分析、闭路电视和预测性警务等监控技术的社会和道德后果。目前正在研究比利时监控治理和犯罪控制的历史。

马里斯·范·埃克（Marlies van Eck）：荷兰莱顿大学电子法律研究所法律和数字技术助理教授。研究专长是数字治理中公民的法律保护。她参加了面向所有荷兰公民的国家人工智能免费在线课程，并在胡姆斯特拉合伙企业中担任管理顾问。

格温·范·艾克（Gwen van Eijk）：荷兰鹿特丹伊拉斯谟大学法学院犯罪学助理教授。研究侧重于通过政策和实践，特别是在刑事司法和城市发展方面，表现和再现社会不平等的方式。最近的出版物探讨了算法风险评估中的社会经济偏见。个人主页：www.gwenvaneijk.nl。

阿詹·威德拉克（Arjan Widlak）：卡夫卡旅基金会学术总监，该基金会是一个独立的非营利性研究组织，旨在研究什么是官僚主义障碍，其原因是什么，以及如何为变革创造条件等。他的学术出版物和行动研究侧重于从公民的角度讨论政府、标准化和行政司法的数字化转型。想要了解更多信息请访问：www.kafkabrigade.nl或www.kafkabrigade.org。

目　录

第二部分　算法司法

第三部分 算法城市

第一章 算法社会：引言 1

里克·彼得斯 马克·舒伦伯格

算法将怎样塑造你？

从简单推荐在线搜索结果或社交媒体上“你可能认识”的朋友，到帮助医生预测你患癌症的风险，决定你是否能获得抵押贷款，或者预测暴力团伙犯罪和入室盗窃犯罪等更重要的问题，随处可见算法的身影。但是，它很难被发现，你甚至可能都没有注意到我们的生活在多大程度上受到它的影响。我们在脸书（Facebook）上消费的内容、Spotify上听的音乐、奈飞（Netflix）上观看的电影，都依赖于算法的预测建模。借助每次点击，算法学习将“投喂”个性化内容，并为我们推销最佳的体验。尽管许多算法用例由商业利益驱动，但它们也被用于公共领域，比如医疗保健、教育、刑事司法和税务管理。公共组织越来越多地使用新形式的数据分析来改善其公共服务。我们发现，法官使用算法来决定刑事被告是否可能再次犯罪。我们看到，市政当局使用算法来确定废物回收的最佳路线。我们看到，老师在学校用算法分配学生。算法正在被普遍接受并将继续帮助我们。算法是应对我们这个时代重大挑战，如安全、公共服务、健康医疗和环境保护的一种良策。

我们生活在一场重大的生活变革中，虽然这是一个令人难以置信的时空，但我们必须警惕随之而来的影响。我们的日常行为产生了数量惊人的数据，算法处理这些数据并据其做出管理、控制和引导我们日常生活行为的决策。算法的使用不仅扩大了日常的管控和监督的可能性，而且引入了一种新的范式，即提高治理的合理性，转变权力的运作方式，以及闭合决策的程序。我们可以用“算法治理”或者社会学家所说的“算法官僚”来描述它，算法治理则代表用“黑箱”算法取代人性化、清晰可读和负责任的判断（2006, 2009; Engin & Treleaven,
2 2019）。“算法治理”一词表达的是三个独特但相互关联的要素，这些要素直接影响我们的行为。虽然决策自动化并非特别新鲜之事，但算法的影响在自动化、架构、预期应用这三个方面正变得越来越系统化。

全**自动化**意味着人类代理几乎完全可以从决策程序中退出，尽管在实践中这种情况的程度有所差异。算法收集信息（输入）、处理信息（吞吐量）、应用信息（输出）并学习改善输出（反馈）（Zarsky, 2013; Citron & Pasquale, 2014; Danaher et al., 2017）。人工智能、数据库、网站和自动化程序正在从实际决策中取代人类代理（Henman, 2010; Peeters & Widlak, 2018; Van der Voort et al., 2019）。而且，决策成为一个分类问题，而不是个案的判断问题（Peeters & Schuilenburg, 2018）。因此，新的行动者或专家正在进入博弈（通常没有受过社会科学方面的培训）。自由裁量权转移到设计算法的IT专业人员和识别行为模式的数据分析师手中，在某种程度上也转移到了算法手中，它们辨别新模式，并通过机器学习相应地调整决策程序（Hannah-Moffat, 2019）。

再者，算法不仅嵌入现有的组织实践或程序中，而且形成了信息**架构**的核心，在很大程度上决定了商业组织和公共服务的运作方式。算法的广泛使用符合组织运作数字化的历史发展。20世纪80年代，信息技术主要用于将组织文档转换为标准化和可打印的版本。接下来是通过数字化将文件和信息录入数据库，然后将其用于数字化形式的决策程序和组织分析。预先登记的纳税申报表就是这种发展变化的典型例子。因此，组织实践也会相应地发生变化。电脑屏幕取代了纸张，系统级信息技术取代了基于正式法律程序的个人决策（Bovens & Zouridis, 2002; Landsbergen, 2004）。最新的发展是利用信息技术在网络组织之间共享数据。现在一个组织的自动化决策的做出可以基于来自另一个组织的信息，这不仅意味着技术的协调（Olson & Subodh, 2010），还包括定义、分类和法律框架的协调（Widlak & Peeters, 2018）。因此，算法作为数据共享和自动化决策程序的核心，应该被理解为更广泛的信息架构的一部分（参见Yeung, 2011, 2018）。超组织信息系统作为一种基础设施，允许信息自由流动，但也指导和限制其使用（Bowker & Star, 2000; Cordella, 2010）。

最后，近年来基于算法的组织实践的应用范围在逐渐扩大。更重要的是，算法不再仅仅被用于现有的内部自动化程序中，而且在形成新的社会治理模式过程中发挥了关键作用。比如在上述示例中，算法用于预测、引导或约束人的行为（Danaher et al.，2017）。它们通过分数、排名、简况和范式来做到这一点。在《监控资本主义》（*Surveillance Capitalism*）（Zuboff, 2019）

3 一书中作者写道，信用卡公司以及脸书和谷歌（Google）等社交媒体平台，对客户行为进行分析和预测成为支撑他们数字王国的一种强大的商业模式，并且适用于电子商务（Mayer-Schoenberger & Cukier, 2013）。关于公民的评分和排名的大量事务也延伸扩大到公共领域（Harcourt, 2015: 205），其中借助于算法的风险评估用于制作禁飞名单、缓刑决定（Smith, Bennett Moses & Chan, 2017: 260），确定警察监控资源分配（Bennett Moses & Chan, 2018），或以大数据分析而得出“其他”算法结论上的异常事物（Aradau & Blanke, 2017）。此时，算法**预期应用**通过将人及其行为化约为一组变量——如年龄、性别、教育水平、消费者行为、犯罪记录和收入等——来突出行为模式和特征。个人已成为“分格”（Deleuze, 1990），由描述和预测其行为的数据集定义。因此，自主和主权主体的范式不再是一个启发性的出发点。“分格”在不同的数据库中是具有许多角色的实体（Koopman, 2019）。

理解算法

算法治理是公共和私营组织运作的核心。例如，警务部门使用算法来预测更有可能发生犯罪的地点、时间和人物（Perry et al., 2013; Asquer, 2014; Van Brakel, 2016; Smith & O’Malley, 2017; Williams, Burnap & Sloan, 2017; Bennett Moses & Chan, 2018）。在刑事司法中，算法被用来预测被告和罪犯未来的危险性（Sjöstedt & Grann, 2002; Kleiman, Ostrom & Cheeman, 2007; Berk, 2012, Berk & Bleich, 2013; Hamilton, 2015; Goel, Rao & Shroff, 2016; Douglas et al., 2017）。销售人员利用算法

从在线搜索查询记录、信用卡购买数据和行为数据中分析消费者人群（Sadin, 2009; Mager, 2012; Reigeluth, 2014; Harcourt, 2015; Zuboff, 2019）。此外，政府机构正在转向使用算法来识别福利欺诈、提供公共服务、对可见资源分配监管人员以及评估儿童保护风险（Coglianese & Lehr, 2017; Van Eck, 2018; Yeung, 2018; Engin & Treleaven, 2019; Henman, 2019）。

然而，“算法”这个词本身就是一个古老的词汇。它的起源可以追溯到9世纪的波斯数学家阿尔·花剌子模（Al-Khwarizmi），他受印度数学程式的影响写了一本关于印度教计算术的书。表面看来，算法只不过是完成指定任务的一组精确步骤，并将带来一些令人满意的结果。有效的算法必须具有三个特征：有限性、指令明确和有效性。烹饪食谱就是一种算法，因为是按连续顺序完成的指令列表。然而，算法并非微不足道。当人们说担心日常生活中算法的影响时，其实他们正在讨论的是私营和公共组织应用先进的统计方法和技术，使个人获得权 4
利和服务的决策自动化，并从庞大的数据集中找出模式和相关性，以便对其行为做出预测。

决策和预测

在概念和分析上理解算法决策和算法预测之间的差异是非常重要的，虽然这样的区分在组织环境中可能并存也可能不会并存。算法决策是传统行政决策的数字化版本。他们的区分和分类形式最常用于自动化常规的非复杂行政决策，如确定公民和客户是否是适格的权利主体、服务对象或义务的承受者（Bovens & Zouridis, 2002）。然而，算法预测是一种统计分析形式，适用于从更广泛的群体中根据特定的特征或行为模式识别个体。算法预测不是传统行政决策的延伸，而是政府工具的最新补充。就其本身而言，算法预测并不涉及行政决策，尽管这个功能也可以被设计到算法中。相反，算法预测通常用于告知人类决策者如何通过风险分析或行为干预来筛选出特定的人或其他目标，以进行量身定制的关注和对待。加拿大犯罪学家凯莉·汉娜–莫法特（Kelly Hannah-Moffat, 2019）谈到了“心理信息化风险技术”。

支持算法预测的统计模型可以由人预先编程，也可能通过机器学习和人工智能“外包”给算法本身。虽然这两个术语经常交替使用，但它们并不完全相同。机器学习是人工智能的一种最新应用，它基于这样的理念：通过让机器访问它们自己学习的数据，无需显式编程，便可以做出准确的预测。基于训练模型，这些算法并非完全预先设计的，而是自我适应的，通过分析大数据集来“学习”新的分类或预测方法（Binns, 2018）。正如名称所表明的，人工智能是以一种被人们认为“聪明”的方式来执行任务。它包括任何一种能够系统展示人类智能的技术。人工智能与机器学习的不同之处在于，没有后者则前者无法存在——然而后者可以在没有前者的情况下而存在。总而言之，算法、机器学习和人工智能构成了我们社会新的数字基础设施。

算法和合理化

算法只能存在于标准化的代码和分类的稳定环境中。它们根据预先设计的“方法”工作。或者，在机器学习的情况下，它们可以自动生成或自我复制（Luhmann, 1990）。除了算法目

标函数的设计及其数据输入，数据在“方法”的各个步骤中无
声地流动，不受人为干扰（Introna & Wood, 2004）。算法产生
的结果不需要“论证”。它们并不提出论点或推理，也没有透露 5
来源或假设，相反，仅仅是围绕诸如品味、生活方式、健康等
事实编制特定形式的知识，反过来这些特定形式的知识又会产
生力量。为使算法设计透明，这个“黑箱”可能会被打开，但
是，对算法运行的任何干扰都是不可能的。因此，我们认为，
算法是“合理化的工具”（Peeters & Schuilenburg, 2018）或
“合理化的力量”（Pasquale, 2015: 15）。

若是将算法视为类似于官僚或行政机制而非智能系统（Caplan & Boyd, 2018: 2），我们可以更好地理解它对我们日常生活中行为治理的影响。算法在组织中按照传统官僚机构的组成、程序和规则进行区分、分类和处理数据，只不过它的处理速度和数据量都超过了任何人的处理能力。就像所有的信息技术一样，它们的特点是“简化”和“闭合”（Kallinikos, 2005）。简化是将任务或问题分解为一组需要按顺序执行的操作过程。闭合作为简化的必要补充，意味着“隔离式和黑箱式顺序操作，以确保其执行不受外部干扰”（Cordella & Tempini, 2015: 281）。算法的使用使得决策过程更像机器的运转。它们让任务标准化和正式化，就像传统行政官僚机构使用规制和程序所追求的目标那样（Gajduschek, 2003）。

然而，与官僚体制相比较而言，算法在两个重要方面存在短板。首先，算法不会留下书面痕迹。无论是在遵循的程序中，还是在为得出结论而做出的决定中，算法不仅不像表格、文件和文档那么有形，而且透明度也更低。程序由IT专业人员设计或通过机器学习进行自我调整。结果是由一个封闭的数字操作

系统产生。无论是公民还是每天从事算法工作的人都无法洞察或影响这些程序。这给我们带来了算法和官僚体制之间的第二个区别：排除人类代理。随着自动化越来越完善，人们了解、影响或质疑系统功能的访问点越来越少（Eubanks, 2018）。算法不能像人类决策者那样对其行为负责。在许多情况下，决策者无法充分解释算法是如何产生结果的。即使算法结果需要由人类决策跟进，一个依靠算法作为核心管理机制的组织也可以成为一个“数字牢笼”（Peeters & Widlak, 2018），在这种情况下，很少有人能了解系统是如何工作的，甚至连算法的开发人员都不了解，也不知道如何影响它。

算法权力

在过去的十多年里，算法的权力已经渗透到社会的许多领域。这表明，我们需要从算法的角度来思考，将其认定为我们
6 社会中权力的表现形式之一。然而，与此同时，算法的力量不仅在于计算机代码，还在于它已成为“规范化代码”的一部分（Foucault, 2014: 38）。这意味着，算法并不是简单地拥有古典意义上的权力，比如以主权的方式施展权力。相反，它们构成了政府技术本身，因为为那些试图在公共和个人层面上引导、操纵或管理行为的技术提供了“脚本”（参见Akrich & Latour; 1992）。或者，用米歇尔·福柯的话说，算法“构建他者可能的行动领域”（1982: 221）。

故此，我们应该超越仅关注技术品质的算法解释。这意味着，我们不应该仅仅专注于技术问题：“什么是算法？”这是一个有本质主义和功能主义风险的问题。相反，还必须关注涉

及算法功能的问题。它们是如何工作的？在哪些领域工作？对我们的行为有什么影响？政府如何利用它们来治理社会？通过提出这些问题，才可以更深入了解算法在社会中的具体部署方式。大致来说，我们可以确定算法的三种类型的应用：（1）资格确定；（2）风险评估；（3）人员管理。

资格确定：算法被用于自动确定某人在提供服务或征收关税时的身份或资格。自动纳税申报和学生补助金分配是两个典型的例子（Bovens & Zouridis, 2002）。这是算法应用的最基本类型，该应用在某些方面更多地与传统政府职能（决定权利和义务）有关，而不是与当代治理有关。然而，在全自动化和信息架构的背景下，算法资格的确定会影响整个公共和私营组织系统的治理。如今，某人的身份可能由一个组织决定（例如，一个人的居住身份），但这些信息会被潜在的、无限多的组织用来确定各种服务的资格（Peeters & Widlak, 2018）。

风险评估：算法被用于自动生成对资源分配和个体个性化待遇的可能性和风险的评估。算法被集中用于做出监管力度、警务、欺诈识别相关的处理决策（Smith & O'Malley, 2017; Yeung, 2018; Engin & Treleaven, 2019），以及做出对有危险的人的处理决定，比如怎样对待少年犯（Asquer, 2014; Goel, Rao & Shroff, 2016; Aradau & Blanke, 2017）。风险评估使精算、先发制人和预防性的治理形式成为可能，这些措施试图使“未来安全和可靠”（Schuilenburg, 2015: 67–68）。

人员管理：算法被用于生成对特定目标人群的行为观察，以便积极影响他们未来的行为。在私营领域，消费者信息不仅被用于预测其行为，而且主动预测可以为其提供的个性化服务（Mayer-Schoenberger & Cukier, 2013）。公共部门最突出的人员管理形式是“智慧城市”，其中行为观察被用于管理公共领域的人员流动（Vanolo, 2014; Sadowski & Pasquale, 2015;
7 Morozov & Bria 2018）。智慧城市暗指一种管理公共空间的方式，其目标是为了促进高效、安全和以消费为中心的空间利用，通过有效的技术来分析和积极调整人们的行为（McGuire, 2018; Schuilenburg & Peeters, 2018; Pali & Schuilenburg, 2019）。

为更好地理解算法权力，有必要分析算法工具如何重塑国家、私营公司和公民之间的权力关系。批判性理论通常将数据政治框定在从规训社会到控制社会的轨迹上。通过对德勒兹（Deleuze, 1990; 2003）作品的拓展，许多作者试图将数据的权力概念化。无论是用“信息权力”（考普曼，Koopman）、“阐释权力”（哈考特，Harcourt）、“数据权力”（萨马尤，Chamayou）还是“心理权力”（斯蒂格勒，Stiegler）来定义这一点，很明显都需要解决算法的内在本质及其在社会过程中的潜在作用。这意味着我们不仅需要考虑算法的影响和后果，还需要考虑算法在由图像、传说、故事、符号、虚构等填充的社会秩序进程中震荡的强大方式，这些填充物如果不是由整个社会共享，起码也应该由大部分人共享（Ferrell, Hayward & Young, 2015）。大卫·比尔（David Beer）认为，通过探索算法的社会想象，我们可能会发现更为广泛的合理性、知识创造和行为规范，这些发现不仅是关于如何使用算法来提升计算客观性的愿景，还涉及更为广泛的治理术，而广泛的治理术的概念有助于打开更为宽广的领域。

算法治理的弊端

每天，我们都依赖算法来改善我们的生活。之所以如此，原因在于算法能够比人类更公平、更高效。算法也可以使决策变得更可靠、更容易、更省时、成本更低。但是，有几个问题需要引起注意。目前仍在进行的有关算法使用的讨论集中在以下方面：（1）消除决策中的人为因素；（2）注重自动化决策的效率；（3）计算机分析的综合性（Harcourt, 2007; Christin, Rosenblat & Boyd, 2015; Domingos, 2015; Goel, Rao & Shroff, 2016; Smith, Bennett Moses & Chan, 2017）。

首先，算法的支持者声称，通过消除人为因素中的邪恶问题以及对大众产生负面影响的所有方式，算法将使决策很少受偏见或情绪的影响（Sandvig, 2015; Zarsky, 2016）。然而，批评者却指出，算法经常表达的是深深植根于社会模式和偏见的行为方式。我们怎么能知道可以信任算法的决定？虽然算法缺乏成为种族主义者的意识，但它们可以再现偏见或传播特定的价值，而这些特定的价值反映系统设计者或输入数据的偏见（Nissenbaum, 2001）。例如，人们越来越担心警务实践中的“脏数据”，这些数据是从有瑕疵的、有种族偏见的和不法的行为中产生的，使用这些数据会导致歧视性结果以及对极度贫困和非白人城区的过度监控（Richardson, Schultz & Crawford, 2019）。基于机器学习的算法决策同样如此。基于教育、就业、收入或 8
其他特征产生非正义的社会经济不平等，算法“学习”了这些有偏见的数据后会为其找到新的说辞（Van Eijk, 2017; Binns, 2018）。比如，数据模型分析会对那些在过去更容易违约或被判有罪的个人或群体给出更高的风险评分。

其次，算法能够以比人类决策者更快的速度处理更大量的数据（Laney, 2001）。使用算法进行风险评估也可以提高效率，因为资源可以更为明确地分配给控制或监管的高风险领域（Harcourt, 2007）。然而，反对者指出，追求效率是有代价的。首先，模糊和缺乏透明度在很大程度上是算法固有的特征（Grimmelikhuijsen & Meijer, 2014）。原则上，基于知识系统（如利用预先确定输入数据和处理程序的系统）输出背后的推理可以解释为与本质上不透明的机器学习算法相对（Danaher, 2016）。然而，每天坐在屏幕前使用自动生成决策系统的行政官僚，通常对算法如何工作和算法如何生成结果的过程并不了解（Peeters & Widlak, 2018）。此外，许多算法受到专有法的保护，这进一步使问责制复杂化（Pasquale, 2015）。在许多情况下，算法作为商业秘密受到法律保护，而且是像可口可乐的配方一样受到法律的严格保护。另一个反对算法提升效率的理由是涉及有关隐私和数据保护的法律问题（Polonetsky & Tene, 2013），此外还包括与行政公正和善治原则的兼容性（Van Eck, 2018）。最后，几位作者认为，组织运营上的效率并不会必然转化为对受自动决策约束的公民的效率或公平（Peeters, 2019）。例如，去除人类决策的自由裁量空间，会使复杂个案的比例和合理处理复杂化。原则上，传统官僚机构的所有不理智倾向也适用于自动决策（Peeters & Widlak, 2018）。

再次，算法不仅能够比人类更快地得出结果，还能够发现新的模式以及处理远远超过人类能力的大量可变因素（Kitchin, 2014）。这种潜力尤其适用于预测算法（Smith & O'Malley, 2017)，该算法将现实的表征投射到未来，比如，借助从犯罪学统计到社交媒体挖掘的数据识别犯罪模式和嫌疑人（Williams, Burnap & Sloan, 2017）。然而，全面性并不能等同于准确性。批评者指出了各种认知问题。由于需要“普遍而完美的监控”（Smith, Bennett Moses & Chan, 2017: 267）来汇集成一个真正

完整的数据集，所以完全预测是无法实现的。此外，始终需要
将理论模型设计到算法中，以识别相关数据（Smith, Bennett
Moses & Chan, 2017: 268）并防止它们“在可能的相关性迷雾
中”丢失（Crawford, 2014）。再者，即使是算法生成的正确
预测也是基于相关性而非因果解释（Mckinlay, 2017），这会使
对于干预对象的充分识别变得复杂。除了认知复杂性之外，批 9
评者还就全面算法治理的规范含义提出警示。通常使用算法的
目的在于控制，这导致了对隐私和极权倾向的担忧（Yeung,
2011; Dixon & Gellman, 2014; Edwards, 2016; Bayamlioğlu
et al.，2018）。技术官僚的分类和代码就其本质而言是有争议
的，因为它们突出了复杂现实的特定要素，而忽略了其他要素
（Bowker & Star, 2000）。因此，算法的设计和使用总是暗含着
道德选择。

超越批判

本书旨在理解算法治理的机制和社会意义，探究算法工具如何重塑国家、私营公司和公民之间的权力关系。主要目的是对算法在我们社会中的使用以及包含其中的逻辑、价值观和假设进行深入分析。我们如何将算法治理概念化？其核心的动力和先决条件是什么？我们围绕公共行政、刑事司法和智慧城市这三个领域组织编写了本书，以便更深入地了解算法在我们社会中的作用。具体来说，我们的目标是为现有的算法研究做出两个方面的贡献。

首先，本书汇集了现行分散的三个学术话题：公共行政、刑事司法和城市治理。公共当局核心机制（如决策、监管和服

务提供）中算法的社会和组织后果是什么？算法应用程序如何改变警务和司法实践？我们如何理解新城市景观的“智能心理”？大多数研究集中于部门应用，这里的目标是分析算法治理的系统性，以及如何转化为治理社会和管理行为的新模式。尽管算法的重要性已在各种学术辩论中被提到，但本书将它们整合到一个概念框架中。这有助于充分理解算法在社会治理中的重要性。

其次，本书不仅超越了实用主义的描述，而且对算法治理提出了建设性的批评意见。在许多情况下，算法的使用往往是自我授权的，冒着缺乏民主、道德和司法合法性的风险。至关重要的一点是，它们的设计和应用方式必须符合社会正义、包容和团结的价值观。我们假定算法已被广泛接受，那么，相关的问题是如何处理和它们的关系。如何保证算法治理公平合理、公正而无偏私？哪些措施可以用来减轻算法治理的负面影响或可能的影响？简而言之，供算法使用的道德和法律框架是什么？本书的每一章都融合了批判性分析，以及我们该如何尝试使算法治理与民主、法律和社会价值观相兼容的观点。

10 本书概要

本书的第一部分主要探讨了在公共组织的核心机制如决策、监管、服务提供和规则执行中算法治理的大致内容。引言主要定义了算法治理所保护的各个方面，并探索其改变社会治理和政府内部动态的方式。编者引言之后，保罗·亨曼在本书第二章分析了算法治理术，并且主张建立更强大的法律保护和评估结合模式，以挑战政府的机器判断。在第三章中，加里·科格利亚尼斯综述了在政府监管中使用算法的主要反对意见，并主张通过人力资源能力建设来缓解这些批评。在第四章中，阿尔伯特·梅杰和斯蒂芬·格里梅利奎杰森提出了使用算法破坏公民对政府的信任这一问题，并制定了一套评估事项，来引导公共组织使用负责任的算法应用程序。在第五章中，阿詹·威德拉克、马里斯·范·埃克和里克·彼得斯以数字善治原则的形式进一步阐述了这一主题，以确保自动化决策的公平性、问责制和比例原则。

本书的第二部分分析了算法司法的关键内容并将之概念化，比如预测性警务和预测性刑事司法。预测性警务和预测性司法提出了算法安全与正义、尊严和团结价值观之间关系的问题。第六章中费尔南多·阿维拉、凯莉·汉娜-莫法特和波拉·毛鲁托认为，假设刑事司法中机器学习算法和大数据的使用会带来更准确、更公平的判决，这种看法是有问题的。公平的概念缺乏精确性和一致性，数据分析的去场景化性质引发了人们对社会价值观模糊和风险评估具歧视性影响的关注。第七章中罗萨蒙德·范·布雷克建议在民主技术、数字民主和积极犯罪学方法的启发下，以更赋权、包容和民主的方式重新思考预测性警务。第八章格温·范·艾克讨论了以控制风险为基础的回归矫正实践中算法司法的伦理问题。她认为，这个问题首先不是一个技术问题，而是一个人与算法交互的问题，特别是人类对算法预测的解释和算法的合理化问题。

在本书的第三部分，引言中分析了在公共空间中管控我们行为的各种方法。重点是智慧城市以及算法和城市治理的关系。在第九章，马克·舒伦伯格和布鲁尼尔达·巴利超越了智慧城市的技术乌托邦愿景，并且试图通过分析城市治理和发展中市

场主导和技术官僚解决方案的新自由主义思潮，将辩论重新政治化。在第十章中，迈克尔·麦奎尔分析了智慧城市塑造人工
11 的、卫生控制的城市空间的方式。对城市空间的传统焦虑是从智慧城市中设计出来的，取而代之的是个性化但最终非实质性且高度可控的安全、福祉和连接性体验。在第十一章中，基思·海沃德深入分析了居住在最终由计算系统定义和实施的城市空间意味着什么的问题。他概述了“智慧城市的未来”的五个假设，并指出新出现的文化，该文化抵制从社会技术想象向技术决定的现实转型的威胁。

本书的编者在最后一章汇总了各章的各种论点以及本书的指导主题思想。本章围绕算法化的过程与社会治理之间的联系提出了五个方面的观察。为了概括各章中最重要的发现，我们将算法社会定义为“涉及政府和私营主体之间混合联系的一系列实践和话语；其由一系列相对较新的数据驱动技术支撑，通过自己的知识模式以及形成新主体的特殊方式，为社会治理增加了新的层面”。我们以新研究和进一步理论化为指引来结束本章。

参考文献

Akrich, M. and B. Latour. 1992. A summary of a convenient vocabulary for the semiotics of human and nonhuman assemblies. In *Shaping technology/building society: Studies in sociotechnical change*, edited by W. Bijker and J. Law, 259–264. Cambridge, MA: The MIT Press.

Aneesh, A. 2006. *Virtual migration: The programming of globalization*. Durham, NC: Duke University Press.

Aneesh, A. 2009. Global labor: Algocratic modes of organization. *Sociological*

Theory, 27 (4): 347–370.

Aradau, C. and T. Blanke. 2017. Governing others: Anomaly and the algorithmic subject of security. *European Journal of International Security*, 3 (1): 1–21.

Asquer, A. 2014. Big data and innovation in the delivery of public services: The case of predictive policing in Kent. In *Handbook of research on democratic strategies and citizen-centered E-Government services*, edited by C. Dolićanin, E. Kajan, D. Randjelović and B. Stojanović, 20–37. Hershey, PA: IGI Global.

Bayamlioğlu, E., I. Baraliuc, L. Janssens and M. Hildebrandt, eds. 2018. *Being profiled: Cogitase ergo sum–10 years of 'profiling the European citizen'*. Amsterdam: Amsterdam University Press. Beer, D. 2017.The social power of algorithms. *Information, Communication & Society*, 20 (1):1–13.

Bennett Moses, L. and J. Chan. 2018. Algorithmic prediction in policing: Assumptions, evaluation, and accountability. *Policing and Society*, 28 (7): 806–822.

Berk, R. A. 2012. *Criminal justice forecasts of risk: A machine learning approach*. New York: Springer.

Berk, R. A. and J. Bleich. 2013. Statistical procedures for forecasting criminal behavior. *Criminology & Public Policy*, 12 (3): 513–544.

Binns, R. 2018.Algorithmic accountability and public reason. *Philosophy &Technology*, 31 (4): 543–556.

Bovens, M. and S. Zouridis. 2002. From street-level to system-level bureaucracies: How information and communication technology is transforming administrative discretion and constitutional control. *Public Administration Review*, 62 (2): 174–184.

Bowker, G. C. and S. L. Star. 2000. *Sorting things out*. Cambridge, MA: The MIT Press.

Caplan, R. and D. Boyd. 2018. Isomorphism through algorithms: Institutional dependencies in the case of Facebook. *Big Data & Society*, doi: 10.1177/2053951718757253, accessed 08-06-2020.

Christin, A., A. Rosenblat and D. Boyd. 2015. Courts and predictive algorithms. *Data & Civil Rights:A New Era of Policing and Justice*. http://www.datacivilrights.org/pubs/2015-1027/ WDN-Courts_and_Predictive_Algorithms.pdf; accessed 21-05-2020.

Citron, D. and F. Pasquale. 2014.The scored society: Due process for automated predictions. *Washington Law Review*, 89 (1): 1–33.

Coglianese, C. and D. Lehr. 2017. Regulating by robot: Administrative decision making in the machine-learning era. *The Georgetown Law Journal*, 105: 1147–1223.

Cordella, A. 2010. Information infrastructure: an actor-network perspective. *International Journal of Actor-Network Theory and Technological Innovation*, 2 (1): 27–53.

Cordella, A. and N.Tempini. 2015. E-government and organizational change: Reappraising the role of ICT and bureaucracy in public service delivery. *Government Information Quarterly*, 32 (3): 279–286.

Crawford, K. 2014. The anxieties of big data. *The New Inquiry*, May 30, 2014.

Danaher, J. 2016. The threat of algocracy: reality, resistance and accommodation. *Philosophy & Technology*, 29 (3): 245–268.

Danaher, J., M. J. Hogan, C. Noone, R. Kennedy, A. Behan, A. De Paor, H. Felzmann, et al. 2017. Algorithmic governance: Developing a research agenda through the power of collective intelligence. *Big Data & Society*, doi: 10.1177/2053951717726554; accessed 28-04-2020.

Deleuze, G. 1990. *Pourparlers 1972–1990*. Paris: Minuit.

Deleuze, G. 2003. *Deux régimes de fous:Textes et entretiens, 1975–1995*. Paris: Minuit.

Dixon, P. and R. Gellman. 2014. The scoring of America: How secret consumer scores threaten your privacy and your future. *World Privacy Forum*, April 2, 2014.

Domingos, P. 2015. *The master algorithm: How the quest for ultimate machine learning will remake our world*. New York: Basic Books.

Douglas,T., J. Pugh, I. Singh, J. Savulescu and S. Fazel. 2017. Risk assessment tools in criminal justice and forensic psychiatry: The need for better data. *European Psychiatry*, 42: 134–137. Edwards, A. 2016. Big data, predictive machines and security: the minority report. In *The Routledge handbook of technology, crime and justice*, edited by M. McGuire and T. Holt,451–460, London: Routledge.

Ekbia, H., M. Mattiolo, I. Kouper, G. Arave, A. Ghazinejad, R. Suri, A.Tsou, S.Weingart and C.R. Sugimot. 2015. Big data, bigger dilemmas: A critical review. *Advances in Information Science*, 68 (8): 1523–1545.

Engin, Z. and P. Treleaven. 2019. Algorithmic government: Automating public services and supporting civil servants in using data science technologies. *The Computer Journal*, 62 (3): 448–460.

Eubanks,V. 2018. *Automating inequality: How high-tech tools profile, police and punish the poor*. New York: St. Martin's Press.

Ferrell, J., K. Hayward and J. Young 2015. *Cultural criminology: An invitation*. Newbury Park: Sage.

Foucault, M. 1982. The subject and power: afterword. In *Michel Foucault: Beyond structuralism and hermeneutics*, edited by H. L. Dreyfus and P. Rabinow, 208–226. Sussex: Harvester Press. Foucault, M. 2014. *On the government of the living: Lectures at the collège de France 1979–1980*. Basingstoke: Palgrave Macmillan.

Gajduschek, G. 2003. Bureaucracy: Is it efficient? Is it not? Is that the question? Uncertainty reduction: An ignored element of bureaucratic rationality. *Administration & Society*, 34 (6): 700–723.

Goel, S., J. M. Rao and R. Shroff. 2016. Personalized risk assessments in the criminal justice system. *American Economic Review: Papers & Proceedings*, 106 (5): 119–123.

Grimmelikhuijsen, S. G. and A. J. Meijer. 2014. Effects of transparency on the perceived trust worthiness of a government organization: Evidence from an online experiment. *Journal of Public Administration Research and Theory*, 24 (1): 137–157.

Hamilton, M. 2015. Adventures in risk: Predicting violent and sexual recidivism in sentencing law. *Arizona State Law Journal*, 47 (1): 1–62.

Hannah-Moffat, K. 2019. Algorithmic risk governance: Big data analytics, race and information activism in criminal justice debates. *Theoretical Criminology*, 23 (4): 453–470.

Harcourt, B. E. 2007. *Against prediction: Profiling, policing, and punishing in an actuarial age*. Chicago, IL: Chicago University Press.

Harcourt, B. E. 2015. *Exposed: Desire and disobedience in the digital age*. Cambridge: Harvard University Press.

Henman, P. 2010. *Governing electronically: E-government and the reconfiguration of public administration, policy, and power*. Basingstoke: Palgrave Macmillan.

Henman, P. 2019. Of algorithms, apps and advice: digital social policy and service delivery. *Journal of Asian Public Policy*, 12 (1): 71–89.

Introna, L. and D. Wood. 2004. Picturing algorithmic surveillance: The politics of facial recognition systems. *Surveillance & Society*, 2 (2/3): 177–198.

Kallinikos, J. 2005. The order of technology: Complexity and control in a connected world. *Information and Organization*, 15: 185–202.

Kitchin, R. 2014. *The data revolution: Big data, open data, data infrastructures and their consequences*. London: Sage.

Kleiman, M., B. J. Ostrom and F. L. Cheeman. 2007. Using risk assessment to inform decisions for nonviolent offenders in Virginia. *Crime & Delinquency*, 53 (1): 1–27.

Koopman, C. 2019. *How we became our data: A genealogy of the informational person*, Chicago, IL: The University of Chicago Press.

Landsbergen, D. 2004. Screen level bureaucracy: Databases as public records. *Government Information Quarterly*, 21 (1): 24–50.

Laney, D. 2001. 3D management: Controlling data volume, velocity and variety. https://blogs.gartner.com/doug-laney/files/2012/01/ad949-3D-Data-Management-Controlling-Data Volume-Velocity-and-Variety.pdf; accessed 28-04-2020.

Luhmann, N. 1990. *Essays in self-reference*. New York: Columbia University Press.

Mager, A. 2012. Algorithmic ideology. *Information, Communication & Society*, 15(5): 769–787.

Mayer-Schoenberger,V. and K. Cukier. 2013. *Big data: A revolution that will transform how we life, work, and think*. London: John Murray Publishers.

Mckinlay, S. T. 2017. Evidence, explanation and predictive data modelling. *Philosophy & Technology*, 30 (4): 461–473.

McGuire, M. 2018. Beyond flatland: When smart cities make stupid citizens. *City, Territory and Architecture*, 5 (22): 1–11.

Morozov, E. and F. Bria 2018. *Rethinking the smart city: Democratizing urban technology*. New York: Rosa Luxembourg Stiftung.

Nissenbaum, H. 2001. How computer systems embody values. *Computer*, 34 (3):

118–120.

Olson, D. and K. Subodh. 2010. Enterprise information systems: Contemporary trends and issues. *World Scientific*, 2: 13–16.

Pali, B. and M. Schuilenburg. 2019. Fear and fantasy in the smart city. *Critical Criminology: An International Journal*, doi:10.1007/s10612-019-09447-7; accessed 28-04-2020.

Pasquale, F. 2015. *The black box society: The secret algorithms that control money and information*. Boston: Harvard University Press.

Peeters, R. 2019. The political economy of administrative burdens: A theoretical framework for analyzing the organizational origins of administrative burdens. *Administration & Society*, doi: https://doi.org/10.1177/0095399719854367; accessed 28-04-2020.

Peeters, R. and M. Schuilenburg. 2018. Machine justice: Governing security through the bureaucracy of algorithms. *Information Polity*, 23 (3): 267–280.

Peeters, R. and A.Widlak. 2018. The digital cage: Administrative exclusion through information architecture— The case of the Dutch civil registry's master data management. *Government Information Quarterly*, 35 (2): 175–183.

Perry, W. L., B. McInnis, C.C. Price, S. C. Smith and J. S. Hollywood. 2013. *Predictive policing: The role of crime forecasting in law enforcement operations*. Santa Monica: RAND Corporation. Polonetsky, J. and O. Tene. 2013. Privacy and big data: Making ends meet. *Stanford Law Review*, 66: 25–33.

Reigeluth, T. 2014. Why data is not enough: Digital traces as control of self and self-control. *Surveillance & Society*, 12 (2): 243–254.

Richardson, R., J. Schultz and K. Crawford 2019. Dirty data, bad predictions: How civil rights violations impact police data, predictive policing systems, and justice. *New York University Law Review Online*, 94 (192): 192–233.

Sadin, E. 2009. *Surveillance global*. Paris: Flammarion-Climats.

Sadowski, J. and F. Pasquale 2015. The spectrum of control: A social theory of the smart city. http://firstmonday.org/ojs/index.php/fm/article/view/5903/4660; accessed28-08-2020.

Sandvig, C. 2015. Seeing the sort: The aesthetic and industrial defense of 'the algorithm'. *Journal of the New Media Caucus*, 10 (3): 1–21.

Schuilenburg, M. 2015. *The securitization of society: Crime, risk, and social order*. New York: New York University Press.

Schuilenburg, M. and R. Peeters, 2018. Smart cities and the architecture of security: Pastoral power and the scripted design of public space. *City, Territory and Architecture*, 5 (13): 1–9.

Sjöstedt, G. and M. Grann. 2002. Risk assessment: What is being predicted by actuarial prediction instruments?. *International Journal of Forensic Mental Health*, 1 (2): 179–183.

Smith, G. J. D., L. Bennett Moses and J. Chan. 2017. The challenges of doing criminology in the big data era: Towards a digital and data-driven approach. *The British Journal of Criminology*, 57 (2): 259–274.

Smith, G. J. D. and P. O'Malley. 2017. Driving politics: Data-driven governance and resistance. *The British Journal of Criminology*, 57 (2): 275–298.

Van Brakel, R. 2016. Pre-emptive big data surveillance and its (dis)empowering consequences: The case of predictive policing. In *Exploring the boundaries of big data*, edited by B. van der Sloot et al., 117–141. Amsterdam: Amsterdam University Press.

Van der Voort, H. G., A.J. Klievink, M. Arnaboldi & A. J. Meijer. 2019. Rationality and politics of algorithms: Will the promise of big data survive the dynamics of public decision making?. *Government Information Quarterly*, 36 (1): 27–38.

Van Eck, M. 2018. *Geautomatiseerde ketenbesluiten & rechtsbescherming: Een onderzoek naar de praktijk van geautomatiseerde ketenbesluiten over een financieel belang in relatie tot rechtsbescherm ing (dissertation)*. Tilburg:Tilburg University.

Van Eijk, G. 2017. Socioeconomic marginality in sentencing: The built-in bias in risk assessment tools and the reproduction of social inequality. *Punishment & Society*, 19 (4): 463–481.

Vanolo, A. 2014. Smartmentality: The smart city as disciplinary strategy. *Urban Studies*, 51 (5): 883–898.

Widlak, A. and R. Peeters. 2018. *De digitale kooi: (On)behoorlijk bestuur door informatiearchitec tuur-of: hoe we de burger weer centraal zetten in een digitaliserende overheid*. Den Haag: Boom Bestuurskunde.

Williams, M. L., P. Burnap and L. Sloan. 2017. Crime sensing with big data: The affordances and limitations of using open-source communications to estimate crime patterns. *The British Journal of Criminology*, 57 (2): 320–340.

Yeung, K. 2011. Can we employ design-based regulation while avoiding *brave new world* ?. *Law, Innovation and Technology*, 3 (1): 1–29.

Yeung, K. 2018. Algorithmic regulation: A critical interrogation. *Regulation & Governance*, 12 (4): 505–523.

Zarsky, T. 2013. Transparent prediction. *University of Illinois Law Review*, 4: 1503–1570.

Zarsky, T. 2016. The trouble with algorithmic decisions: An analytic road map to examine efficiency and fairness in automated and opaque decision making. *Science, Technology and Human Values*, 41 (1): 118–132.

Zuboff, S. 2019. *The age of surveillance capitalism: The fight for a human future at the new frontier of power*. New York: Public Affairs.

第一部分

算法治理

第二章　算法治理和算法治理术：迈向机械判断 19

保罗·亨曼

引　言

治理已经变成了算法和治理的算法。你可以畅想当前或不久的将来与朋友一起购物和共进晚餐的场景。

> 在我驱车前往购物中心的路上，有无数摄像头，检测我的速度，监控我是否在开车时拨打电话、是否闯红灯以及确定我的车辆是否已缴纳相应税款等行为（Hoang Ngan Le et al., 2016）。而且这些摄像头还帮助地方当局实现交通控制自动化（Hu & Ni, 2017）。当我开车离开步行商业区的停车场时，会通过扫描车牌确定收取停车费的数额。我的手机应用程序会将我引导至有停车场的商场。当我进入商场时，Wi-Fi就会连接我的手机确定我在场，之后会与我先前的访问、行进轨迹和购买模式进行匹配（Oosterlinck et al., 2017）。

通过测试闭路电视监控中的面部匹配和步态检测，我的一举一动被监测，以评估我过去或现在的行为并决定是否要勒令我离开（Lomell, 2004）。基于我的光顾和行动，广告和折扣券会推送到我的手机和社交媒体账户（Anacleto et al., 2011）。当我浏览信息时，将听到专为我策划推送的音乐。这些音乐风格和曲目是根据我过去的活动、个人爱好和社交媒体“朋友”的爱好而选定的（Bu et al.，2010）。感觉有点饿的时候，可以用面部识别从自动售货机上买一份零食，而这笔消费会自动从我的银行账户中支付。当看到一件印有“Mr Jihad（圣战先生）”的男士T恤时，我会大笑并发布一张照片在社交媒体上。在我的帖子下面匿名留言者称我为“恐怖分子”并要求我“回到来的地方”。这些留言让我感到很不安，于是我删除了这张照片。我并没有意识到，这张照片输入政府算法后将略微提高对我的安全风险预测评估，并在我的社交媒体上触发了一个广告，向支持公民不服从的组织捐款。

与朋友们在线聊天后，我们一起共进晚餐。交谈中我们发现一位朋友的手提包在每一家商店都会被检查，但其他人并没有被查，并且这位朋友的代金券应用程序中也没有获得与我们其他人相同的折扣。在过去的一天，从被安排好的新闻推送中，每个人所读的新闻故事似乎完全不同（Powers, 2017a）。晚餐后，我们前往酒吧喝一杯放松一下，此时要进入酒吧需要扫描我们的驾照，存储后向政府报告（Palmer, Warren & Miller, 2013）。我们在社交媒体上发布的饮酒的信息会无形中被评估，如果我们中的任何人有饮酒问题，可能会收到公共健康信息提醒和提供咨询帮助服

> 务（Hossain et al., 2016）。
>
> 在此期间，我在手机上的所有活动——我使用过的应 20
> 用程序和网站——都由购物商业区进行记录，然后他们会将我的光顾和购物信息联系起来，用来确定商店的租金和做出在其辖区内开设商店和服务类型的战略决策。我的购物信息也通过我的手表或电话被支付系统记录下来，然后我的银行将使用这些数据来持续评估我的金融信用风险并识别可疑交易，并向营销公司出售（这些信息）。政府算法还会监控我的社交媒体活动，并为一系列社会问题（例如酗酒、恐怖主义、社会不服从）提供实时风险评估，并可能促使社会、健康或刑事司法干预。我整天忙碌，没有任何强迫感；作为消费者公民，我可以随心所欲。

如上述情景所示，算法具有广阔的使用范围和集中的功能，在国家、公司和民间社会层面对我们进行方方面面的治理（Steiner, 2012）。在从事相关活动时，我可能感觉不到自己被监控，但我的代理机构、可能的选择以及可能的行动领域都是由他人决定的，其目的在于（企业）最大限度地获取利润，使（我）遵守法律法规和感知到社会规范。因此，算法起治理作用，是权力运作。虽然它们也可能产生更具强制性的权力形式，例如阻止进入、排斥和促进警务、安全和刑事司法干预；但是大多数情况下，算法的力量就像毛细血管一样，从头至尾是一种蜿蜒的卷须状物，推动和共同构成我们的日常活动（Davis & Chouinard, 2016）。

关于算法治理民众的观点已经不存在争议。大量文献资料记载并追踪了这些动态和发展（Steiner, 2012; Eubanks, 2018;

Noble, 2018; Rosenblat, 2018; Benjamin, 2019）。算法治理的各种形式或许表明，算法只是中立的工具，由那些为了特定目的而试图管理和控制民众的人开发和调用。从这个角度来讲，算法扮演了由治理者决定的治理模式；社会民主主义者使用算法来加强社会民主，自由主义者使用算法来增强自由，独裁者使用算法来发号施令。

然而，超越这种算法概念化的治理有其价值；不能简单地把这些政府工具当作治理者有意编码的治理工具。考虑这种可能性很重要，即，虽然算法及其设计者的目标存在巨大的异质性，但是算法治理有一个共有的运作方式，一个共同的治理模式，相似的看待世界并改造世界的认识论方式。借用米歇尔·福柯的话，即是否存在清晰的“算法治理”，如果存在，其知识的具体形式和主观模式是什么？本章认为，存在一种独特的算法治理术，即数字化知识和预期治理。诚然，算法治理术并没有取代其他治理方式，而是与其他治理方式重叠和交织在一起。

本章的论点具体安排如下。首先是关于福柯所讲的治理术
21 的略述，将其作为“治理术研究”的铺垫。这一节关注治理术如何能够顾及作为非人类设备和参与者的算法的论题，并强调了先前研究是如何论证算法被五花八门地用于执行新自由主义、独裁主义和其他政府理念的。接着在扩展部分，通过探讨两个主题阐述了一种清晰的算法治理术：（a）算法被看作是一种特殊的数字化知识形式，是程序员和编码员治理的结果；（b）算法被看作是预期治理模式。本章接着基于对算法治理术的理解讨论了其含义、算法社会中权力的运作以及对算法治理术可能的“反引导”。

理解治理术和治理算法

米歇尔·福柯在20世纪70年代末和80年代初（Foucault, 1981, 1982, 1991, 2007, 2008）的演讲和著作中创造了一个新词汇“治理术”（governmentality），并鼓吹一个新研究领域——治理术研究。[①]在他对之前关于权力及其转化的著作基础上，福柯认为，“治理”是中世纪产生的一种特殊的权力形式。福柯方法的核心是他对“治理”这一古老含义的运用，认为其不能等同于国家组织或机构，而是等同于治理实践。福柯认为的治理实践意思是“构建他人可能的行动领域”（Foucault, 1982）或“经过计算的行为方向”（Dean, 2010: 18）。从这个意义上讲，治理不仅是元首和国家机构的活动，而且是雇主、教师、父母、自我等的活动。在1978年2月1日的演讲中，福柯解释说“治理术”是：

> 一种权力的类型，我们可以称之为“治理”以及一系列具体的政府机构（设备）的发展，另一方面是一系列知识的发展。
>
> （2007：108–109）

关于权力概念化和正当化的理解，人们长期以来的关注点是政治意识形态和政治哲学，治理术提供了另一个重要的思路。就福柯而言，治理术也密切关注日常生活中的管理实践，如前

① 有关介绍“治理术”的教科书，请参见狄恩（Dean, 2010）、沃尔特斯（Walters, 2012）和莱姆克（Lemke, 2015a）。

所述，这不仅涉及治理的实践、技术、机制和手段，而且还包括治理的知识形式和对治理主体的认识。社会学家彼得·米勒（Peter Miller）和尼古拉斯·罗斯（Nikolas Rose）（2008）将治理术重新表述为“政治理性”和“治理技术”的组合。简言之，福柯关于治理术的历史描述代表着理性和计算知识的兴起，也是一种现代的权力模式技术，福柯将其简明扼要地描述为“对行为的引导”。

福柯的智识干预力求突出我们是如何被统治的，并创造了一个不同于政治哲学的学术焦点。即使如此，治理术分析经常
22 被用于研究特定的新自由主义治理形式。[并且事实上，福柯曾多次谈到新自由主义治理术的兴起（2007, 2008），以及古典自由主义、社会民主主义和极权主义治理术的思想表达。]学者们还研究了很多小范围的治理术，包括风险、国际化和殖民地的治理术（Scott, 2005; Dean, 2010）。

治理术如何与算法相关联？许多治理术的研究通常将人类作为治理主体和被治理主体，并且通常将“治理技术”定位为被人类有效用来管理其他人类的中立的程序和工具。然而，正如德国社会理论家托马斯·莱姆克（Thomas Lemke, 2015b）所指出的那样，福柯的著作为识别政府对物以及用物治理的职能提供了相当大的空间：“治理就是治理事物”（Foucault, 2007: 97）。莱姆克总结道：

> 在概念上提出“物的治理”并不局限于人与人之间的关系。它指的是更综合的事实，这包括在人类和非人类之间的物质环境、特定集聚和技术网络。
>
> （2015b: 17）

采取这种方式意味着物不仅从属于治理，而且要受治理的支配。治理是一种社会技术活动；它在治理实践和治理主体方面融合了人和物。此外，莱姆克的阐述将注意力转到人类和非人类的关系方面，再现了行动者网络理论的视角，[②]即，所有参与者都是网络，所有网络都是参与者，而不是个体的事物。物具有能动性。因此，物不仅可以制定治理术，还可以主动构成治理术，“治理技术”可以重新配置并产生新的“政治理性”（Henman, 2010: ch.1）。

届时，我们该如何理解治理术分析中的算法呢？正如本章开头场景描述的那样，算法现在构成治理结构的一部分。有几位作者使用治理术分析来检验治理中的算法形式。这些研究考察了算法在当代新自由主义治理术中的运作方式，以及对当代新自由主义治理术的充实。例如，克里斯坦·博尔奇（Christian Borch, 2017）考察了以特定的新自由主义方式分析算法高频交易如何构成交易者。努诺·罗德里格斯（Nuno Rodrigues, 2016）回顾了智慧城市中的算法如何强化新自由主义。蒂莫西·格雷厄姆（2018; Graham & Henman, 2019）展示了网站上的算法如何构成“超级选择”，并为用户提供类似导航和驾驭这些选择的机制，由此增强在市场化本体论中选择的“自由”，这被认为是新自由主义的必要条件（Rose, 1999）。与此同时，卢卡斯·殷尼斯（Lucas Introna, 2016）描绘了TurnItIn算法构成新自由主义计算性责任主体和剽窃观念的方式。

虽然这一系列的工作在不同程度上强调了算法如何成为治

② 行动者网络理论，请参见卡隆（Callon, 1987）；拉图尔（Latour, 1988, 2005）；劳（Law, 1992）。

23 理能动性更广泛的基础，但由此产生的问题是，是否也有一种由算法运行的可识别的算法治理术。换句话说，继科林·戈登（Colin Gordon, 1991）之后，算法是否是一种特殊的思考治理实践的方式或体系，一种使治理切实可行的方式？抑或者，根据米切尔·迪恩（Dean, 2010: 33）的系统化研究，算法是否提供了一种独特的自带真理模式的思维方式和观察方式，以及形成主体、自身和参与者的特殊方式？下文将告诉你，答案是肯定的，并将阐明算法治理术的机制和动态。

算法治理术

本节在考察和描述算法治理术方面分为两个部分。第一部分以数字计算机的基本组成方式（包括计算机编程语言）支配计算机程序员构建算法的方式为出发点。如果数字算法制定了算法治理术，那么事实上数字计算机、编码和数据结构的物质性构成了其形状和实质的基础。需要在数字计算机操作层面上关注算法的形成是一个理念上的任务，而对数字计算机程序设计的理解是基于实证研究和个人经验。③在使用算法时，计算机代码和数据结构以特定的数字化形式配置治理知识（savoir）。

第二部分主张，虽然计算机算法种类繁多，但是可以预见，算法治理术的规模可观，且不断扩大；它根据计算出的可能的未来，创建当前的知识和主题。一个人的未来变成了他的现在。换言之，算法构成了一种特殊的、预测性的思考治理实践方式，一

③　作者最初是在20世纪80年代后期接受计算机科学家培训的。

种管理当前和未来的现实方式，也是一种治理现在的未来和未来的现在的切实可行的方式。该主张是基于实证研究和其他学者的相关研究而得出的，其他学者已经就算法治理术是否存在的问题进行了大量研究。安托瓦内特·鲁夫罗伊（Antoinette Rouvroy）（2013; Rouvroy & Berns, 2013; Rouvroy & Stiegler, 2016）特别将算法治理术视为一种基于对未来事实的统计概率和数学构建的真理来实现个别治理的操作。

作为程序员程序和数字化知识的算法治理术

算法治理术以组成程序员（或编码员）活动的计算机语言
为基础。为了在计算机中对算法进行编码，编码人员必须遵守
非常严格的语法和数据结构规则。编码也需要一定的思想方法，
即，既是功能论又是简化论的思考过程和行动方式。逐步分解
是一个过程，通过该过程期望的算法被逐渐分解为越来越小的
子程序，每个编码作为子程序、程序和数据结构，目的便是创 24
建综合的计算机程序。同时，逐步分解也是一种向程序员灌输
的实践（Beecher, 2017: ch.3）。抽象化是计算机程序设计的补
充，程序和数据结构要求抽象的而非具体的概念化。例如，不
是要针对大范围的单独行动创建代码，而是将行动分组并标示
共性，从而创建更通用的程序。抽象化还应用于程序数据的输
入、操作和输出。数据结构是通用的，而非特定的（Beecher,
2017: ch.4）。因此，计算机代码构成了一种算法治理术，一种
思考世俗的过程和知识结构的方式——作为0和1的基本操作
和复杂组合的功能结果。它将世界理解为基本上定量的、离散
的、遵循逻辑的、功能主义的和确定性的（Weizenbaum, 1984;

Henman, 1995）。这个代码世界支配着程序员和代码创建者。由此，算法治理术创造了知识和存在方式的某种数字化形式的可能性，这些知识和存在方式是可量化和可计算的，[④]并且忽略了那些明显具有定性和有机的知识和存在方式。它抽空了想要表达的内涵意义，而强化了抽象的外表形式。

虽然代码编写员受治理结构的驱使，但这种算法治理术对更广泛的人群意味着什么？当执行数字算法时，它们会通过代码界定特定的抽象数字化认识论和本体论，这反过来又成为治理知识，构建了可治理的主体和主体性。世界、人和物的分类无疑是社会领域的构建（Bowker & Star, 2000），但今天算法收集、计算和传播的数字化分类一般是离散的、清晰的、不可协商的、抽象的和强制性的。它们与之前几代较为普遍具有不明显固化和机械特征的分类形成了鲜明对比。[⑤]比如，西蒙·克雷（Simon Clay, 2018）在同性恋约会应用程序Grindr上使用预先确定的、已编码的“部落”，观察到了对自我的强制性分类。这些算法分类依据个性、体型、性姿势和恋物癖等特征构造了特殊主体性。算法塑造行为是以特定方式进行的，即依据算法治理术离散的“部落”的特殊性。一个人被归类；分类成为一个人的自我；一个人通过分类寻找其他人。通过算法对约会和性

④ 阿兰·图灵（Alan Turing）最为有名的是构建了一个假想的“通用图灵机器”，作为一个思想实验来定义什么是可计算的和不可计算的（图灵，1936）。固定数据段和对该数据的有限操作的概念是计算机理论上可以做什么和不能做什么的基础。

⑤ 托塔罗（Totaro）和尼诺（Ninno）（2014）在论证算法是“现代理性的解释钥匙”时，指出了分类在算法操作中的中心地位，但也论证了功能的重要性，即对类别的计算过程。

分类，数字化的分类成为构建同性恋身份的棱镜。[⑥]

因此，数字化知识推动了对强制性定量和分类的发展变化，大卫·博伊尔（David Boyle）在《复选框》（*Tickbox*）中捕捉到了这一点，认为这一发展变化灌输了僵化、不反思的思维模式和算法决策。博伊尔讲述了安东尼·布莱恩（Anthony Bryan）的故事，布莱恩是一位久居英国的合法居民，但在申请护照时却被标记为“非法”居住。这种错误的分类导致他最终被监禁，破产，并被剥夺了与母亲和临终的儿子见面的权利。

政治学家弗吉尼亚·尤班克斯（Virginia Eubanks, 2018） 25
也有一个类似的说明，关于不同的、权威的和强制性的分类是如何编纂、简化和歪曲复杂的现实并导致人类的苦难。她提到一个关于美国医疗系统对“未予配合”类别进行编码的案例，该类别涵盖很多状况。她引用了六岁的苏菲·斯蒂普斯（Sophie Stipes）的案例，因为苏菲·斯蒂普斯的母亲没有被提醒签署特定的文件，这反过来导致苏菲被贴上“未予配合”的标签。这样的分类最终导致对苏菲的医疗补助自动中断，从而使苏菲无法享受昂贵但能救命的医学治疗（2018: 39–45）。

上述事例说明了计算机数据结构的特质如何创造出数字化的知识形式，以覆盖和取代生活中更加混乱的现实。如此一来，就成为我们被自己的数字数据所定义和治理（Koopman, 2019）。塔尔顿·吉莱斯皮（Tarlton Gillespie, 2014）使用了“计算公众的产物”这一短语来捕捉计算机编码类别的动态变化，这些类

⑥ 将类别的外部性等同于个人的内部性，福柯（1978）以一种类似的方式观察到，19世纪末，从先前身体活动的外部构造中构建了“同性恋者”的内在角色。

别被算法迷惑，从而塑造了世界的构建和感知方式。此外，事实上，这些数字化知识成为我们被治理的基础，算法本身也在拒绝医疗补助、增加福利债务（Carney, 2019）和终止雇佣关系（Diallo, 2018）。

随着机器学习（也可以称之为人工智能）的兴起，算法产生的数字化知识正进一步与人类经验分离。分类和操作是根据算法决定的“逻辑”生成的，而非程序员编码的。机器学习需要建立许多内部变量以及这些变量之间的联系，并且提供学习输入数据集的算法（例如，收入、性别、照片、社交网络、x射线图像）和学习输出数据集的算法（比如，有/无癌症的x光片、犯了罪的人、图书购入、被逐出家庭的儿童）。为了最佳地将输入转换为输出数据，算法反复修改其内部变量和它们之间的权重。通过这样的做法，算法创建自己的“分类”和数字化知识，以实现输入和输出数据之间的最佳关联。⑦

值得注意的是，数字化知识和算法治理偏离了其自身所处的更广泛的新自由主义治理术。算法创建的话题和主体性未反映政策原则或法律形态，而且凌驾于政策或法律之上，导致权力滥用。这些案例表明（治理）是基于算法创造的“事实”，这种权力运作偏离了人类统治者的意图。人是被算法重新安排的。算法治理不是人的意图的简单体现。算法治理术产生了一种非理性的理性，一种治理的替代方案，但是它吸纳并有效利用人类确定的权力来控制、约束、监督和“授权”。这些操作的核心是“新”数字化权力（知识）和由算法的完美逻辑构建的“新”真理体系，其逻辑已被抽象化并脱离人类现实。它创造了约

⑦ 有关机器学习的更详细介绍，请参见例如阿帕伊丁（Alpaydin, 2020）。

翰·丹纳赫（John Danaher, 2016）所描述的“算法官僚”，即通过算法进行的组织化治理。

算法治理术生成预期判断 26

如前所述，算法并非简单的分类和归类。它们还做出更复杂的判断和决定。这些判断的范围包括将个人分类、适当性评估、风险核算以及实时监控和监管。预测算法治理术超越了传统的对事实的程序和规则的应用，取而代之的是基于概率逻辑来计算将来的事实。[8]数据挖掘（Zarsky, 2011）和机器学习是最新的算法形式。

显然，预测算法治理术已在一般搜索和系统推荐中使用。使用输入的搜索词、过去的搜索历史记录、地理位置等，谷歌的算法根据先前的网页排名和对搜索结果的学习来反馈结果。你的搜索与其他人的搜索相关，并计算网页推荐的成功概率（Feuz, Fuller & Stalder, 2011）。奈飞的推荐算法使用你过去的观看习惯并与他人进行比较，根据计算得出你再次观看的概率来推荐新电影和电视剧（Gomez Uribe & Hunt, 2015）。社交媒体信息流是为你策划的旨在提供你最有可能消费的内容（Rader & Gray, 2015）。

国家正在有效利用预测算法的判断，时常用于对最边缘化的人进行强制治理。在保护儿童和提供福利服务方面相对较早

⑧ 有关概率思维和风险治理术兴起的研究，请参见埃瓦尔德（Ewald, 1991）、埃里克森（Ericson）与哈格蒂（Haggerty）（1997）以及奥玛利（O’Malley, 2004）。

地采用了算法预测，对儿童遭受虐待或被忽视的风险进行归类。菲利普·吉林厄姆（Philip Gillingham, 2006, 2019）一直在研究澳大利亚、新西兰和英国对风险评估的引入和发展，从表格到计算机化屏幕，再到更自动化的系统。吉林厄姆研究了基于风险的决策支持系统是如何根据管理数据构建关于儿童未来现实的数字化知识。在这种情况下，算法同时挑战和取代了具有更细微、更深入的专业知识的儿童福利工作者的判断能力和自由裁量能力（Høybye-Mortensen, 2013）。这些都是高风险的结果，该工具有效地成为决定是否让孩子离开父母的基础，在假阴性或假阳性的情况下，对儿童有着深远的影响（Dare & Gambrill, 2016）。

刑事司法还采用了预测算法来补充或取代专业的人类判断。最明显的是预测性警务的兴起（Harcourt, 2008; Perry, 2013; Bennett Moses & Chan, 2018）。以算法的数字化知识和算法利用数据分析、建模和机器学习为依据来预测犯罪活动、锁定罪犯、犯罪空间和犯罪身份。多年来，在保释和假释过程中使用了风险评估工具，例如COMPAS（Northpointe, 2015）、公共安全评估（www.psappretrial.org）和LSI-R（Andrews & Bonta, 2000）。通过比较个人档案和可能增加风险的相关资料档案，来计算此人未来违反保释或假释令或构成累犯的风险（Peeters &
27 Schuilenburg, 2018）。尽管这些工具可以管理特定的罪犯，但新的预测性警务工具已经超出了这一特定范围，还可以对个人、族群和地点做出识别。与儿童保护系统类似，这些算法也创建了“危险”的主体，其（被指控可能）已构成未来犯罪行为。使用根据反映种族主义的结构性历史数据创建算法模型，被指责为再现了而不是减少了种族歧视。这些制度还从根本上挑战了正当程序的法律原则，并分别评估每个案件的是非曲直（Huq, 2018; Washington, 2018; Hannah-Moffat, 2019）。

总之，刑事司法中的算法治理术创造了新形式的预测知识（新的可治理主体，即“未来罪犯”）和新的预测治理技术，这是一种以控制未来犯罪为目的的预防性防范（Peeters, 2013），而不是查处现有犯罪并惩罚犯罪人的传统方法。如此一来，它们（预测知识和预测治理术）再现了犯罪活动和犯罪行为，使得建立在个案比较数字化分类基础上的弊端和排外性不断加剧。如何理解这种比较分类和计算预测的算法治理术？它与权力形式和主体化模式有什么关系？对此，安托瓦内特·鲁夫罗伊和托马斯·伯恩斯（Thomas Berns）很有见地地描述道：

> 因此，我们使用“算法治理术”一词广泛地指某种类型的规范性或基于大数据自动收集、汇总和分析的政治理性，以便建模、预测和抢先主动地影响可能的行为。（……）算法治理术不产生主观化，它规避并回避了反思性主体问题，以本身毫无意义的个人数据为基础，建立超个体行为模式或个人档案；该行为模式或档案不涉及个人，也不要求他们自己描述他们是什么或可能成为什么。
>
> （Rouvroy & Berns, 2013: X）

鲁夫罗伊和伯恩斯简要概括了算法治理术的关键轮廓。首先，它起源于由个人及其活动的数字化特性组成的大数据。其次，在将这些数据提取到算法中时，数据就与特定的个人、他们的主观性和生活经验相分离，并构建了具有计算特性和未来行为的数字人物形象。第三，这些数字人物形象“不产生主观化”，而是构建与个人主体重新连接的可管理的数字主体。第四，基于数字代理和未来行为个人受到治理。算法治理术的核心是一个新的事实机制，不是关于“活人”的（就像生物力量或者田园力量那样），而是关于数字虚构的主体。这种事实的算法机制构成了机械判断治理人类主体的基础。

28 迈向判断机器及其机器判断

算法一直以来都是做出判断和决策的关键。算法治理术的社会后果是什么？有两个关键的社会动力学是由这种日益增长的机械判断化的算法治理术产生的。第一个涉及个体和个性的特性，第二个涉及社会结构和个体对它的体验。

理解社会中自我的本质是社会科学长期关注的焦点。算法治理术以与新自由主义治理术完全不同的方式治理个体（Rose, 1999; Bauman, 2001; Beck & Beck-Gernsheim, 2002），通过让个体成为自己生活故事的制造者和开创者，承担以前由社会共同承担的风险，以及通过他们自身的选择来定义自己。而与之相反的是，算法治理术产生的个体特征是一个社会技术过程，通过一组附属于个人的数字化特征和分类来构建数字人物形象或者是构建吉尔·德勒兹（Gilles Deleuze）所称的“分格”（dividuals）（1992）[*]。由复杂算法产生的计算机分类在计算表征上将“分格”作为几乎无限的社会类别的“独特”组合（如收入、性别、购买历史、社交网络）。然而，治理指向的是代替

* 德勒兹将基于精细化信息治理的社会称为“控制社会”，将这个社会中的个人称为“分格”。——译者

现实生活中人的分格，假设可以等效代替，但是关于个体的治理对真实的人也会产生实际影响；比如他们可能会被拒绝入境、无法获得福利和服务，以及被罚款。

算法治理术产生的第二种社会交互动力学是社会的重构和人们对社会的体验（Henman, 2010: 228–238）。正如算法治理术的数字化知识被用来构成和治理“分格”一样，数字化知识也是构成和治理社会的方式。根据数字化知识，算法治理术使社会“碎片化”。从某种层面来看，算法治理术再现并强化了传统形式的（按性别、种族、宗教等划分的）社会歧视，放大了社会的阴暗面。例如，萨菲娅·乌莫贾·诺布尔（Safiya Umoja Noble）记录了谷歌的自动搜索有种族信息偏向（2018），亚马逊就业算法带有性别歧视（Dastin, 2018）、预测性警务进一步判定某些种族和空间犯罪高发（Harcourt, 2008），微软的推特人工智能泰伊（Tay）时运不济，（与人类聊天被“教坏后”）在网上大放厥词（Neff & Nagy, 2016）。

此外，算法治理术创造了更精细的社会分化形式；它同时预测和排除。在致力于“对可能的行为进行建模、预测和先发制人地影响”（Rouvroy & Berns, 2013）的过程中，算法治理术排除了使用数字化个体分类的机械判断。通过向不同的人提供不同内容的新闻、广告、音乐和电视节目（Spohr, 2017），根据个人特点提供不同的价格（White House, 2015），向不同公民和消费者提供类别化的服务（Henman, 2004; Tsiptsis & Chorianopoulos, 2011），在机械判断的基础上聘用（Dastin, 2018），或者区别监管（Lyon, 2003），在某种程度上，人们被排斥在共享新闻、价格、普遍的服务和工作的世界之外。通用 29
的公共服务逐步“个性化”，导致公民被区别对待，以致不知道该期待什么或他们的权利是什么。不再有公平的竞争环境和普选。

诚然，人们总是被排斥在外，比如由于缺乏技能的劳动者在市场和工厂只能拿到低薪酬。但之前，人们有更好的机会了解整个世界——他们可以观看电视节目，了解商品和服务的价格，分享消费新闻。机械判断的世界极具分化性。我们每个人所看到、参与和经历的世界变得越来越与其他世界脱节；差别化的亚群体开发单独的“理所当然”的知识和经验。因此，人们几乎不了解他人的世界，也不了解他们是如何被他人治理的。没有共享的公共领域。社会变得支离破碎，我们生活在由算法治理术构成的“数字泡沫”中（Henman, 2010: 228–237）。

哪些可能是算法治理术的关键和实际的应对措施？对算法治理术的反抗治理模式可能是什么？一种方法是接受并提高算法治理术，以便使“分格”与个体最接近。数字类别可以重新制作。正如酷儿政治破坏了男性和女性二分法的稳定性，产生新的数字化类别（如非二进制或其他）。而新的数字化分类和数据本体能够更好地反映人类的复杂多样性。如此可以设计一个更细致的分类系统，而不是使用“未予配合”。正如数字音乐和视频已成为模拟世界可接受的录音一样，我们也可以拥有可接受的数据结构。在强化算法治理术方面，我们还可以采取行动确保算法变得更加透明、可解释和可问责，并且如果我们的数据有误时还可以查看和更正（Mittelstadt et al., 2016; Fjeld et al., 2020）。

提升算法治理术可能会更准确地模拟我们和更好地治理我们，但是，强化算法治理术，仍然存在两个关键的社会问题。第一，预测算法治理术以计算的现实和未来而非实际的现实来治理“分格”。这种治理模式破坏了基本的法律原则和正当程序（Henman, 2005; Slobogin, 2008; Perry, 2014）。因此，反抗治理可以通过借助长期存在的关于“公平”的法律原则和社会习俗，试图限制或推翻算法治理。此外，还可以创立“无损害”原则，确保基于个体计算的未来的治理决策不会对他们产生不利（或只对他们有利）。

增进算法治理术的第二个问题与个人差异、创造差异化的世界有关。区别对待他人需要有正当且合理的理由，例如，基于诊断需求的医疗服务或基于学习现状的个性化教学。当然，也有合理充分的理由推崇普遍性而反对个体差异，比如全民医疗、教育和反歧视。平等再评价、普遍主义和集体共享可以对抗机械判断的差异。

反抗治理的更高形式是拒绝被类别化。就像酷儿理论[*]挑战 30
性别和性的范畴一样，流动的现代性[**]（Bauman, 2000）破坏了具体化的社会规范和期望，我们可以集体拒绝被类别化、编码和贴标签（Lanier, 2010）。我们可以破坏算法的运行能力，并且可以拒绝用算法说我们将成为什么样的人，来定义我们的未

* 酷儿理论（queer theory）是20世纪90年代兴起的一种新的性理论思潮，这一概念是由女权主义者罗丽蒂斯（Teresade Lauretis）首先提出的。该理论的第一个重要内容就是挑战了异性恋和同性恋的两分结构，意在批判异性恋的霸权，它是一种性别中立的立场。——译者

** 鲍曼在其著作《流动的现代性》中把后现代性看作现代性的自我进化，并用流动的现代性指代它。现代性是“流动的”，是跟以前“沉重的”阶段对比而言。流动的状态体现在“重塑”而非“取代”既定秩序和旧有结构上。像液体一般流动和变形，它无法建立起一套权威的秩序体系，只是在“自我超越”中不断否定。正是在这种条件下，产生了不可靠性、不确定性和不安全感的困境。——译者

来。正如布朗博士在经典电影《回到未来》中所说："你的未来还没有写好。每一个人的未来全靠自己去奋斗。这才能创造出一个美好的未来。所以，让它成为一个好的未来。"

结　论

算法治理我们。然而，它们不仅仅是实现政治议题和治理术的工具。本章认为，尽管数字计算机算法千变万化，但算法治理存在共同的方式，并且演绎出它们自己的"算法治理术"，并与其他治理术重叠并交织在一起。数字计算机、代码和抽象的数据类型的基本结构组成了可能性的领域。如此，算法治理让世界变得可计算，知识变成数字化形式。它也是可预期的，构建了未来的主题和将在当下治理的场景。最近机器学习的发展加剧了这些趋势。算法治理术是一种机械判断。算法治理术反过来创造新的自我，这个由数字化知识构成的个体，栖居于由多元宇宙组成的日益分化的社会中，这个宇宙的新旧弊端和歧视不断被强化。挑战算法治理术需要算法、数字化分类和更新的共同人性因素一同参与。

参考文献

Alpaydin, E. 2020. *Introduction to machine learning*. Cambridge, MA: MIT Press.

Anacleto, R., N. Luz, A. Almeida, L. Figueiredo and P. Novais. 2011. *Shopping center tracking and recommendation systems*. Paper presented at the *Soft Computing Models in Industrial and Environmental Applications, 6th International Conference SOCO*, Salamanca.

Andrews, D. A. and J. Bonta. 2000. *The level of service inventory-revised.*

Toronto: Multi-Health Systems

Bauman, Z. 2000. *Liquid modernity*. Cambridge: Polity.

Bauman, Z. 2001. *The individualized society*. Cambridge: Polity.

Beck, U. and E. Beck-Gernsheim. 2002. *Individualization*. London: Sage. Beecher, K. 2017. *Computational thinking*. London: BCS.

Benjamin, R. 2019. *Race after technology*. Cambridge: Polity.

Bennett Moses, L. and J. Chan. 2018. Algorithmic prediction in policing. *Policing and Society*, 28 (7), 806–822.

Borch, C. 2017. Algorithmic finance and (limits to) governmentality. *Le foucaldien*, 3 (1): 1–17.

Bowker, G. C. and S. L. Star. 2000. *Sorting things out: Classification and its consequences*. Cambridge, MA: MIT Press.

Boyle, D. 2020. *Tickbox*. London: Little Brown.

Bu, J., S. Tan, C. Chen, C. Wang, H. Wu, L. Zhang and X. He. 2010. *Music recommendation by unified hypergraph*. Paper presented at the *Proceedings of the 18th ACM International Conference on Multimedia*, Firenze.

Callon, M. 1987. Society in the making: The study of technology as a tool for sociological analysis. In *The social construction of technological systems*, edited by W.E. Bijker, T. P. Hughes and T. Pinch, 83–103. Cambridge, MA: MIT Press.

Carney, T. 2019. Robo-debt illegality: The seven veils of failed guarantees of the rule of law? *Alternative Law Journal*, 44 (1): 4–10.

Clay, S. 2018. The (neo) tribal nature of Grindr. In *Neo-Tribes: Consumption, leisure and tourism*, edited by A. Hardy, A. Bennett and B. Robards, 235–251. Basingstoke: Palgrave Macmillan.

Danaher, J. 2016. The threat of algocracy. *Philosophy & Technology*, 29 (3): 245–268.

Dare, T. and E. Gambrill. 2016. Ethical analysis: Predictive risk models at call screening for Allegheny County. https://www.alleghenycountyanalytics.us/wp-content/uploads/2019/05/Ethical-Analysis-16-ACDHS-26_PredictiveRisk_Package_050119_FINAL-2. pdf.

Dastin, J. 2018, October 10.Amazon scraps secret AI recruiting tool that showed bias against women. *Reuters*. https://www.reuters.com/article/us-amazon-comjobs-automationinsight/amazon-scraps-secret-ai-recruiting-tool-that-showed-bias-against-women idUSKCN1MK08G.

Davis, J. L. and J.B. Chouinard. 2016.Theorizing affordances: From request to refuse. *Bulletin of Science,Technology and Society*, 36 (4): 241–248.

Dean, M. 2010. *Governmentality* (2nd edition). London: Sage.

Deleuze, G. 1992. Postscript on the societies of control. October, 59: 3–7.

Diallo, I. 2018. *The machine fired me: No human could do a thing about it!* idiallo.com/blog/ when-a-machine-fired-me.

Ericson, R.V. and K. D. Haggerty. 1997. *Policing the risk society*. Oxford: Clarendon Press. Eubanks,V. 2018. *Automating inequality*. New York: St. Martin's Press.

Ewald, F. 1991. Insurance and risk. In *The Foucault effect: Studies in governmentality*, edited by G. Burchell, C. Gordon and P. Miller, 197–210. London: Harvester Wheatsheaf.

Feuz, M., M. Fuller and F. Stalder. 2011. Personal web searching in the age of semantic capitalism: Diagnosing the mechanisms of personalisation. *First Monday*, 16 (2): 1–8.

Fjeld, J., N. Achten, H. Hilligoss, A. Nagy and M. Srikumar. 2020. *Principled artificial intelligence: mapping consensus in ethical and rights-based approaches to principles for AI*. https://ssrn. com/abstract=3518482.

Foucault, M. 1978. *The history of sexuality, volume 1:An introduction*. Harmondsworth: Penguin.

Foucault, M. 1981. Omnes et singulatim: towards a criticism of political reason. *The Tanner Lectures on Human Values*, 2: 223–254.

Foucault, M. 1982. The subject and power: afterword. In *Michel Foucault: Beyond structuralism and hermeneutics*, edited by H.L. Dreyfus and P. Rabinow, 208–226. Sussex: Harvester Press.

Foucault, M. 1991. Governmentality. In *The Foucault effect: Studies in governmentality*, edited by G. Burchell, C. Gordon and P. Miller, 87–104. Chicago, IL:The University of Chicago Press.

Foucault, M. 2007. *Security, territory, population: Lectures at the College de France 1977–78* (G. Burchell,Trans.). Hampshire: Palgrave Macmillan.

Foucault, M. 2008. *The birth of biopolitics: Lectures at the College de France*

1978–79 (G. Burchell, Trans.). Hampshire: Palgrave Macmillan.

Gillespie, T. 2014. The relevance of algorithms. In *Media technologies: Essays on communication, materiality, and society*, edited by T. Gillespie, P. J. Boczkowski and K. A. Foot, 167–194. Cambridge, MA: MIT Press.

Gillingham, P. 2006. Risk assessment in child protection: Problem rather than solution? *Australian Social Work*, 59 (1): 86–98.

Gillingham, P. 2019. Decision support systems, social justice and algorithmic accountability in social work: A new challenge. *Practice*, 31 (4): 277–290.

Gomez-Uribe, C. A. and N. Hunt. 2015. The netflix recommender system: Algorithms, business value, and innovation. *ACM Transactions on Management Information Systems*, 6 (4): 1–19.

Gordon, C. 1991. Governmental rationality: An introduction. In *The Foucault. Studies in governmentality, effect*edited by G. Burchell, C. Gordon and P. Miller, 1–52. Chicago, IL: University of Chicago Press.

Graham, T. 2018. Platforms and hyper-choice on the world wide web. *Big Data & Society*, 5 (1): 1–12.

Graham, T. and P. Henman. 2019. Affording choice: How website designs create and constrain 'choice'. *Information, Communication & Society*, 22 (13): 2007–2023.

Hannah-Moffat, K. 2019. Algorithmic risk governance: Big data analytics, race and information activism in criminal justice debates. *Theoretical Criminology*, 23 (4): 453–470.

Harcourt, B. E. 2008. *Against prediction: Profiling, policing, and punishing in an actuarial age*. Chicago, IL: University of Chicago Press.

Henman, P. 1995. The role of computers in texturing the micro-social environment. *Australian and New Zealand Journal of Sociology*, 31 (1): 49–63.

Henman, P. 2004. Targeted!: Population segmentation, electronic surveillance and governing the unemployed in Australia. *International Sociology*, 19 (2): 173–191.

Henman, P. 2005. E-government, targeting and data profiling: policy and ethical issues of differential treatment. *Journal of E-government*, 2 (1): 79–98.

Henman, P. 2007. Governing individuality. In *Contested individualization*, edited by C. Howard, 171–185. New York: Palgrave Macmillan.

Henman, P. 2010. *Governing electronically*. Basingstoke: Palgrave.

Hoang Ngan Le, T., Y. Zheng, C. Zhu, K. Luu and M. Savvides. 2016. *Multiple scale faster-rcnn approach to driver's cell-phone usage and hands on steering wheel detection*. Paper presented at the *Proceedings of the IEEE Conference on Computer Vision and Pattern Recognition Workshops*, Las Vegas.

Hossain, N., T. Hu, R. Feizi, A. M. White, J. Luo and H. Kautz. 2016. *Precise localization of homes and activities: Detecting drinking-while-tweeting patterns in communities*. Paper presented at the *Tenth International AAAI Conference on Web and Social Media*, Cologne.

Høybye-Mortensen, M. 2013. Decision-making tools and their influence on caseworkers' room for discretion. *The British Journal of Social Work*, 45 (2): 600–615.

Hu, L. and Q. Ni. 2017. IoT-driven automated object detection algorithm for urban surveillance systems in smart cities. *IEEE Internet of Things Journal*, 5 (2): 747–754.

Huq, A. Z. 2018. Racial equity in algorithmic criminal justice. *Duke LJ*, 68: 1043.

Introna, L. D. 2016. Algorithms, governance, and governmentality: On governing academic writing. *Science,Technology & Human Values*, 41 (1): 17–49.

Koopman, C. 2019. *How we became our data: A genealogy of the informational person*. Chicago: University of Chicago Press.

Lanier, J. 2010. *You are not a gadget: A manifesto*. New York: Vintage Books.

Latour, B. 1988. Mixing humans and Nnonhumans together: The sociology of a door-closer. *Social Problems*, 35 (3): 298–310.

Latour, B. 2005. *Reassembling the social: An introduction to actor-network-theory*. New York: Oxford University Press.

Law, J. 1992. Notes on the theory of the actor-network: Ordering, strategy, and heterogeneity systems practice. *Systems Practice*, 5 (4): 379–393.

Lemke, T. 2015a. *Foucault, governmentality, and critique*. London: Routledge.

Lemke, T. 2015b. New materialisms: Foucault and the 'government of things'. *Theory, Culture & Society*, 32 (4): 3–25.

Lomell, H. M. 2004. Targeting the unwanted: Video surveillance and categorical exclusion in Oslo, *Norway. Surveillance & Society*, 2 (2/3): 346–360.

Lyon, D. (Ed.) 2003. *Surveillance as social sorting*. London: Routledge.

Miller, P. and N. Rose. 2008. *Governing the present*. Cambridge: Polity.

Mittelstadt, B. D., P. Allo, M. Taddeo, S. Wachter and L. Floridi. 2016. The ethics of algorithms: Mapping the debate. *Big Data & Society*, 3 (2): 1–21.

Neff, G. and Nagy, P. 2016. Automation, algorithms, and politics talking to bots: Symbiotic agency and the case of Tay. *International Journal of Communication*, 10: 4915–4931.

Noble, S. U. 2018. *Algorithms of oppression*. New York: New York University Press.

Northpointe. 2015. Practitioner's guide to COMPAS core. equivant.com: http://www.northpointeinc.com/downloads/compas/Practitioners-Guide-COMPAS-Core-_031915.pdf O'Malley, P. 2004. *Risk, uncertainty and government*. London: Glasshouse Press.

Oosterlinck, D., D. F. Benoit, P. Baecke and N. van de Weghe. 2017. Bluetooth tracking of humans in an indoor environment: An application to shopping mall visits. *Applied Geography*, 78: 55–65.

Palmer, D., I. Warren and P. Miller. 2013. ID scanners in the night-time economy: Social sorting or social order? *Trends and Issues in Crime and Criminal Justice*, 466: 1.

Peeters, R. 2013. *The preventive gaze*.The Hague: Eleven International Publishing.

Peeters, R. and M. Schuilenburg. 2018. Machine justice: Governing security through the bureaucracy of algorithms. *Information Polity*, 23 (3): 267–280.

Perry, M. 2014. *iDecide: the legal implications of automated decision-making*. Paper presented at the *Cambridge Centre for Public Law Conference*, Cambridge.

Perry, W. L. 2013. *Predictive policing: The role of crime forecasting in law enforcement operations*. Washington, DC: Rand Corporation.

Powers, E. 2017a. My news feed is filtered? Awareness of news personalization among college students. *Digital Journalism*, 5 (10): 1315–1335.

Powers, T. M. (Ed.) 2017b. *Philosophy and Computing*. Cham: Springer.

Rader, E. and R. Gray. 2015. *Understanding user beliefs about algorithmic curation in the Facebook news feed*. Paper presented at the *Proceedings of the 33rd Annual ACM Conference on Human Factors in Computing Systems*,

Seoul.

Ren, Y., M.Tomko, F. D. Salim, K. Ong and M. Sanderson. 2017. Analyzing web behavior in indoor retail spaces. *Journal of the Association for Information Science Technology*, 68 (1): 62–76.

Rodrigues, N. 2016. Algorithmic governmentality, Smart Cities and spatial justice. https://halshs.archives-ouvertes.fr/halshs-01507099/

Rose, N. 1999. *Powers of Freedom*. Cambridge: Cambridge University Press.

Rosenblat, A. 2018. *Uberland: How algorithms are rewriting the rules of work*. Oakland: University of California Press.

Rouvroy, A. 2013. The end (s) of critique: Data behaviourism versus due process. In *Privacy, due process and the computational turn: The philosophy of law meets the philosophy of technology*, edited by M. Hildebrandt and K. de Vries, 157–182. London: Routledge.

Rouvroy, A. and T. Berns. 2013. Algorithmic governmentality and prospects of emancipation. *Réseaux*, 1: 163–196.

Rouvroy, A. and B. Stiegler. 2016. The digital regime of truth: from the algorithmic governmentality to a new rule of law. *La Deleuziana: Online Journal of Philosophy*, 3: 6–29.

Scott, D. 2005. Colonial governmentality. *Anthropologies of Modernity*, 23–49.

Slobogin, C. 2008. Government data mining and the fourth amendment. *The University of Chicago Law Review*, 75 (1): 317–341.

Spohr, D. 2017. Fake news and ideological polarization: Filter bubbles and selective exposure on social media. *Business Information Review*, 34 (3): 150–160.

Steiner, C. 2012. *Automate this*. New York: Penguin.

Totaro, P. and D. Ninno. 2014.The concept of algorithm as an interpretative key of modern rationality. *Theory, Culture & Society*, 31 (4): 29–49.

Trottier, D. 2016. *Social media as surveillance: Rethinking visibility in a converging world*. Farnham, UK: Routledge.

Tsiptsis, K. K. and A. Chorianopoulos. 2011. *Data mining techniques in CRM: inside customer segmentation*. New York: John Wiley & Sons.

Turing, A. 1936. On computable numbers, with an application to the Entscheidungs problem. *Proceedings of the London Mathematical Society*, 2

(42): 230–265.

Vámos, T. 2010. *Knowledge and computing: A course on computer epistemology*. Budapest: Central European University Press.

Walters, W. 2012. *Governmentality: Critical encounters*. London: Routledge.

Washington, A. L. 2018. How to argue with an algorithm: Lessons from the COMPAS- ProPublica debate. *The Colorado Technology Law Journal*, 17: 131.

Weizenbaum, J. 1984. *Computer power and human reason*. London: Penguin.

White House. 2015. Big data and differential pricing. https://obamawhitehouse.archives.gov/sites/default/files/whitehouse_files/docs/Big_Data_Report_Nonembargo_v2.pdf

Zarsky, T. Z. 2011. Governmental data mining and its alternatives. *Penn State Law Review*, 116: 285.

35 第三章　算法规制：作为治理工具的机器学习

加里·科格利亚尼斯

引　言

纵观历史，人类已经做出了社会治理的所有关键决定。但是今天，新的算法工具开始出现，它可以增强或取代人类决策，以履行许多重要的治理职能。政府在寻求更有效和行政上更高效的维持社会秩序的方法时，逐渐转向（或者至少目前正在研究）人工智能工具的应用（Coglianese & Lehr, 2017）。显而易见，算法可以嵌入数字系统中，帮助政府做出有关分配监管性资源、实施执法处罚的决策，甚至事先制定规则。

政府官员负责任地使用新的算法工具，希望其能在做出更智能、更快速、更一致的决策方面发挥重大的优势，从而达成社会效益更好、政府成本更低的效果。然而，与任何新类型的政策或工具一样，机器学习带来成效的同时也伴随着成本支出。在这一章中，笔者不仅强调了算法规制的潜在成效（更确切地说是政府对机器学习工具使用的成效），而且还对学者和实务专家就机器学习提出的诸如问责、平等、正当程序、隐私、透明度和滥用权力等一系列担忧进行研究（O’Neil, 2016; Eubanks, 2017）。虽然这些担忧是真实存在的，但是本章节的研究将表明，它们并非机器学习技术本身固有的问题；相反，它们最终取决于人类如何设计和使用算法技术的决策。算法规制的风险是完全可以避免的，负责任和公正的政府应该能够设计和监控算法系统，使其收益大于成本，并且不会践踏受保护的权利。

然而，虽然算法规制不应该面临许多学者和实务专家目前提出的这种固有的挑战，但机器学习技术还需要面对其他限制。或许，作为一种治理工具，机器学习面临的最大限制在于，人类无法围绕规制算法精确设定的权衡达成明确的社会共识。为了让机器学习算法发挥作用，它们必须在一开始就以 36
明确的数学目标进行构建。因此，广泛依赖算法规制可能会遇到与基于绩效的监管相同的陷阱（Coglianese, 2017），而这就像机器学习一样，是一种根据目标定义的“算法”。此外，算法规制不太可能取代人类履行重要的治理职能，去执行任何人类集体决策无法产生的比规范价值及其权衡精确度更高的任务。

最后，笔者在本章中认为，算法规制方面最严重的限制不是来自技术本身，而是来自寻求使用这些新工具的人类。这并非意味随着机器学习工具的规范使用，政府必须完全避开相应的研究和实验。但是确实需要政府关注算法规制的前景，正视这项技术的风险和局限性，所以，现在应该准备在公共部门内开发和培养人员的能力，这对于政府负责任地使用算法来说是必要的。

算法规制的前景

目前私营企业在互联网搜索、医疗筛查、自动驾驶、数字营销和贷款申请处理等方面积极利用机器学习算法，进一步拓宽了算法的用途。算法在其中很多用途方面的速度和准确性优于人类，这有助于解释它们对政府越来越有吸引力的原因。这些类似的优点可以使机器学习算法在执行政府职能方面具有相当大的潜在价值。

为了了解使用机器学习技术是如何有效地帮助执行监管以及目前是如何使用简单分析工具完成其他治理任务的，须考虑如下三种可能性：

——美国环境保护署（EPA）必须监督数十万个工业设施，以确保它们遵守防止水污染法规。但环保署的检查人员有限。它可以派有限的检查员通过随机抽签决定检查哪些设施。或者，它可以开发一种机器学习算法取而代之，预测哪些设施最有可能不合规运行，然后使用这些结果引导有限数量的检查员检查这些设施。实际上与随机方法相比，机器学习算法可以让美国环境保护署识别出多达600%的违规者（Hino, Benami & Brooks, 2018）。

——目前，美国社会保障局（SSA）的行政官员需按照向残障人士发放政府福利的规则要求，逐一审查所有申请人是否具备相应的资格，并做出决定。但是，有人担忧，在这种人为
37 驱动的系统下，可能对少数族裔不利（Godtland et al., 2007）。无论种族如何，人类的决策都是高度不一致的；一项研究表明，一部分美国社会保障局的行政官员在90%的情况下批准福

利给付，而其他官员仅在10%的情况下批准福利给付（TRAC, 2011）。负责管理审批的政府机构开发了一种算法工具，以帮助核实决策的质量（Ray & Lubbers, 2015），识别人类决策中可能存在的错误。算法系统的进一步使用可能有助于简化和改进整个流程，不仅可以清除积压，而且还可以做出更准确和一致的决策。

——大城市社会秩序的一个方面是交通流的管理。传统的道路信号系统设置是按预定的时间间隔改变交通灯（的颜色），或遵循由人类工程师编程的简单规则。但是，道路规则可以由实时输入来自道路内置传感器（数据信息）的人工智能系统自动确定。这些传感器可以向机器学习算法提供实时交通状况信息，机器学习算法将自动操作交通信号，以最大限度地减少交通拥堵。这种城市交通的算法排序不仅仅是一种思维实验。据报道，匹兹堡市已经安装了这样的系统，该系统为车流中的居民节省了25%的等待时间（Snow, 2017）。

像这样的决策系统可以取代较慢、较不准确或不一致的人类判断，从而实现更智能、更快的治理决策。

政府使用机器学习的其他例子包括在主要城市分配和布置警务人员和建筑监管员，例子有纽约和洛杉矶（Coglianese & Ben Dor, 2020）。在宾夕法尼亚州，机器学习系统可以帮助县政府的官员做出决定，配置有限的社会服务人员跟进可能虐待儿童的控告（Vaithianathan et al., 2019）。一项对美国142个不同联邦行政机构的研究发现，其中有45%的机构至少发起了一项使用机器学习算法的计划，试图来改善其绩效（Engstrom et al.，2020）。类似的例子还有证券交易委员会使用机器学习识别可能的证券欺诈案例，以及美国国税局使用机器学习识别可能存在不完整或不准确的所得税申报案例（Coglianese & Lehr, 2017）。随着时间的推移，特别是随着机器学习的前景变得更加明朗，并被越来越多的其他应用所接受的趋势下，美国和世界各地政府当局对人工智能的使用只会增加。

算法规制有何不同

任何一个使用过谷歌搜索，或观察过亚马逊和奈飞自动
38 向其用户精准推荐商品或内容的人都可以证明，机器学习算法可以做出高度精确的预测。虽然机器学习算法表现为不同的种类，但是其区别于传统统计分析的特征是，学习算法可以处理海量数据，并自主发现数据模式。技术人员仍然需要明确学习算法的“目标函数”，换句话说，需要告诉算法要搜索和优化什么。技术人员还必须明确拟部署的机器学习算法的类型，并且通常情况下他们还必须参与培训、调整和评估这些算法的性能。但真正让机器学习算法与众不同的是，它们本质上可以自行漫游在大量数据中寻找模式。机器学习算法基本上自行尝试不同的数据变量组合和这些变量之间的不同数学关系，寻找或“学习”变量的最佳组合和它们之间的数学关系，以做出准确的预测（Lehr & Ohm, 2017）。

与传统的多元回归分析不同，机器学习不依赖于人来选定要测试的变量以及是否对这些变量应用特定的数学函数。因此，任何人都很难以清晰、直观的方式辨别或解释这些算法究竟是如何实现预测的——故而，机器学习算法有时被称为“黑箱”工具。而且，虽然机器学习可以生成高度准确的预测，但是它通常不支持由传统统计学工具做出的因果关系论断。这

意味着，机器学习算法的用户可以确信其结果接近准确的预测，但是他们无法准确理解这些算法能够做出特定结果的原因（Coglianese & Lehr, 2019）。

当政府使用算法工具来优化社会秩序时，特别是如果使用算法有可能取代由人主导的分析和决策时，机器学习算法的不透明性和相对自主性的显著特征引发了人们的担忧。对许多公众来说，由人做出治理决策似乎比由机器人进行治理更为合法。可以说，算法的使用仍然是让人“来操控电脑”，比如，算法仅仅是用来指导审计或监督人员的分配，而对于是否有欺诈或逃税仍然由审计或监督员独立判定（Coglianese & Lehr, 2017）。对人类来说，让权于他人，即“脱离电脑操控”，完全是另一回事。然而，我们每天都在无限接近一个由机器人监管和算法裁决的场外世界，在这个世界中，以前由人为驱动的治理可以完全自动化。

当然，一想到人性的弱点——无数的认知偏差和群体功能失调——任何人可能会觉得，如果将人类从电脑操控中移除，至少某些政府职能会更完善，特别是在经过良好校准的情况下，很明显高级数字机器可以取代人的作用。但是公众对政府使用算法工具的接受程度充其量是停滞不前，至少在重要决策方面是如此。公众对算法工具的接受程度取决于两个方面：人被排除在决策之外的程度以及机器学习的用途。似乎很少有 39
公众了解，多年来机器学习算法一直被用来进行邮件分拣决策（Coglianese & Lehr, 2017）。同样，公众并不关心，利用算法审计纳税申报表或向某处派遣现场安全核查员，只要对纳税人或者企业做出处罚的主要决定是由审计员或者现场核查员做出的。即使算法被赋予生成简单规则的权力——就像算法控制的交通信号系统有效地自动执行那样——它们似乎也不太可能引起公众的高度关注，因为风险似乎相当低。

但是，当说到一个被用于确定被告刑期的算法系统时，情况则完全不同。尽管法院使用的算法系统实际上并不完全信赖机器学习本身，尽管法官至今还停留在使用传统算法的基础上，但是，辩护人团体已经行动起来，他们对法院在审判系统中使用算法提出了质疑（Coglianese & Ben Dor, 2020）。在2016年非政府、非营利性组织ProPublica发布了一份广泛流传的报告，批判一个叫作COMPAS的风险评估工具，该工具主要被州法院用来做出刑事判决决定（Angwin et al., 2016）。据称，该工具依靠专有算法——尽管不是基于机器学习算法——预测被告累犯的风险。法官只需对每个被告进行COMPAS风险排名，还被允许在做出判决时参考该预测。ProPublica报告不仅引起了广泛的媒体报道，而且COMPAS工具在之后的一则案件中受到了法律上的起诉，该案最终上诉到威斯康星州最高法院。在威斯康星州诉卢米斯（*State v. Loomis*）一案中，被告卢米斯质疑使用COMPAS对其打出的高风险评分，并辩称威斯康星州初审法官依赖该工具排名，实质上剥夺了他应当受到公平裁判的机会，其原因在于，一方面COMPAS工具的精确源代码是专有的（故而是秘密的），另一方面该风险预测对男性有偏见。

威斯康星州最高法院驳回了卢米斯的主张，并维持了初审法官考虑COMPAS风险评级的决定。但卢米斯的诉讼不会是最后一次挑战政府对算法包括黑箱和机器学习系统的依赖，特别是当通过使用算法把人解放出来时，似乎特别容易受到各种理由的法律挑战，其中包括对问责制、正当程序、平等保护、隐私、透明度和滥用权力的法律担忧。然而，正如笔者在本章其他地方更详细地论述的那样（Coglianese & Lehr, 2017, 2019），只要政府官员在开发机器学习系统时尽到合理谨慎义务，大多数法律方面的挑战似乎都会像卢米斯判决一样，由政府占据上风。

正如在本章接下来的五个部分中所说明的那样，对政府使用机器学习的主要批评似乎可以通过政府官员做出负责任的决定来充分解决。尽管具有独特的“黑箱”特征，但实际上机器学习的应用并没有提出任何真正新的挑战，事实证明，与其他 40
已被纳入政府使用的更为传统的技术相比，机器学习不一定不合法，或者在道德上存在什么问题。毕竟，当传统的政府监管要求食品加工商等受监管实体将食品保持在特定温度时，政府依靠温度计来执行监管目标几乎不会违反法律或道德规范。本质上，机器学习算法很像温度计或受政府官员一直依赖的任何其他机器。这并不是要消除以下章节中所述的问题，但可以说，这些问题不会对机器学习算法的使用造成任何固有的或不可克服的障碍。通过精心规划和深思熟虑的决策，政府应该能够负责任地利用算法工具，而不会产生问责制、正当程序、平等保护、隐私、透明度和滥用权力等所涉及的重大问题。

算法问责

如前所述，在算法规制的世界中，机器学习的相对自主性使政府问责制的意蕴成为突出的问题。公民是否有权期望所有的监管和其他政府决策都要由人做出（Huq, 2020）？直觉上，答案似乎是“肯定的”，毕竟，一般来说问责制要求一个明确可识别的政府官员或一组官员，对政府制定的规则和采取的其他行动负责。对问责制的期望反映在政府组织内部的行政链和要求公职人员在选举中承担责任的民主进程中。但是，当政府官员拥有制定规则和执行政策的权力，却将权力转移给其他人或物时，他们也会推卸自己的责任，问责制就会崩溃。

在美国宪法中，这种对问责制的渴望反映在一种被称为“禁止授权原则”的信条中，这在原则上限制了美国国会将规则制定权授予政府管理机构的授权范围。整体的认识是允许国会授权政府管理机构行使规则的制定权，条件是制定此类授权的立法规定了“明确性原则”，以指导和约束政府管理机构行使规则制定的自主权。事实上，美国最高法院几乎批准了国会授予的每一项规则制定权的授权，即使是那些被认为根据“公共利益、便利性和必要性”等不易明确的原则受到约束的授权（Breyer et al., 2017: 50–84）。

至少在这种问责制的观念下，由机器学习算法驱动的监管机器人不应该有什么问责问题，因为算法真的要工作的话，需要数学上精确的目标函数。与随意漫游和管理的许可不同，由于人类必须告诉算法要优化哪些目标，所以算法治理显然具有可问责性。机器学习算法仅在如何处理和分析数据以实现其明
41 确设定的优化方面具有自主性——这是一种数学上的必要性，完全满足任何明确的责任原则测试。

即使符合明确性原则，但是仍然存在另一个担心政府问责的原因：法律和政策是受公共价值观，而非私人利益驱动的。如果在未使用算法的情况下，政府官员将他们的责任转嫁给私人行为者，那么私人行为者就有可能通过制定法律和政策将自己的私人利益排除在更广泛的公共利益之外，这种现象会让人感觉不安。但是，在这种问责制的概念下，算法规制可能只带

来最小的风险。因为算法自身没有独立的利益；它们将按照设计的程序工作，以做出设计目的上的预测。只要算法的设计者对公众充分负责，并且算法的目标函数是以符合公众利益的方式定义的，那么算法治理就应该不会带来腐败或利益冲突的风险。事实上，精心设计的算法系统甚至比人更能抵御腐败和利益冲突。

“黑箱”算法与政府透明度

追究政府官员责任的一种常见方式是要求他们公开处理公共事务，接受大家的监督而让所有人都能看到，并为他们的决定说明理由。常言道，阳光是最好的防腐剂（Brandeis, 1914）。与通过透明度实现问责的认识相反，任何取代人类决策的“黑箱”数字工具都可能在直觉上被怀疑。一个棘手的问题是，如果算法治理是秘密设计的，那么公众无法理解它们的用途或构建方式，就像任何非机器学习算法工具一样。但是除有意的保密系统，强调算法的可解释性不会对根据传统标准判断政府使用机器学习造成不可逾越的障碍（Coglianese & Lehr, 2019）。

当然，机器学习确实不支持直观的因果推理，例如“A之所以被监管是因为要减少问题B，原因是A导致B问题”。机器学习算法做出的是相关性的预测，而不是推导出能够支持诸如“A导致B问题”这样的陈述性结论。但是，不能因为机器学习算法无法给出直观的因果解释，就要全盘否定机器学习。

首先，社会现在不要求任何事情都趋向充分说明或完全透明。尽管美国《信息自由法》要求公开许多政府信息，但仍然豁免公开披露许多政府信息，比如与执法或人员有关的信息或受商业秘密保护的信息（Coglianese & Lehr, 2017: 1210）。毫不奇怪，威斯康星州最高法院在卢米斯案中驳回被告的主张，其
42 要求主审法官判令，向被告提供法官在判决中使用的算法的更多细节。法院不仅要尊重根据与州签订合同而创建算法的私营公司的专有权，而且程序的正当过程只在下列情况下是必需的，即，州政府允许被告确认通过算法处理的其个人信息的准确性，却无法访问该工具的完整底层源代码。

其次，尽管个别的法官能够为某些判决找出令人信服的理由，但这并不意味着这些理由是个别判决的真正原因。人类集体决策左右着许多政府的行政组织，经济学家和组织理论家早就认识到很难（如果不是不可能）对集体决策做出明确的解释。例如，阿罗不可能性定理教导我们，当决策偏好在多个维度上排列时，集体决策可能实际上没有任何稳定的解释（Arrow, 1963）。

也许在未来，透明度规范将发生变化，以更严格地应用于机器学习工具。但如果没有这样的变化，政府官员可能在获得简单概括描述算法的结构如何工作，验证其性能，并证明其按预期工作的情况下，就会认定已经满足对算法治理解释的合理要求（Coglianese & Lehr, 2019）。归根结底，这主要反映了对政府机构经常依赖的任何机器或仪器（如温度计）的期望。尽管机器学习算法复杂的内部工作机制可能仍然不清楚，但是这种基本解释所需的信息应该是容易获得和可发布的。

最后，尽管机器学习算法与传统分析工具相比不透明，但是计算机科学家目前正在努力开发技术，以提供更多有关其运作功能的信息（Kearns & Roth, 2019）。因此，无论今天对算法治理的可解释性存在什么合理的担忧，随着技术的进步和时

间的推移，这样的担忧都会减少，算法治理也会变得更容易理解。

算法与程序公正

理性决策不仅提供了问责的来源，还具有公正决策程序的特征。公正决策程序的其他特征包括决策者的中立性，以及受决策影响的人在做出最终决策之前提出意见的机会。机器学习的任何内容都不排除公众的参与。恰恰相反，机器学习算法目前正被用于帮助美国联邦监管机构整理公众就拟议法规提交的大量意见（Engstrom et al., 2020）。很难想象，一个完全自动化的规则制定系统可以将公众评论机器学习分析程序与生成规则的系统所使用的其他相关数据处理整合在一起（Coglianese & 43
Lehr, 2017）。此外，已经注意到，当涉及中立决策者时，算法可能比作为决策者的人更具中立性，而作为决策者的人可能会存在很严重的偏见，并产生不一致的结果。由于这些原因，算法规制似乎不一定会否定程序的公正性；实际上可能会提高程序的公正性。

这一结论只有通过适用美国宪法规定的程序公正测试来得到证实。在这项平衡测试规定中，判断政府决策过程需要考虑三个因素：（1）决策中的私人利益；（2）决策程序的准确性；（3）该程序所需的成本和行政负担（*Mathews v. Eldridge*, 1976）。算法规制似乎很容易通过这个由三部分组成的平衡测试。虽然私人利益将是算法决策工具的外源性因素，但是，就是在测试其他两个因素时，算法工具也应该获得有利评价。因为，算法系统的主要吸引力就在于，它可以减少决策错误并降低管理成本。

应当指出的是，在使用算法的公正性方面其合理性充足，但是算法系统的开发和设计也将涉及程序公正。公正的做法似乎应该是，受机器学习算法影响的公众应该有机会仔细检查对他们利益产生直接影响的机器学习工具的设计。基于此，完整的设计选择应尽可能以开放的过程进行开发，如有可能，应该采用咨询委员会、公开听证会或限期公开评论等方式获取公众和专家的意见。比如，当波士顿市利用机器学习提出重新安排校车时刻表时，它为居民提供了许多反馈信息的机会（Goodman, 2019）。对于任何影响公众成员的算法系统来说，公众参与肯定永远是一个很好的实践。事实上，对许多政府来说，这些提供给公众反馈意见的设计已经代表了其他重要政策和管理决策的正常运作，因此，不应该仅仅因为一个基于机器学习的新系统而采取特殊的安排。最后，程序公正不应该成为算法规制发展的任何特别或重大的障碍。

算法偏见

偏见呢？当然，人类的决策已经反映出许多偏见。其中一些代表了广大心理学家和行为经济学家深刻记录的认知错误类型，例如后视偏差或损失厌恶（Kahneman, 2011）。另一些则反映了基于种族、性别和其他个人特征的隐性或显性偏见（Eberhardt, 2019）。从基于人的系统到机器学习系统的转变为克服这些人类偏见提供了可能性。然而，如果算法系统不假思索地依赖带有人类偏见的数据，机器学习也会面临进一步加深人类偏见的风险。除非出于某种原因，算法本身被故意以有偏见

的方式设计，否则数据而非算法将是偏见的根源。用于训练和
测试算法的基础数据（至少最初）将由人产生，并将反映人的 44
系统偏见。

乍看上去，揭示数据存在的偏见似乎与揭示机器学习系统中存在基于人的决策同样具有挑战性。机器学习算法的自主性、黑箱特征意味着，即使系统使用的基础数据包括种族、性别或其他个人特征的变量，但是算法的输出是否或如何受到这些数据的影响并不明确。即使关于种族和性别等特定变量的数据被排除在数据集中，只要其他剩余的变量已经受到种族或性别偏见的影响或与种族或性别的偏见相关，那么算法的输出仍然可能受到种族或性别偏见的影响。

当政府机关将算法用作实现特定目标的工具时，例如识别逃税行为或确定获得经济利益的资格，算法将基于该目标进行优化，而不是基于个人特征进行歧视。由于缺乏算法系统的设计者或用户具有真实敌意的独立证据，要辨别这种歧视是否发生，既不容易也不简单易懂。当算法生成的输出具有厌恶特定种族或其他个人特征的某一个体时，从单个实例中不容易看出，该算法通常的结果是否对具有相同特征的整个个体群集存在厌恶。即使可以审查针对更广泛群体的结果，但是对兴趣特征是否或如何进行算法的计算可能不容易被认识。

在美国最高法院裁定政府机关因基于种族的歧视而违反宪法的事例中，这些机关在其决策中明确使用种族作为有利于（或不利于）个人的一贯因素（Coglianese & Lehr, 2017）。如果政府使用算法工具时，这种绝对的歧视很少会发生，这仅仅是因为该算法处理的是不同变量的混合，以优化一个不以种族定义的目标函数。此外，当算法的目标函数是根据重要的政府目

标定义时，即使该算法可以基于种族显示出不同效果，法院很可能得出的结论是，算法促进了令人信服的国家利益，仍有理由继续使用它。

当然，即使法院有时会以其他重要的政府目标为名义而为算法偏见开脱，这并不意味着这种偏见应该免受公众的异议，就像目前弥漫在人类决策中的持续的（如果不是地方性的）偏见一样。事实上，恰恰因为这种不合理的人类偏见的持续存在，反而强有力地说明政府机关有必要考虑采用机器学习系统。即使这些系统确实依赖于有偏见的数据，但在对数据进行统计分析时更容易识别偏见，然后更容易做出算法上的数学调整，以
45 使其能够减少偏见（Miller, 2018; Mullainathan, 2019）。一些有前景的研究表明，在不牺牲算法输出准确性的情况下，基本上可以采取此类数学调整来抵消现有数据集中包含的偏见，当然并不能全部抵消（Berk et al.，2018）。最终，几乎可以肯定的是，在减少偏见的影响方面，调整算法以减少其输出中的偏见，比改造人类以减少其决策中根深蒂固的隐性偏见要容易得多。

大数据与个人隐私

机器学习算法运行在海量数据（所谓的大数据）上，并且在这些数据中寻找连人类都无法识别的模式。机器学习算法分析的一些数据将包含个人或其他有关个人或企业的敏感信息，故而，机器学习算法带来了关于如何存储和使用这些数据相关的隐私问题。与本章节论述的其他观点一样，机器学习对隐私的影响也并非是这项技术所独有的。通过机器学习保护隐私将涉及同样的事项，即，政府官员和分析员在采用任何类型的统

计分析时，都会利用个人或机密信息。

机器学习在隐私方面潜在的特有挑战来自于它做出准确预测的能力。通过机器学习，政府分析员仅需使用看似无害、不敏感的数据源，就可以触及人们生活中敏感或私密的方面。众所周知的例子是，私营企业可以通过对数据的反向工程数据来揭示个人信息，比如美国的一家大型百货连锁店通过使用女性顾客的购物数据，准确预测怀孕的女性顾客从而定位客户，然后使用这些预测数据向准妈妈提供精准的营销信息（Duhigg, 2012）。政府官员可以采取类似的方式开发算法力量的潜力来识别被看作是私人性的特征，比如关于个人的政治信仰或性取向的信息，然后利用这些信息歧视这些人。但同样，这种危害不是技术固有的，而是源于人们的使用方式。在许多自主发展机器学习的国家，政府机关的歧视行为已经是非法的。

算法与权力滥用

到目前为止，笔者认为，只要政府负责任地设计和部署算法工具，算法的使用可以很容易地符合现行规范，这使得政府可以依赖其他类型的统计工具或自动化系统。如果机器学习算法是基于问责制、透明度、程序公正和平等执行，并且能够帮助政府做出更好、更快、成本更低的决策，那么机器学习算法就不太可能遇到无法逾越的障碍。再者，如果在特定任务中使用机器学习的优势被确认为正当或超过其弊端，那么政府机关 46
似乎不仅仅是接受这项技术的使用，而是会作为不寻常的善治的标准积极推荐使用。

然而，当算法规制被负责任地使用时，能够保证其发挥性能优势，反之则可能使非正义政府从事高压的或故意有害的行动。从某种重要意义上来说，笔者怀疑机器学习的所有可能性会加剧权力滥用，这可能会使机器学习面临许多批评。不可否认的是，非正义政府能够借助算法工具增强权力，逃避责任、侵犯隐私以及歧视少数群体、政治对手或任何不受欢迎群体。

令人担忧的是非正义政权经常依赖的监视功能，以及如何通过机器学习来增强这些功能。这样的政权热衷于监督公民的一举一动，需要一个工具来帮助其识别使用电话、社交媒体和其他电子通信以及手机GPS信号获取到的海量数据（Mayer Schönberger & Cukier, 2013）。从这个意义上说，机器学习工具很可能被证明是独裁者最好的朋友之一。

所有关心自由和人类繁荣的人都有充分理由反对使用机器学习来实现或强化压迫。应当承认机器学习算法可以被有效利用并具有值得信赖的积极作用，但是，我们仍然可能会反对其非正义的使用。毕竟，任何治理工具都存在被滥用的可能性。至少在法律实证主义者看来，法律已经并将继续充当非正义政权手中的武器。

虽然机器学习在专制统治者手中无异于一件危险的武器，但是这并不意味着它是算法技术本身所固有的危险。这是由政府行政过程中的人即能设计和使用这项技术来支持非正义的和非法的政权的人带来的威胁。因此，它将落到法律监督和民主问责制相关的人的系统头上，以此来确保拥有政府权力职位的人不会滥用机器学习的权力。

机器学习需要独立审计师、立法者和法官的充分监督。这种监督与在行政法体系足够健全的国家给予其他治理工具的监督没有任何不同。但是，为了保障充分监督，政府在开发新的机器学习系统以处理记录的目标、关键设计的选择、基础数据源以及为验证这些数据所做的努力时可能需要特别注意（Coglianese & Lehr, 2019）。如果政府在建设、培训、调整或操作算法系统方面依赖私人承包商，他们还应确保在采购过程中通过政府合同来约定确保公开这些重要信息——这是在不损害私人承包商智力工作产品保密性的合法要求的情况下可以做的事情（Coglianese & Lampmann, 2020）。

算法规制的社会价值和人类限度 47

正如人类可以最终决定机器学习被用于合法还是非法目的一样，人类最终也会对政府利用机器学习的限度提出显著的实际限制。为了使机器学习算法发挥作用，他们必须采用清晰的目标函数来编制算法，这些目标函数可以准确地告诉每个算法要优化什么，以及在不同的价值之间应该进行哪些权衡。这种技术上的必要性引发了两个实际问题，这两个问题将使寻求依赖人在回路外的（human-out-of-the-loop）算法系统的政府官员感到困惑，并可能成为使用的最大限制。第一个是价值完整性问题；第二个是价值精确度问题。

在**价值完整性**方面，问题在于就任何政策决策或治理系统中涉及的所有价值范围进行识别并达成一致。识别某些价值——反映在政策或体系的主要目标中的内容——通常很容易，但识别所有相关价值的完整范围却很难。为了说明这个问题，可以考虑这样一个事例，那就是大多数人可能同意环境法应该是保护人类健康的。但在制定实际环境标准时，是否还应考虑其他价值？环境标准是否应该考虑合规成本和健康风险？如果设计一个算法来代替环境监管机构的官员，设计者需要在算法的目标函数中加入一整套相关的社会价值。

不幸的是，人类在价值完整性方面的“业绩记录”并不出色。数十年来所谓的绩效监管实践提供了一个又一个有关价值不完整的例子，当监管机构专注于单一目标时——他们寻求解决的主要问题——却对其他重要问题视而不见（Coglianese & Nash, 2017）。例如，当美国的消费者安全监管机构首次出于保护儿童安全的目的为药品和家用清洁剂的包装制定标准时，他们精准地把重点放在儿童若能够打开危险品的容器会发生中毒的问题上。虽然最初的设计标准确实成功地阻止了儿童打开药瓶和清洁容器，但也影响了成年人轻松打开这些物品。如此一来，儿童比以前更容易接触到这些危险产品。最终设法打开药瓶和清洁容器的成年人通常会将这些容器去除加盖，或者将它们转移到其他没有保护儿童措施设计的容器中。多年后，该相关的法规才从一个维度改为两个维度进行优化，并在法规中纳入了保护儿童和便利成人的标准（Coglianese, 2017）。

算法规制与基于绩效的规制有很多共同之处，因为两者都
48 要求规范目标的明确性。大多数时候，即使人们专注于一个特定的问题，但他们实际上关心的不仅仅是一个目标。他们确实想解决如何防止儿童中毒的问题，但同时也想让成年人方便地打开它们。他们想保护环境，但也不想强加给小企业太多成本。他们想避免银行破产，但也希望银行在向企业贷款时承担一些风险。因此，每当政府机构开发算法系统时，他们都需要关注多个，且有时是相互竞争的利害关系价值，并确保将这些价值纳入其系统设计之中。通过在算法系统开发的早期提供足够的

公众协商和反馈机会，政府机构可以最大限度地减少忽视一个或多个重要价值的可能性。

一旦政府机关确认了一套完整的价值，他们接着需要应对可能最大的挑战：价值精确度。为了将算法作为有效监管的工具，算法系统的设计者必须明确规定相关价值的选择和数学精确度的协调，并将这些数学关系建构到算法的目标函数之中。例如，如果一个算法系统是为制定保护健康和安全的标准而设计的，那么它将需要被确切地告知多安全才是足够安全。它还需要明确，如何准确地在保护公众健康和避免对商业活动造成不必要的财政负担之间进行权衡。但社会规划者和立法者往往无法提供这样的精确度，不是因为个体本身无法具体说明，就是因为在所需的精确度上无法达成社会共识。

由于缺乏明确性答案，百年来立法者一直在寻求用宽泛的术语代替，比如“合理”“可行”和“适当”等宽泛的术语。例如，《清洁水法》第304条（b）（1）项规定，环境保护局应根据“当前可用的、最佳的可行性控制技术”制定某些水污染标准，在执行上该机构将根据宽松的多因素测试，还包括“环保局认为适当的其他因素进行执法裁定”（EPA, 2020)。但“可行”或“适当”的真正含义是什么呢？

因为价值偏好的不确定性、混乱性和不一致性，法律常常依赖于抽象的概念。美国法律学者卡斯·桑斯坦（Cass Sunstein）有力地回应了对价值精确度的质疑，提出了“未完全理论化的协议”的概念（Sunstein, 1995）。桑斯坦指出：即使人们能在特定情况下达成一致，他们也往往无法就具体原因达成一致：

> 无论是由法官、立法者还是行政人员制定的……法律规则在某种意义上通常是未完全理论化的，它们可以被许多就一般性问题有分歧的人所接受……规则的一个关键社会功能是允许人们在面对许多其他方面的分歧时，就一项管理法律条款的含义、权威性甚至合理性达成一致。在法律文化中发现的其他手段，包括标准、要素和强调类比推理也是如此。事实上，律师所采用的传统工具都允许就特
> 49 定结果达成非完全理论化的协议，不过可能会以意想不到的不同方式达成。
>
> （1995: 1741–1742）

然而，如果机器学习算法想要取代法官、立法者和管理者作为监管决策的驱动者，就确实需要精确度。

价值精确度是一项重要的事项，将涉及规范权衡。一旦在重要事项中确定了一套完整的实质性价值，问题将变成应该给每件事什么样的精确权重。还会出现一系列有关权衡的其他常见问题，例如系统如何处理假阴性与假阳性的问题。为了避免一个无辜的人遭遇牢狱之灾，应该允许多少有罪的人逍遥法外？每当希望确保算法最大限度地减少对不同种族群体的区别对待时，同样的问题也会出现，这样做在预测准确性方面就存在权衡：究竟应该为多大程度的平等保护牺牲多少预测的准确性？这些和其他类型的权衡将是算法规制的特有问题，将要求开发和设计机器学习治理工具的人保持清晰，最起码这些工具中包含的不只是随机或任意的价值权重。那么，在能够提供更清晰的信息之前，当人类无法回答有关价值和权衡的关键问题时，依赖算法系统可能根本不合适。

培养人类部署算法工具的能力

现在应该很清楚，要开发有效的算法规制工具，政府需要的不仅仅是计算技术和对大型数据集的访问。还需要有能力的人来负责任地设计这些工具，并对其进行评估，以确保其按预期设计工作（Coglianese, 2018）。这种对人的能力要求是多方面和多学科的。

政府机关的职员需要具备数据分析方面的必要技术能力。政府一直面临与私营企业争夺顶尖人才的竞争，而且现在还需要争夺拥有新型技能的人才。诚然，构建算法系统所需的一些技术工作可以由私营互联网企业来完成，但这些企业可能对政府在可解释性、正当程序或避免偏见方面的特殊要求不够敏锐。政府机关仍然需要确保拥有以智能方式监督互联网企业所需的内部能力，而不是确保系统的设计能够满足由政府机关提出的独特的问责和公平要求。

但政府组织还需要建立具有各种其他技能的算法治理团队。
除数据科学家和主题专家外，政府机关还需要指令决策者。这 50
些团队成员需要仔细思考算法系统旨在解决的治理问题、价值和利害关系的权衡，以及当系统未谨慎构建和运行时可能出现的偏见、正当程序、透明度等问题。这些更高层次的系统思想家需要充分理解技术问题，以便在公众和政治领导人，以及数据分析师和系统开发人员之间提供必要的转换通道。

政府机关还需要能够有效促进公众参与进程的专家，以确保感兴趣的公众成员和相关外部专家为算法目标的规范提供所需的输入信息，包括哪些价值和价值的权重符合共同的社会期望。设计人员可以从公众对算法系统的一系列其他重要特性的设计中受益。近年来，针对法院在刑事审判量刑中依赖风险管理工具的猛烈批判应该已经给政府部门的所有官员敲响了警钟，让他们意识到，在算法设计起初就应真诚和带着同情心寻求公众参与的价值。

政府还需要人类的专业知识来进行严格的试点测试，以便为设计师提供更多的反馈，让他们了解系统在完全实施后的工作方式（Chien, 2019）。与此相关的是，一旦算法系统被使用应定期接受评估，以确保其是按照预期设计在运行，并且事实上正在改善现状（Coglianese, 2011）。在开始阶段，这可能需要对取代人类决策系统的新系统性能进行一些相应的测试（Engstrom et al., 2020）。随着时间的推移，同样还应当针对新系统对较旧版本系统的升级和改进进行测试和评估，以确保其性能得到提高。

最后，也许这似乎有些讽刺，但寻求建立有效地将人类排除在外的数字系统的政府，实际上需要有意识地发展和建设对这些系统的成功至关重要的人力资本。为了确保机器学习系统有效工作并满足公平、透明、平等和可问责标准，将继续需要人类来指导设计过程，并做出这些系统所依赖的关键规范选择（Coglianese, 2015）。

结 论

随着人工智能工具逐渐在商业界、医学界以及越来越多的政府机构中普及，人们将被时刻提醒，一个日益被算法主宰的世界中可能存在危险。如果这些提醒能让开发和使用机器学习算法的政府官员更加慎重和仔细地设计和使用算法，那么它们就可以发挥重要作用。最终，正是这些人决定了算法能否实现其克服现有政府程序缺陷的全部愿景。

算法规制的世界不一定是危险的，因为机器学习算法本质 51
上并没有内在的危险。令人不安的事实是，危险源于设计和使用这些算法的人。机器学习的核心与任何机器都非常相似。它可以用于邪恶或善良的目的；它可以被随意使用，也可以被慎重使用。对政府来说，算法规制的未来将更智能、更公平、更一致，并充满希望。但政府能否实现这一愿景最终取决于人。

参考文献

Angwin, J., J. Larson, S. Mattu and L. Kirchner. 2016. Machine bias. *ProPublica*. https://www.propublica.org/article/machine-bias-risk-assessments-in-criminal-sentencing.

Arrow, K. J. 1963. *Social choice and individual values*. New Haven, CT:Yale University Press.

Berk, R., H. Heidari, S. Jabbari, M. Kearns and A. Roth. 2018. Fairness in criminal justice risk assessments: The state of the art. *Sociological Methods & Research*. doi.org/10.1177/ 0049124118782533

Brandeis, L. D. 1914. *Other people's money*. New York: Frederick A. Stokes Co.

Breyer, S. et al. 2017. *Administrative law and regulatory policy: Problems, text, and cases*, 8th ed. New York:Wolters Kluwer.

Chien, C. V. 2019. Rigorous policy pilots: Experimentation in the administration of the law. *Iowa Law Review*, 104: 2313–2350.

Coglianese, C. 2011. Evaluating the performance of regulation and regulatory policy. Organization for Economic Cooperation and Development. https://www.oecd.org/gov/regulatory-policy/1_coglianese%20web.pdf

Coglianese, C. 2015. Regulatory excellence as 'people excellence'. *The Regulatory Review*, Oct. 23, https://www.theregreview.org/2015/10/23/

coglianese-people-excellence/.

Coglianese, C. 2017. The limits of performance-based regulation. *University of Michigan Journal of Law Reform*, 50: 525–563

Coglianese, C. 2018. Optimizing regulation for an optimizing economy. *University of Pennsylvania Journal of Law and Public Affairs*, 4: 1–13.

Coglianese, C. and L. Ben-Dor. 2020. AI in adjudication and administration. *Brooklyn Law Review*, forthcoming.

Coglianese, C. and E. Lampmann. 2020. Contracting for algorithmic accountability. *Administrative Law Review Accord*, forthcoming.

Coglianese, C. and D. Lehr. 2017. Regulating by robot: Administrative decision making in the machine-learning era. *Georgetown Law Journal*, 10: 1147–1223.

Coglianese, C. and D. Lehr. 2019. Transparency and algorithmic governance. *Administrative Law Review*, 71: 1–56.

Coglianese, C. and J. Nash. 2017. The law of the test: Performance-based regulation and diesel emissions control. *Yale Journal on Regulation*, 34: 33–90.

Duhigg, C. 2012. How companies learn your secrets. *New York Times* (Feb. 16). https://www. nytimes.com/2012/02/19/magazine/shopping-habits.html.

Eberhardt, J.L. 2019. *Biased: Uncovering the hidden prejudice that shapes what we see, think, and do*. New York:Viking.

Engstrom, D.F., D.E. Ho, C.M. Sharkey and M.-F. Cuéllar. 2020. *Government by algorithm: artificial intelligence in federal administrative agencies. Administrative Conference of the United States*, Washington, DC.https://www-cdn.law.stanford.edu/wp-content/uploads/ 2020/02/ACUS-AI-Report.pdf

Eubanks,V. 2017. *Automating inequality: How high-tech tools profile, police, and punish the poor*. New York: St. Martin's.

Godtland, E. M., M. Grgich, C.D. Petersen, D. M. Sloane and A. T. Walker. 2007. Racial dis parities in federal disability benefits. *Contemporary Economic Policy*, 25 (1): 27–45. doi:10.1111/j.1465-7287.2006.00031.x.

Goodman, E. 2019. The challenge of equitable algorithmic change. *The Regulatory Review* (Feb. 11). https://www.theregreview.org/wp-content/uploads/2019/02/ Goodman The-Challenge-of-Equitable-Algorithmic-Change.pdf.

Hino, M., E. Benami and N. Brooks. 2018. Machine learning for environmental monitoring. *Nature Sustainability*, 1: 583–588. doi.org/10.1038/s41893-018-

0142-9.

Huq, A. Z. 2020. A right to a human decision. *Virginia Law Review*, 105: 611–688. Kahneman, D. 2011. *Thinking fast and slow*. New York: Farrar, Straus and Giroux.

Kearns, M. and A. Roth. 2019. *The ethical algorithm:The science of socially aware algorithm design*. Oxford: Oxford University Press.

Lehr, D. and P. Ohm. 2017. Playing with the data: What legal scholars should learn about machine learning. *University of California Davis Law Review*, 51: 653–717.

Mathews v. Eldridge, 424 U.S. 319 1976.

Mayer-Schönberger, V. and K. Cukier. 2013. *Big data: A revolution that will transform how we live, work, and think*. London: John Murray.

Miller, A. P. 2018. Want less-biased decisions? Use algorithms. *Harvard Business Review* (July 26). https://hbr.org/2018/07/want-less-biased-decisions-use-algorithms.

Mullainathan, S. 2019. Biased algorithms are easier to fix than biased people. *New York Times* (Dec. 6). https://www.nytimes.com/2019/12/06/business/algorithm-bias-fix.html.

O'Neil, C. 2016. *Weapons of math destruction: How big data increases inequality and threatens democracy*. New York: Crown.

Ray, G. K. and J. S. Lubbers. 2015. A government success story: How data analysis by the Social Security Appeals Council (with a push from the Administrative Conference of the United States) is transforming social security disability adjudication. *George Washington Law Review*, 83: 1575–1608.

State v. Loomis, 881 N.W.2d 749 Wis. 2016.

Snow, J. 2017.This AI traffic system in Pittsburgh has reduced travel time by 25%. https:// www.smartcitiesdive.com/news/this-ai-traffic-system-in-pittsburgh-has-reduced travel-time-by-25/447494/

Sunstein, C. R. 1995. Incompletely theorized agreements. *Harvard Law Review*, 108: 1733–1772.

Transactional Records Access Clearinghouse (TRAC). 2011. Social security awards depend more on judge than facts. https://trac.syr.edu/tracreports/ssa/254/.

US Environmental Protection Agency (EPA). 2020. Learn about effluent guidelines. https://www.epa.gov/eg/learn-about-effluent-guidelines.

Vaithianathan, R., N. Jiang, T. Maloney, P. Nand and E. Putnam-Hornstein. 2019. Developing predictive risk models to support child maltreatment hotline screening decisions. https://www.alleghenycountyanalytics.us/wp-content/uploads/2019/05/16-ACDHS-26_PredictiveRisk_Package_050119_FINAL-2.pdf.

第四章　负责任和可问责的算法运行：如何在政府算法使用中产生公民信任 53

阿尔伯特·梅杰　斯蒂芬·格里梅利奎杰森

引　言

算法在世界各国的公共部门越来越受欢迎：例如，它们不仅被用于提供服务（Pencheva, Esteve & Mikhaylov, 2018），还被用于辅助决策（Van der Voort et al., 2019）和预测累犯（Kleinberg et al., 2017）。此外，警方使用算法预测犯罪模式（Meijer & Wessels, 2019），税务部门使用算法查办税务欺诈（Zouridis, Van Eck & Bovens, 2020），地方政府使用算法提高垃圾回收效率（Ramalho, Rossetti & Cacho, 2017）。当前的算法浪潮使用了相对较新的技术，如机器学习和深度学习来改变组织流程（Brynjolfsson & McAfee, 2014; Burrell, 2016）。

由于算法技术有可能通过提供有用信息和无缝对接实现更有效的流程、更明智的决策和对复杂现实更深入的洞察，所以这些新技术的"魔力"对各国政府很有吸引力。但是，这些新技术的"魔力"也存在风险，原因是算法的使用会产生偏见甚至歧视性做法，这有可能造成政策执行中的错误，也可能阻碍政府与公民之间的互动。所以，很多专家指出，我们需要“退一步”，反思如何应用算法来实现令人满意的结果（O’Neil, 2016; Eubanks, 2018; Gerards, 2019）。比如，荷兰的各个政府机构使用机器学习算法（Systeem Risicoindicatie, SyRI）来识别公民中的福利欺诈行为。虽然起初政府官员普遍支持这一做法，但在2020年初，民权活动家和地方法院都将该算法系统认定为存在“歧视性”和“不透明”。具有移民背景的弱势公民通常被不公平地描述为福利欺诈嫌疑人。

荷兰SyRI的例子说明了一个更重要的问题：迫切需要社会不仅关注效益和效率，而且还需要明确政府在使用算法时如何避免非预期的负面效果，如偏见和公平性问题，以维护公民的信任（Hoffman, 2019）。如果该系统使用的算法既不透明又具
54 有歧视性，那么我们怎么能期待公民信任政府呢？人们对这些系统表达了这样的担忧，这些系统的使用既涉及隐私权，又涉及歧视社会不同群体以及忽视人的交流的影响。目前尚不清楚政府机构将如何处理这些问题，比如以非歧视的方式解释大数据、公平处理隐私、使用与目标相称的手段以及确保人的交流（Dencik et al., 2019）。

笔者认为，这些担忧不应仅仅限于算法的实施，还应该涉及组织如何转变和改变，以实现算法的使用。在本章中，我们将这个过程称为算法运行：在行为和决策中使用算法以改变其工作程序的一种组织形式。笔者强调，在算法运行分析时不仅需要关注技术，还需要从员工的专业知识、信息资源、组织结构、组织政策，以及监控与评估等方面关注组织的实施，以了解算法的使用是否会产生公民信任。

在本章中，笔者将算法运行与当代治理中的一个关键概念联系起来：公民对政府的信任。公民对政府的信任被视为发达社会的基本要素。例如，人们已经发现，如果政府机构得不到其服务的对象即公民的信任，就无法正常运作（Fukuyama, 1995; Inglehart, 1999; Levi & Stoker, 2000）。考虑到政府如此快速推进算法运行，我们需要在公共部门中明确想要的算法形式。有学者在研究中提出了维持公民信任的两个先决条件：（1）在算法设计中融入价值观，作为组织负责任的先决条件（例如Friedman, Kahn & Borning, 2008; Van den Hoven, 2013）;（2）向公众说明正确的算法用法，作为问责制的先决条件（例如Diakopoulos, 2016）。在本章中笔者认为，公共部门的算法运行只有在基于这两个先决条件的情况下才能维持公民信任。

为此，笔者在本章中首先讨论对公民信任的理解，并概述为什么信任在公共部门如此重要。然后，我们将围绕作为一种组织过程的算法运行展开讨论，并指出想要加强公民信任，就需要关注组织过程，而不是技术本身。接下来进一步讨论两个先决条件——负责任和问责制的算法——如何增进公民信任。在本章的结尾，介绍了公共部门现行负责任和问责制的算法模型。

信任在政府（治理）中的基本作用

尽管许多学者强调了信任的重要性，但我们首先要指出的是，对政府的信任并非绝对必要。人们能够“接受”并服从一个高压的政府，并不是因为信任它，而是因为害怕不服从的后

果。根据政治学家拉塞尔·哈丁（Russell Hardin, 1999, 2002）
55 的观点，只有在相对温和的环境下才需要对政府的信任，比如民主政权下。哈丁进一步认为，只要政府不是被人们积极地不信任，它就能很好地履职。

一定程度的信任使治理变得更容易、更温和。许多学者认为，如果公民认为政府是值得信赖的，那么他们会更愿意遵守政府的要求、法律和法规（Tyler, 2006），而不需要被强迫这样做。例如，汤姆·泰勒（Tom Tyler）和 彼得·德戈伊（Peter Degoey）（1996）发现，人们对组织权威可信度的评价塑造了他们接受权威决策的意愿，并影响了他们遵守组织规则和法律的责任感。事实上，信任可以被视为政府合法性的重要组成部分（Tyler, 2006）。

此外，马克·海斯廷顿（Marc Hetherington, 1998）强调了政治信任的相关性。政治信任关系到公民对政治领导人的信任，这样的信任可以转化为对政治家和政府机构的更多支持。这为领导者提供了更多的有效治理空间，也为相关机关提供了更多的支持和合法性。此外，如果没有公众对解决方案的支持，问题往往会长期存在并变得更加尖锐；如果问题没有解决，将引发公众的不满。

公民信任不是必需品，但对政府来说仍然非常重要。但究竟什么是对政府的信任？为了更好地理解公民对政府的信任，我们必须转向其他学科领域。了解人们信任的原因和方式一直是心理学家、社会学家、政治学家、经济学家和组织科学家研究的中心焦点（Grimmelikhuijsen, 2012）。跨学科甚至在学科内部使用了无数的定义、概念和操作来描述公民信任。为了寻求关于信任概念的跨学科共识，丹尼斯·卢梭

（Denise Rousseau）、西姆·西特金（Sim Sitkin）、罗纳德·伯特（Ronald Burt）和科林·卡默尔（Colin Camerer）（1998）提出了一个在社会科学中经常被引用的定义。他们认为，信任是“一种心理状态，包括基于对他人意图或行为的积极期望而接受易伤害性的意图”。

卢梭及其同行认为，信任的所有定义都假设，对信任对象的意图和行为存在某种形式的积极期望。本章的信任对象是政府（或者是政府治理）。在该定义中需要更多阐述的一个要素是“对他人意图或行为的积极期望”。在政府的语境下，这些积极的期望包括哪些内容？

信任与个人所能观察的信任对象的特征有关（Mayer, Davis & Schoorman, 1995）。大量文献试图明确可能影响个人对可信行为和意图感知的具体因素（参见相关概述McKnight, Choudhury & Kacmar, 2002; McEvily & Tortoriello, 2011; Grimmelikhuijsen & Knies, 2017）。一般来说，各要素的重要性往往因所讨论的学科而异，但仍可以找到某种程度的共性。

最常被引述的三个要素是可观察的能力、善行和正直（有时也称为诚实）（Grimmelikhuijsen, 2012）。所谓可观察的能力， 56
是指公民对政府能力、效率、技能和专业的感知程度；所谓可观察的善行，是指公民认为政府关心公众福利，并有动力为公共利益行事的程度；所谓可观察的正直，是指公民是否认为政府是真诚的、诚实的，以及积极践行其承诺。应该注意的是，善行和正直与能力是不同的，因为它们反映的是道德品质，而不是某种能力。善行反映了受托人的动机，并以利他主义为基础。相比之下，能力是信任的功利维度，因为它指的是政府组织的实际运作。

本节讨论了信任在政府中的基本作用以及如何将其概念化。笔者强调，信任应被理解为一个多维度的概念，包括公民对政府能力、善行和正直的看法。在下一节中，笔者将探讨政府算法运行的含义。

公共部门的算法运行

许多学术争论都集中在算法作为一种技术产物的特征和特性上。这一观点主要是聚焦于算法的设计是为防止偏见和成见而生。我们承认算法的价值敏感设计的重要性，但也应强调这不仅与设计有关。从几十年来对公共部门信息和通信技术的研究中我们知道，我们需要研究组织实践，以了解算法使用的效果。这就是为什么笔者使用术语“算法运行”作为组织过程，而不是把算法看作是技术的产物。在政府信息化早期工作的基础上（Zuurmond, 1994: 42–48），我们区分了算法运行的以下组成部分：

1. 技术。算法运行过程始于将技术引入组织流程。该算法可以是一个独立的决策支持系统，同时也是一个与组织基础设施整合良好的系统。

2. 专业技能。在组织中使用算法需要各种专业技能。既需要知道如何使用系统的专家，也需要维护算法并确保算法被正确装置在组织信息环境中的专家。

3. 信息关系。算法应用程序通常是建立在组织现有信息的基础上，但也会产生新类型的信息。这意味着算法对组织内的信息关系有影响，如果是来自其他参与者的信息，算法也经常对组织外的信息关系有影响。

4.组织结构。算法的使用通常会产生不同部门之间的新协作。如果算法指示程序执行，它们的应用程序还会产生新形式的组织控制。

5.组织政策。组织为其内部使用的算法制定政策。这些政 57
策涉及算法的透明度、使用和维护责任等问题。

6.监督和评估。为了监督和评估可预见和不可预见的算法使用结果，组织从产出和效果角度开发了相应的方法和系统。

这六个要素构成了对算法运行概念理解的基石，有助于我们在研究公共部门如何使用算法时进一步清晰视角。这六个要素还为思考加强公民对算法使用的信任提供了起点。这种信任不仅取决于技术的性质，还取决于指导算法使用的专家、算法用来提供输出的信息、组织对算法的控制以及组织为指导算法的使用和维护而制定的政策。

卢卡斯·洛伦兹（Lukas Lorenz, 2019）在对柏林警方的一项实证研究中，以这种算法的组织视角来重新思考官僚组织的性质。基于马克斯·韦伯（Max Weber）关于官僚组织的经典著作和阿瑞·祖尔蒙德（Arre Zuurmond, 1998）关于信息官僚组织的著作，洛伦兹勾勒出一种新型组织的轮廓：算法官僚。他将算法官僚概念化为一种新型的典型理性——法定权威，这有助于理解和解释算法系统是如何塑造公共组织的。他将算法官僚描述为一种专业官僚机构的升级合理化组织构造，而非机器官僚机构：技能标准化被自动化建议所取代。

本部分的讨论着重指出，我们需要考虑围绕组织中引入新技术而采取的组织程序——新兴的算法官僚组织——发展加强公民对公共部门信任的方法。为此，我们应重视加强对政府组织信任的两种经典方法：负责任和问责制。

负责任的算法运行

加强公民对算法运行信任的第一条路径是划定责任概念。责任是伦理学理论中的一个重要概念，其根源可以追溯到亚里士多德。他指出，道德责任源于理性能力、对行动和后果的意识以及不受外部强迫的行动意愿（Roberts, 1989）。责任是指人们对他人负有的道德义务和职责的观念，比如他人的幸福和健康；以及更大的伦理道德传统，比如自由和赋权。因此，人需要在个人的决定和行动中考虑这些义务和职责。

最近，责任的概念已应用于公共组织中。政治学家赫尔曼·凡·古斯特纳（Herman van Gunsteren, 1976）指出，我们
58 应该努力将责任嵌入（复杂的）组织中，而不是强调需要控制组织中所有个体成员的活动。他的方法的重点在于，需要承认官僚控制机制如等级和正式制度的局限性，以此来更加强调组织中的个人责任。根据古斯特纳的说法，当嵌入组织标准程序中的僵化道德规范无法跟上快速变化的环境需求，以及更灵活地适应合理的道德判断时，就需要责任概念。同时，这并不意味着“一切都运行良好”：判断需要基于道德上值得尊重的价值观和对相关事实的合理认知做出（Van Gunsteren, 2015: 318）。在个人判断需要以“责任讨论”的形式加以解释时，该讨论可以在加强组织中的个人责任方面发挥关键作用。

再者，责任的概念已被用于思考创新。就欧盟而言，负责的创新理念在为技术发展提供资助方面发挥了重要作用。关键是在传统上，创新只注重提高效率和效益。考虑其他因素通常被视为创新过程中的障碍。负责任的创新理念重新定义了这

些障碍，并且着重指出其他价值观需要在构建和实施创新的过程中发挥作用。在理解负责任的算法运行时，我们以负责任的创新这个更为广泛的理念为基础，理查德·欧文（Richard Owen）、菲尔·麦克纳顿（Phil Macnaghten）和杰克·斯蒂尔戈（Jack Stilgoe）将其定义为“一种集体的注意义务，首先要重新思考我们希望从创新中得到什么，然后我们如何使创新路径能够响应面临的不确定性”（2012: 757–758）。

关于组织中的责任和负责任创新这些一般理解可以作为公共组织中算法负责任使用的思想基础。这一概念的关键要素是：（1）伦理判断，（2）以价值观为基础，（3）对相关事实的感知，（4）实施注意义务，（5）通过有回应的路径。基于这些要素，笔者拟定了下列负责任算法运行的概念：

> 负责任的算法运行是指，对基于算法运行（可能）影响有充分了解，充分衡量涉及其使用的伦理困境，通过对卷入的各种其他行动者负责任的方法，以确保算法运行尊重对他人的伦理义务和伦理传统。

负责任的算法运行可以在价值敏感设计的概念基础上来实施，该概念可以定义为“技术设计的基础理论方法，在整个设计过程中以原则的和全面的方式考虑人类价值”（Friedman, Kahn & Borning, 2008: 69）。对于政府的价值敏感算法运行，需要全面了解算法决策特定过程中的重要价值观，以及这些价值观是如何纳入所需算法的组织使用中的（Mingers & Walsham, 2010）。因此，我们不仅应将价值敏感性应用于技术设计，还应 59
用于算法运行的其他要素，比如专业技能、信息资源、组织结构和组织政策。表4.1列出了有助于引导组织实现负责任算法运行的问题。

表4.1　价值敏感性的评估问题是负责任算法运行的先决条件

算法运行的维度	评估事项
技术	如何在算法设计中识别和嵌入不同的风险值?
专业技能	开发、支持和维护算法的专家是否了解相关的道德因素，他们能否做出价值敏感的选择?
信息关系	算法使用的数据集的价值选择是否已分析，新数据组合产生的价值是否已得到承认?
组织结构	在组织实践中使用价值敏感性算法的总体责任是否有明确的分配?
组织政策	在组织中使用算法时，组织是否制定了确保价值敏感的政策?
监督与评估	使用算法时，组织是否有一个系统来监督和评估涉及的各种价值的结果?

负责任的算法运行将如何影响公民对政府的信任？在上文中，我们将价值敏感性确定为负责任算法运行的核心组成部分。这与对政府信任的善行和正直维度直接相关。善行是指公民期望政府的行为是良性和符合公民利益的；正直是指对诚实和真实的期望（Mayer, Davis & Schoorman, 1995; Grimmelikhuijsen & Knies, 2017）。如果算法运行是在考虑相关价值的情况下完成的——例如，算法是以公平、公正的方式使用——这可能会积极影响公民对政府诚实和善行的看法。相反，当公民觉得识别福利欺诈的算法对他们不公平时，这很可能导致人们对诚实和善行的感知下降。

组织政策的不同组成部分——组织政策和监督与评估——

也可能有助于提高公民对政府能力的信任。这里的基本论点
是，在组织中如何使用算法是深思熟虑的选择，并且持续性的
监督、对所需的评估以及非期望的结果有助于感知政府正在以 60
理性的方式使用这些算法。然而，需要注意的是，如果公民期
望的政府表现超过其实际的表现，这也会导致感知能力的下降
（Grimmelikhuijsen, 2012）。

总之，笔者已经确定了在使用算法的组织中保持公民信任的第一个条件是负责任的算法运行。笔者认为，价值敏感性是负责任的算法运行的基础，对此我们列出了六个方面的事项，这有助于组织评估负责任算法运行的水平。

可问责的算法运行

增强公民对算法运行信任的第二个途径是问责制观念。这个观念以公共问责制能力为基础，政治学家马克·博文斯（Mark Bovens）将其定义为“行动者和讨论机制之间的关系，在这里行动者有义务为他们的行为做出解释和辩护，而讨论则可以提出问题和做出判断，最后行动者可能面临某种后果”（2007: 450）。在这个基本概念的基础上，我们可以将算法问责制明确定义为（有关的深度分析见 Wieringa, 2020）：

> 可问责的算法运行可以被定义为组织使用算法的正当理由以及向提出问题、做出判断和施加影响的问责机制解释其结果。

虽然透明度是实现公共问责制的一个重要条件，但有学者

指出，透明度不会自动导致更多的问责（Hood, 2010）。阿尔伯特·梅杰（Albert Meijer, 2014）指出，如果出现可用信息的实际和显著增加、有能够处理信息的行动者，以及披露对政府或公共机构有直接或间接影响，则透明度能够促进问责制。没有透明度，问责就难以实现，因为需要评估的相关事实无法获得。

缺乏透明度是公共部门使用算法的一个关键问题（例如Lepri et al.，2018）。使用各种内部和外部数据集的机器学习算法非常复杂，其决策逻辑，以及可能存在的偏差很难被查明（Janssen & Van den Hoven, 2015）。此外，缺乏透明度可能与组织使用算法的责任、程序和实践有关。针对这些问题，算法透明度已被视为在公共部门适用算法问责的关键要素（Diakopoulos, 2016; Lepri et al., 2018）。我们将算法运行问责的概念扩张至透明度，并将其应用于作为技术的算法及其组织使用过程。

61 政府的算法决策应该可理解和可解释是基本理念（Kroll et al., 2017）。可理解意味着在决策过程中应提供清晰的输入、吞吐量、输出信息：使用了哪些数据，应用了哪些决策规则以及结果如何。可解释则涉及决策的实质性原因：决策的依据是什么，其与立法、其他正式规则和政策有什么关系。简而言之，负责任的算法运行意味着算法决策需要可理解和可解释。据此，笔者设计了一组问题来指导组织（见表4.2）。

表4.2　透明性评估问题是可问责算法运行的先决条件

算法运行的维度	可理解性评估事项	可解释性评估事项
技术	是否可以访问代码来仔细检查设计的选择?	算法是否为决策或建议提供了实质性理由?
专业技能	参与算法运行的专家的功能特征是否透明?	是否提供了算法运行所涉及的专业技能的解释?

（续）

算法运行的维度	可理解性评估事项	可解释性评估事项
信息关系	是否可以访问算法使用的数据集的关键特征？	组织是否解释了算法使用了哪些数据集，为什么以及如何使用？
组织结构	算法运行的组织责任是否透明？	是否选择了算法运行解释相关的组织责任？
组织政策	算法运行的组织政策是否可理解？	是否解释了算法运行的组织政策？
监督和评估	在可预见和不可预见的影响方面，是否可以理解算法运行的结果？	是否解释了算法运行可预见和不可预见的影响？

程序公正理论为透明度（在可理解性和可解释性方面）如何影响信任提供了有价值的见解。程序公正理论（例如Tyler, 2006）认为，只要决策程序公平，人们对消极决策的结果也会满意。因此，可理解和可解释的算法运行有助于促进程序公正，并且最终提高对决策者（如政府）的信任（Grootelaar & Van den Bos, 2018; Porumbescu & Grimmelikhuijsen, 2018）。

更明确地说，可解释性是程序公正的核心组成部分。其 62
向公民解释算法的功能可以对信任水平产生积极影响（例如Grimmelikhuijsen et al.，2019）。程序公正的第二个组成部分是决策者的中立性（Van den Bos, Vermunt Wilke, 1997）。表4.2的核心要素，如数据集的可理解性，在乐观的情况下，算法和组织政策显示基于算法运行的决策是中立和无偏见的。最终，与价值敏感性类似，这与公民如何看待政府的善行和正直有关。

关于算法运行可预见和不可预见影响的透明度可能有助于提高政府的感知能力。如果公民看到算法运行实际上导致了预期的效果，而未预期的效果有限，他们信任政府的能力会导致更好结果的增加。算法运行的监督和评估也有望在提高感知能力方面发挥关键作用。

总而言之，笔者已经确定了维护公民对使用算法组织信任的第二个方法，即算法运行问责制。使用透明度作为算法运行问责制的指标，我们列出了12个问题，供组织使用，来评估算法运行问责制的水平。

结　论

在本章中，我们讨论了“算法运行”如何成为一股强大的力量，将传统的官僚体制转变为算法官僚。如今，新一代算法正在被全球各国政府推广使用，这不仅仅是一种技术变革：算法触发了一系列组织变革，最终改变了官僚化决策。在这种情况下，机器学习算法通常被认为在决策的可问责和负责任方面存在问题。笔者认为，需要可问责和负责任的算法运行来维持公民对使用这些算法的信任。对此，表4.3总结了本章提出的论点。

表4.3　算法运行与政府信任的潜在关系

信任维度	价值敏感性是负责任算法运行的先决条件	透明度是可问责算法运行的先决条件
能力	价值敏感性 如果组织证明衡量了各种价值，并且其政策侧重于实现价值，那么算法运行可能会增强感知能力。	可解释与可理解 对算法运行的监督和评估提供了对结果的洞察力，这有望提高感知能力。

（续）

信任维度	价值敏感性是负责任算法运行的先决条件	透明度是可问责算法运行的先决条件
善行	价值敏感性 算法运行确保对公民很重要的价值观（如公平）不会被忽视，这有望增加人们对善行的感知。	可解释与可理解 算法运行确保政府以公民的利益为出发点，这将增加人们对善行的感知。
正直	价值敏感性 算法运行确保决策者对价值保持更高敏感度，从而使其行动更合乎道德；预计这有望提高人们对正直的感知。	可解释与可理解 算法运行可以确保外部利益相关者的访问，这有助于更加开放和真实的算法运行。

价值敏感性和透明度这两个先决条件是实现算法运行负责任和可问责的起点。然而，这并不能解决所有问题。第一个问题是，算法运行并不局限于在组织中只使用一个技术系统。这里指的是在组织的网络中使用的整个算法生态系统，它们使用的数据来源广泛（Cicirelli et al., 2019）。"多手问题"* 因这些事

* "多手问题"是由戴尼斯·汤普森（Dennis Thompson）提出的理论，用以讨论政府官员的责任分配难题。由于许多官员通过不同的方式贡献于政府的决策，因此很难断定谁该为政治后果负道德责任，汤普森将此称之为"多手问题"。海伦·尼森鲍姆（Helen Nissenbaum）认为"多手问题"是"信息社会"（computerized society）的灾难。在信息社会中，信息系统的产品不是由个体独立完成，而是由组织尤其是企业集体完成。这些团队经常将具有不同技能和不同专业程度的个人聚集在一起，其中可能包括设计师、工程师、程序员、作家、心理咨询师、经理和销售人员等。当一个系统发生故障并造成危害时，分配责任的任务——确定谁该负责的问题——就会变得更加严重和模糊。马克·博文斯研究复杂组织中的"多手问题"，他认为，"在复杂组织中，众多不同职位的员工在不同程度上对组织的政策与决策做出贡献，往往很难确定谁对组织的最终行为后果负责"，本章具体指的是一个集体对某事负道德责任，而集体中却无个体对此事负责任的道德责任分配难题。——译者

态发展而变得更加复杂，很难划分谁是负责人和被问责人。从这个意义上说，需要进一步研究本章提出的评估问题，以测试和重新开发算法生态系统。

第二个也是需要更多关注的问题是，随着时间的推移，机器学习算法会发生变化。这就提出了关于价值动态的问题：一开始可能会确保价值敏感，但随着时间的推移，机器学习算法
63 会发展出与关键价值冲突的模式。此外，在开始时可以确保透明度，但由于其决策规则在学习过程之后发生了变化，经过机器学习过程后算法可能变得不透明。这意味着这里提出的问题可能需要迭代应用，以确保负责任和问责制随着时间的推移持续存在。未来需要进一步研究来了解这些负责任和可问责的算法运行的动态。

总之，本章提供了一个基本理论，即负责任和可问责算法运行对产生公民信任的重要性。核心要点是，组织不应该只关注算法的设计者，并期望他们能带来解决方案：公共组织需要采取行动，在其组织程序中组织算法的负责任和可问责使用。

参考文献

Bovens, M. 2007. Analysing and assessing accountability: A conceptual framework. *European Law Journal*, 13 (4): 447–468. doi: 10.1111/j.1468-0386.2007.00378.x

Brynjolfsson, E. and A. McAfee. 2014. *The second machine age: Work, progress, and prosperity in a time of brilliant technologies*. New York: WW Norton & Company.

Burrell, J. 2016. How the machine 'thinks': Understanding opacity in machine learning algorithms. *Big Data & Society*, 3 (1): 1–12. doi: 10.1177/2053951715622512

Cicirelli, F., A. Guerrieri, C. Mastroianni, G. Spezzano and A. Vinci. (Eds.). 2019. *The internet of things for smart urban ecosystems*. Cham: Springer.

Dencik, L., Redden, J., Hintz, A. and H. Warne. 2019.The 'golden view': Data-driven governance in the scoring society. *Internet Policy Review*,8 (2):1–24.doi:10.14763/2019.2.1413 Diakopoulos, N. 2016.Accountability in algorithmic decision making. *Communications of the ACM*, 59 (2): 56–62. doi: 10.1145/2844110

Eubanks,V. 2018. *Automating inequality: How high-tech tools profile, police, and punish the poor*. New York: St. Martin's Press.

Friedman, B., P. H. Kahn and A. Borning. 2008.Value sensitive design and information systems. In *The handbook of information and computer ethics*, edited by K. Himma and H.Travani, 69–102. New Jersey: John Wiley & Sons Inc.

Fukuyama, F. 1995. *Trust: The social virtues and the creation of prosperity*. New York: Simon and Schuster.

Gerards, J. 2019. The fundamental rights challenges of algorithms. *Netherlands Quarterly of Human Rights*, 37 (3): 205–209. doi: 10.1177/0924051919861773

Grimmelikhuijsen, S. 2012. *Transparency and trust: An experimental study of online disclosure and trust in government*. Doctoral dissertation. Utrecht: University Utrecht.

Grimmelikhuijsen, S. and E. Knies. 2017. Validating a scale for citizen trust in government organizations. *International Review of Administrative Sciences*, 83 (3): 583–601. doi: 10.1177/0020852315585950

Grimmelikhuijsen, S., F. Herkes, I. Leistikow, J. Verkroost, F. de Vries and W. G. Zijlstra. 2019. Can decision transparency increase citizen trust in regulatory agencies? Evidence from a representative survey experiment. *Regulation & Governance*. doi: 10.1111/rego.12278

Grootelaar, H. A. and K. van den Bos. 2018. How litigants in Dutch courtrooms come to trust judges: the role of perceived procedural justice, outcome favorability, and other sociolegal moderators. *Law & Society Review*, 52 (1): 234–268. doi: 10.1111/lasr.12315

Hardin, R. 1999. Do we want trust in government? In *Democracy and trust*, edited by M. E. Warren, 22–41. Cambridge: Cambridge University Press.

Hardin, R. 2002. *Trust and trustworthiness*. New York: Russell Sage Foundation. Hetherington, M. J. 1998. The political relevance of political trust. *The American Political Science Review*, 92 (4): 791–808. doi: 10.2307/2586304

Hoffman, A. L. 2019. Where fairness fails: Data algorithms, and the limits of the antidiscrimi nation discourse. *Information, Communication & Society*, 22 (7): 900–915. doi: 10.1080/ 1369118X.2019.1573912

Hood, C. 2010. Accountability and transparency: Siamese twins, matching parts, awkward couple?. *West European Politics*, 33 (5): 989–1009. doi: 10.1080/01402382.2010.486122 Inglehart, R. 1999. Trust, well-being and democracy. In *Democracy and trust*, edited by M. E. Warren, 88–120. Cambridge: Cambridge University Press.

Janssen, M. and J. Van den Hoven. 2015. Big and open linked data (BOLD) in government: A challenge to transparency and privacy? *Government Information Quarterly*, 32 (4): 363–368. doi: 10.1016/j.giq.2015.11.007

Kleinberg, J., H. Lakkaraju, J. Leskovec, J. Ludwig and S. Mullainathan. 2017. Human decisions and machine predictions. *The Quarterly Journal of Economics*, 133 (1): 237–293. doi: 10.1093/qje/qjx032

Kroll, J. A., S. Barocas, E. W. Felten, J. R. Reidenberg, D. G. Robinson and H. Yu. 2017. Accountable algorithms. *University of Pennsylvania Law Review*, 165 (3): 633–706.

Lepri, B., N. Oliver, E. Letouzé, A. Pentland and P. Vinck. 2018. Fair, transparent, and account able algorithmic decision-making processes. *Philosophy & Technology*, 31 (4): 611–627. doi: 10.1007/s13347-017-0279-x

Levi, M. and L. Stoker. 2000. Political trust and trustworthiness. *Annual Review of Political Science*, 3: 375–507. doi: 10.1146/annurev.polisci.3.1.475

Lorenz, L. 2019. *The algocracy: Understanding and explaining how public organizations are shaped by algorithmic systems*. MSc Thesis, Utrecht University.

Mayer, R., J. H. Davis and F. D. Schoorman. 1995. An integrative model of organizational trust. *Academy of Management Review*, 20 (3): 709–734. doi: 10.5465/amr.1995.9508080335 McEvily, B. and M. Tortoriello. 2011. Measuring trust in organisational research: Review and recommendations. *Journal of Trust Research*, 1 (1): 23–63. doi: 10.1080/ 21515581.2011.552424

McKnight, D. H., V. Choudhury and C. Kacmar. 2002. Developing and validating trust measures for e-commerce: An integrative typology. *Information Systems Research*, 13 (3): 334–359. doi: 10.1287/isre.13.3.334.81

Meijer, A. 2014. Transparency. In *The Oxford handbook of public accountability*, edited by M. Bovens, R. E. Goodin and T. Schillemans, 507–524. Oxford: Oxford University Press.

Meijer, A. and M. Wessels. 2019. Predictive policing: Review of benefits and drawbacks. *International Journal of Public Administration*, 42 (12): 1–9. doi: 10.1080/01900692.2019.1575664

Mingers, J. and G. Walsham. 2010. Toward ethical information systems: the contribution of discourse ethics. *MIS Quarterly*, 34 (4): 833–854. doi: 10.5555.2017496.2917505 O'Neil, C. 2016. *Weapons of math destruction. How big data increases inequality and threatens democracy*. New York: Crown.

Owen, R., P. Macnaghten and J. Stilgoe. 2012. Responsible research and innovation: From science in society to science for society, with society. *Science and Public Policy*, 39 (6), 751–760. doi: 10.1093/scipol/scs093

Pencheva, I., M. Esteve and S.J. Mikhaylov. 2018. Big data and AI: A transformational shift for government: So, what next for research? *Public Policy and Administration*, 35 (1): 24–44. doi: 10.1177/0952076718780537

Porumbescu, G. A. and S. Grimmelikhuijsen. 2018. Linking decision-making procedures to decision acceptance and citizen voice: Evidence from two studies. *The American Review of Public Administration*, 48 (8): 902–914. doi: 10.1177/0275074017734642

Ramalho, M. A., R. J. Rossetti and N. Cacho. (2017). *Towards an architecture for smart garbage collection in urban settings*. Presented at the *2017 International Smart Cities Conference (ISC2)*, Wuxi, September 1–6.

Roberts, J. 1989. Aristotle on responsibility for action and character. *Ancient Philosophy*, 9 (1): 23–36. doi: 10.5840/ancientphil19899123

Rousseau, D. M., S. B. Sitkin, R. S. Burt and C. Camerer. 1998. Not so different after all: a cross-discipline view of trust. *Academy of Management Review*, 23 (3): 393–404. doi: 10.5465/amr.1998.926617

Tyler, T. R. 2006. *Why people obey the law*. Princeton: Princeton University Press.

Tyler, T. R. and P. Degoey. 1996. Trust in organizational authorities: The influence of motive attributions on willingness to accept decisions. In *Trust in organizations: Frontiers of theory and research*, edited by R. Kramer and T. Yler, 331–356. Thousand Oaks, CA: Sage Publications.

Van den Bos, K., R.Vermunt and H.A.Wilke. 1997. Procedural and distributive justice:What is fair depends more on what comes first than on what comes next. *Journal of Personality and Social Psychology*, 72 (1), 95.

Van Gunsteren, H. R. 1976. *The quest for control:A critique of the rational-central-rule approach in public affairs*. London: John Wiley & Sons.

Van Gunsteren, H. R. 2015. The ethical context of bureaucracy and performance analysis. In *The public sector: Challenge for coordination and learning*, edited by F.-X. Kaufmann, chapter 15. Berlin:Walter de Gruyter.

Van den Hoven, J. 2013. Value sensitive design and responsible innovation. In *Responsible innovation*, edited by R. Owen, J. Bessant and M. Heintz, 75–84. Chichester, UK:Wiley.

Van der Voort, H. G., A. J. Klievink, M. Arnaboldi and A. J. Meijer. 2019. Rationality and politics of algorithms. Will the promise of big data survive the dynamics of public decision making? *Government Information Quarterly*, 36 (1): 27–38. doi: 10.1016/j.giq.2018.10.011

Wieringa, M. 2020. *What to account for when accounting for algorithms. A systematic literature review on algorithmic accountability*. Paper presented at *ACM Conference on Fairness, Accountability, and Transparency (ACM FAT*)*, Barcelona. ACM, New York, NY, USA, January 27–30.

Zouridis, S., M. van Eck and M. Bovens. 2020. Automated discretion. *In Discretion and the quest for controlled freedom*, edited by T. Evans and P. Hupe, chapter 20. London: Palgrave Macmillan.

Zuurmond, A. 1994. *De infocratie. Een theoretische en empirische heroriëntatie opWeber's ideaaltype in het informatietijdperk*. Den Haag: Phaedrus.

Zuurmond, A. 1998. From bureaucracy to infocracy: Are democratic institutions lagging behind? In: *Public administration in an information age: A handbook*, edited by I. Th. M. Snellen and W. B. H. J. van de Donk, chapter 16. Amsterdam: IOS Press.

第五章　迈向数字善治原则：自动化决策中的公平性、问责制和比例原则 67

阿詹·威德拉克　马里斯·范·埃克　里克·彼得斯

引　言

自动化决策在公共行政领域日益普及并且从根本上改变了官僚机构的核心程序和机制。我们已经看到很多方面的具体应用，比如在提供社会服务、政府机构间的数据共享、解决福利欺诈、监管操作、风险评估、专业人员评审以及确定社会性项目或税收资格等（参见Bovens & Zouridis, 2002; Berk & Bleich, 2013; Harcourt, 2015; O'Neil, 2016; Smith & O'Malley, 2017; Peeters & Schuilenburg, 2018; Peeters & Widlak, 2018; Van Eck, 2018; Yeung, 2018）。毫无疑问，在不久的将来，自动化决策程序将扩大到更多领域和实践中。总的来说，有助于提高组织效率是支持自动化决策的主要理由。然而，其效果远不止于此，而且在某种程度上仍然无法预料。新技术的实施不是中立性干预，也不是仅仅影响决策方式的事情（Verbeek, 2006）。与马歇尔·麦克卢汉（Marshall McLuhan, 1964）的格言"媒介即信息”类似，媒介或技术的特征是理解其社会、政治和行政结果的关键，也许比它所传递的内容更重要。

在不忽视其潜在益处的情况下，笔者以不断增加的文献为研究的出发点，以展示算法和自动化决策引发人们对政府决策中如何公平对待公民的关注（Grimmelikhuijsen & Meijer, 2014; Rehavi & Starr, 2014; Smith, Bennett Moses & Chan, 2017）。并且，笔者认为，基本上这些新技术是进一步促进合理和标准化的工具（例如Pasquale, 2015; Peeters & Schuilenburg, 2018）。算法并不是通过官僚程序和案例评估，将一般规则应用于个别案例；而是自动生成决策，确定哪些案例是自动处理的（Zouridis, Van Eck & Bovens, 2020: 16），并根据统计数据做出预测判断。这些统计数据引导人们的注意力，为决策者提供预设（Hamilton, 2015: 49），或者两者兼而有之。

长期以来，善治原则指导下的自行决定权和行政程序设计
68 被认为是在平衡一般性和可预测规则方面最重要的两项机制，这些规则使我们能够构建无论是组织的还是算法的系统，并且有时需要在原则的基础上偏离这些规则，比如当规则不符合公平、恰当和问责的要求时，允许我们做出评判。自动化的基层自主（Zouridis, Van Eck & Bovens, 2020）和算法程序的“黑箱”操作（Peeters & Widlak, 2018）使得这两种机制都在发生变化。

讨论自动化决策的合法性和公平性需要探究两个主要问题。首先，经验性问题是，对早期的传统行政程序与现在的自动化决策在制度性保障价值上进行比较。这是非常有意义的问题，因为目前我们对这项技术带来的影响远未认清。技术创新不仅改变了自行决定权或程序透明度，也改变了权力、

行政负担和偏见等。其次，规范性问题是，在新形势下政府如何通过实现善治原则来捍卫这些价值。这可能是需要补充性的体制安排。

在本章中笔者将围绕这两个方面展开研究。笔者认为，它们之间的平衡受到自动化决策的威胁，作为回应，更需要一种基于自动化决策需求的原则。新近的许多研究提到了这个问题（Danaher, 2016; Kool, Timmer & Van Est, 2017; Van Eck, 2018; Widlak & Peeters, 2018; Meijer, Schafer & Branderhorst, 2019），但是需要进一步详尽阐释。在下文中，笔者首先分析自动化决策是如何威胁并夺取善治原则的重要内容。其次，笔者提出了先进民主国家管理行政决策等一套初步共享的既定原则，并将这些原则应用于自动化决策。第三，笔者从现行制定法转向对自动化决策具体性质的归纳分析，以评估哪些方面需要发展额外的保障措施。最后，本章指出，算法作为政府提供给公民的一种行使权利和享受服务的重要方式，其意义重大。

自动化决策和善治

政府的自动化决策

自动化决策，也称为自主决策、算法决策和数据驱动决策，是指政府组织做出的影响政府与公民关系的行政决策。它包括将决策分解为一套“如果……则（‘if then’）”的规则，以及通过算法（一系列推理）从预先设定的选项中做出选择（Le Sueur, 2016: 2）。我们使用自动化这个词表达的意思是，计算机在没有人为干预的情况下根据数据（Larus et al.，2018: 2），

按照预先编程的算法或通过机器学习自我调试的算法运行，自
69 行得出结论。没有人为干预的决策可以被理解为一个连续体（Citron & Pasquale, 2014; Binns, 2016; Danaher, 2016），从几乎不给人类自主性留下空间的自动化决策（Peeters & Widlak, 2018），到为人类决策者提供默认值的自动化决策，该决策可能会被否决（Hamilton, 2015: 49）。

自动化个人决策和自动化预测之间应当做出重要的区分（EU, 2016）。前者指影响公民个人身份的决定，即影响他们是否享受服务或权利以及履行义务的资格（例如纳税）。后者是一种用于根据特定特征从更广泛的群体中识别个人的统计分析形式，为对被识别的个人采取进一步单独关注提供依据。这可以是一种根据对个人的分析提供更好的公共服务的积极关注，当然，这样的分析主要还是用于执法，比如，解决福利欺诈问题或者找出更有可能有越轨行为的公民。通常"自动化"部分是由人类决策者跟进的风险分析（Houser & Sanders, 2017: 13）。①

另一个关键区别是自动化决策是否仅限于单个组织还是对多个组织的运营和决策都有影响。后一种情形意味着用于做出涉及公民权利或义务的实际行政决定的自动化决策，其数据可能来自不同的组织而非单一组织，或者一个组织的决策也会影响其他组织的行政决策。数据的自动交换导致链决策（Van Eck, 2018）或自动网络决策。如果几个等级独立的组织，如刑事案件中的警察和检察官在一个连续的程序中相互合作，以取得共

① 除了这些范围之外，还有许多政府任务涉及自动化，如水管理系统的数字监测或交通流量管理。

同的结果，我们就称之为“链”（Grijpink, 1997; Borst, 2019: 24）。在这种情况下，通常有一个共用的法律框架和（数据）定义来协调。

然而，当没有顺序的流程、没有集体的目标或没有协调的定义时，就失去了与供应链的类比。在这种情况下，最好使用自动网络决策。一个很好的例子是所谓的“基础登记”，荷兰政府使用它来集中和数字化有关的公民、企业、地理位置、建筑、车辆等重要数据（pepeters & Widlak, 2018）。这些重要登记中包含的真实数据以及该数据的更改将自动在各种公共和半公共组织之间共享，并允许执行主要流程。这提高了效率，减少了数据对象的双重登记和过时。然而，它也降低了公民和用户组织的技术透明度，因为数据的来源以及使用数据遵循的程序往往是不明确的（Van Eck, 2018）。

善治原则

形式多样的自动化决策极大地改变了政府组织在事关公民享受权利和服务方面的决策方式。为保护公民权利，这些决定（行政决定）必须遵守规范和原则，并且在具体情况和决策中要 70
做出价值权衡。鉴于立法者“缺席”行政机构的日常执法，几个世纪以来行政决策准则不断发展（Ostrom, 1996: 1），特别是在大陆法系国家通常有正式的行政法规范来规定行政决定的合法性和程序，以及保护公民免受违反行政法规范的不法行为的侵害（Van der Heijden, 2001）。法理和监察专员是制定规范的额外资源。例如，《荷兰行政法》《欧盟善治行为准则》和《欧盟基本权利宪章》第41条（“善治之权”），这些都是法典化的规范。这些立法的目的不仅仅是保证行政决定和程序的合法性，更是保障行政公正、保护公民不受不合理或无动机的行政决定的侵害。②

在西方的法律传统中，善治原则是法治的基石，虽然各国法律传统之间存在明显差异，但是公民受法律保护，不受国家无端干涉，并且任何此类干涉都需要有合法的依据（Mashaw, 2007: 99; Van Hout, 2019）。毫不讳言，由计算机取代人工做出的行政决定应与传统的人工决定一样，遵循同样的规范或准则。丹麦的例子提供了一个很好的说明。此处强调行政法原则就是有意地确保立法和不成文原则嵌入技术、实践和组织结构中（Motzfeld & Naesborg-Andersen, 2018: 139–140）。其基本思想是防止因轻率的技术设计而违反行政法。这也反映在欧盟的《通用数据保护条例》规定中，其目的在于寻求保护个人数据处理方面的自然人（EU, 2016）。

善治原则规范了行政决策中个人自由裁量权的使用，以及设计了公平和透明的行政程序。这是法律规则在普遍的和可预测的规则与个案的具体情况之间取得平衡的两个主要机制。关键在于，这也是主要受引入自动化决策影响的两种机制。首先，计算机编程算法处理决策或预测时会面临“隐藏问题”（Danaher, 2016）：不知道收集了哪些数据，数据经常在未经同意的情况下使用以及分析数据的程序不透明（Grimmelikhuijsen & Meijer, 2014; Hannah-Moffat, 2019），从而隐藏了分析和归类的

② 此外，行政决定的原则也可以被视为促进法律框架适用于不断变化的社会环境的工具（Van der Heijden, 2001）。原则与规则的区别在于，适用于事实的规则意味着行动的必要性，而原则具有开放性，并允许在具体情况下进行解释（Dworkin, 1985）。因此，即使被编纂在现行法中，原则允许法律保持开放性，以适应新情况或一般规则无法涵盖的特定情况。

伦理维度（Kallinikos, 2005; Cordella & Tempini, 2015; Peeters & Widlak, 2018）。其次，在连续过程中任一环节自动决策都有可能减少基层的自由裁量空间（Bovens & Zouridis, 2002; Landsbergen, 2004; Zouridis, Van Eck & Bovens, 2020）。从为人类决策者创建预设或提出建议，到算法无需人工监督或凌驾于人进行决策的完全自动化（Citron & Pasquale, 2014; Peeters & Schuilenburg, 2018），皆是如此。

迈向数字行政决策的原则 71

在下文中，笔者将现有的善治原则应用于自动化决策，并分析是否需要制定额外的保障措施。首先，我们从对现行法的分析中提炼出三个原则。尽管每个国家基于特定的法律传统产生了不同的善治原则，但是正当程序、问责制和比例原则得到了广泛认同。这三个原则被应用于自动化决策，可见其相关性和实用性。然而，这一策略的重要限制是，它没有考虑到自动化决策的具体逻辑及其可能对公民造成的后果。根据法律专家尤尔根·范德海登（Jurgen van der Heijden, 2001）的观点，并借鉴罗纳德·德沃金（Ronald Dworkin）的研究，善治原则为“行动情境”设定了要求。行动情境是对公民享有权利和享受服务的机会受到威胁的具体情境的抽象化，并且“参与者［……］互动［……］，解决问题，相互支配或争斗”（Ostrom, 2005: 14）。因此，我们使用第二种归纳策略来分析自动化决策是如何改变这种行动状况的。通过三个简短的案例研究，我们将说明自动化决策可能对公民的法律地位带来负面影响。这使我们能够确定，需要制定额外的规范，来确保实现善的自动化行政决策。

现行法原则

以下是适用于自动化决策和自动化预测的三项国际公认的善治原则：（1）正当程序原则（侧重于决策程序）；（2）问责制原则（侧重于责任的分配）；（3）比例原则（侧重于决定的实质性公平）。选定这几项原则是为了在各个先进的民主国家的法律传统中捕捉最低水平的共识性规范。

正当程序原则

正当程序要求行政组织证明并明确其在整个决策过程中采取了哪些步骤。因此，该原则与算法透明度问题密切相关（Grimmelikhuijsen & Meijer, 2014; Mittelstadt et al., 2016），也涉及自动化决策工作量的合法性（Schmidt, 2013）。虽然正当程序条款在不同的国家有不同的侧重点和效果，但我们可以说，正当程序的一个重要的作用是赋予公民对由政府做出的不利决定进行辩护的能力（Ponce, 2005: 582）。例如，“善治之权”的规定构成了《欧盟基本权利宪章》中的一部分（第41条第1和
72 第2项），其中规定每个人都有权在合理的时间范围内公正、公平地处理自己的事务，包括在采取任何对个人不利的措施之前，每个人都有权发表意见（EU, 2012）。正当程序原则应用于自动化决策意味着应该打开算法的“黑箱”，让公民深入了解达成决策所采用的标准和采取的步骤。

保证正当程序也与自动化预测相关（Citron & Pasquale, 2014）。针对个人的自动化决策和自动化预测都具有的特点是，个人是由数据库中的数据来描述的。当然，当个人决策与程序员根据反映事实的个人数据设计的业务规则共同作用时，自动

化预测依赖于统计、评级和分类得出概率（Citron & Pasquale, 2014）。政府挖掘个人信息以对个人事务进行预测，其与单一的数据处理存在的本质不同之处在于增加了基于概率的推理事项。比如“哪些个人更有可能拥有加密货币，并且可能基于故意或错误不会向税务机关申报？”这个评分表明一个公民看起来是否像恐怖分子、骗子或流氓。引入正当程序原则至少意味着可以在所有不同阶段的评分程序中审核流程质量（比如采取了哪些步骤，以及它们是否合法）。

问责原则

做出行政决策的每个组织都对决策负责，“拥有”决策并接受基于决策的责任（Bovens, 2010）。公共组织不能简单地躲在一般规则后面声称他们“仅仅是在执行规则”，也不能将行政决策的责任转移给个别公务员。自动化决策可以引起同样本能的行政反应——“计算机说不”（Van Eck, 2018）——表明缺乏对个别行政决定承担责任的意愿或能力。数据的可用性或数据的缺乏并不免除核实这些数据是否反映相关实际事实的责任。技术的复杂性或信息管理不善并不是排除行政问责制的理由（Fosch-Villaronga, 2019）。部分学者认为问责制和透明度是一对孪生姐妹。即使不可能做到完全透明，但也需要确保对整个决策过程的问责（Zalnieriute, Moses & Williams, 2019）。然而，正如政治学家马克·博文斯（Mark Bovens, 2010）警告的那样，在制度实施上问责原则可能导致程序主义，这会妨碍行政组织的反思能力、效率和效力，并且会导致目标置换。

每个使用自动化决策和自动化预测的管理组织可以对系

统、其缺陷（故障）、系统的使用（例如函数流变）以及个案的结果负有责任。这包括管理部门无法直接控制的问题，例如外包信息系统的代码问题。无论提供技术的公司和政府之间的合同如何约定，也无论是什么技术，行政组织都要对使用技
73 术负责，并对针对个人的任何行为负责。这包括自动化网络决策，即组织根据其他组织收集和管理的数据做出决策。做出决策的组织应对其使用的数据负责，即对其正确性以及基于该数据做出决策的后果负责。换句话说，自动化决策的责任不能转移到其他组织或“生成”决策的信息系统。

问责制影响数据和程序。当数据不再由公民提供或以书面的形式向公民提供时，政府必须能够提供决策所依据的数据的日期和内容等来源信息（Widlak & Peeters, 2018: 111–117）。当程序（实际上）不再可以访问时，政府当局必须能够在其专业团队和专业领域中组织程序性审查。所以，必须具有纠正错误决策的可能性。数据和软件不能以一种实际上不可能的方式交织在一起（Widlak & Peeters, 2018: 117–120）。保持“人机回路”[*]并不意味着个别公务员应该不断验证自动化决策，但问责原则确实意味着人有权使用“肉眼”将数据与现实生活中的事实进行比较，以及对个别情况进行有意义的干预（参见《欧盟通用数据保护条例》第22条；EU, 2016）。

比例原则

在决策中排除人类代理引出了一个问题，即一个组织是

---

* 人机回路（human in-the-loop）指的是设计某种机制让机器算法和人互动协作来更好地处理某件事情。——译者

否仍然可以保证其做出的决策会带来公平的结果，并且不会对公民造成过度或不必要的影响（参见Ranchordás & De Waard, 2016）。比例原则可以用来调整立法者想要干预人权的立法行为（如《保护人权和基本自由欧洲公约》第8条），也可以用来指导公务人员的行为（参见《欧洲良好行政行为准则》第1节第6条；EU, 2002）。在自动化决策中也需要在两个层面上保证比例原则。并且，鉴于现在可以将一组数据用于无数行政决策这一事实，立法者也应该在信息架构层面评估比例性：针对一个公民的所有政府干预措施是否仍然处于平衡状态？或者是否应该制定策略来减轻可能的非比例后果？

在个人层面，比例性的第一要求是，当情况无法预料或出现错误时，可以否决自动化决策。自动化决策的使用已将人类的判断从以决策程序为核心转移到处理异议和投诉阶段，从而也将需要做出监管判断和监督错误的责任从政府转移到公民身上。比例性问题在自动化网络决策的情况下尤其重要。在履行
职责时，行政部门将其他机构提供的数据用于自己的主要决策 74
过程。例如，前面介绍的“基础登记”要求荷兰政府机构使用指定的政府数据库中的数据。其他国家也在努力落实“单一登记、多种用途”原则作为其电子政务战略的重要组成部分（例如，Government of Flanders, 2015: 4, 17–18；挪威数字政府概况，2019: 7）。这些政策面临的一个重要缺陷是，用户组织通常对收集到的精选监测数据质量不感兴趣。此外，尽管数据库被用来编译决策，但是数据并非总是能够互用的，于不同适用情境法律上的定义不同（Van Eck, 2018: 447）。这方面的另一个问题是无法完全预见公民个人生命记录变化的结果（Peeters & Widlak, 2018），这使得评估此类行政决定的比例变得复杂。

不断变化的行动情境下的数字善治

在本节中，我们将通过介绍三个简短的案例来说明公民受到的自动化行政决策的负面影响。更具体地说，所有案例都涉及自动化网络决策，其中主要涉及算法控制重要公共记录数据的交换，从而影响到各组织在其具体行政决定中做到公平、可问责和合比例性的能力。这种归纳方法的目的是评估是否需要附加性的或更具体的规范，以确保数字善治。所有案件都涉及行政错误，因为行政部门所犯的错误是证明使用自由裁量权和偏离规则合理的特定情况中最无可争议的例子。前两个案例来源于2018年和2019年在荷兰通过文本分析和访谈收集的原始数据。第三个案例自2014年以来一直被研究[③]（另见Widlak & Peeters, 2020）。

买一栋房子，付两份房产税

西蒙妮在阿姆斯特丹买了一栋房子，之后很快就收到了房产税评估通知。奇怪的是，她还收到了另一份离街道稍远一点房子的评估通知。于是她正式提出异议，直到14个月后市政府才做出处理，这比法律规定的最长期限晚了两个月。据市政府称，依据市政府登记局的调查，西蒙妮被登记为第二栋房子的所有人，所以需要缴纳相应的房产税。为了证明市政府的数据不正确，西蒙妮从土地登记处获取了一份摘录，其中显示第二栋房子的所有者是一家投资基金。该登记摘录还显

③ 关于第三个案例的更详细的方法论说明，可根据要求在2020年威德拉克和彼得斯的研究中获得。

示，第二栋房屋的所有权在过去几年中多次易手。最后，在市政当局向西蒙妮发送税务评估时，可以检索到所有权的证明。她将文件发送给市政监察员，不久后她收到了更正错误的通知。

西蒙妮的案子以有利于她的方式得到解决，但在经历了一 75
个漫长而复杂的程序后，没有房子的举证责任就落在了她身上。对本案例的分析表明，问题可以追溯到通过自动化网络决策做出的管理错误。阿姆斯特丹的市政房产税是通过链接三种类型的数据来确定的：土地登记处的所有权数据，地址数据与建筑物数据，并且所有权数据和地址数据相互链接，而建筑物的数据则是和房屋登记数据相链接。这些数据经常更新并存储在市政府数据池中。在西蒙妮一案中，这个过程出现了人为错误，并且财产的所有权人被错误地登记为她。当西蒙妮提出异议时，市政府公务员审查了他们自己的数据，而没有查看原始数据源或西蒙妮提供的证据。他们在土地登记处可以看到西蒙妮不是第二栋房子的所有人。但是，市政府公务员相信市政数据是正确的，并相应地做出了处理。算法为他们提供了一个默认值，而他们并没有质疑。

向未获得的护理买单

皮特是父亲的法定监护人，他父亲住院并接受老年康复护理治疗。很显然，在治疗结束前，皮特的父亲将需要一直接受护理。医院建议他向护理评估中心提交长期护理申请。这是公共资助的，但也涉及个人付费。在皮特提出请求一个月后，他收到一份日期早于其请求日期一个月的资格证明。又过了一个月，长期护理实际开始了。中央管理办公室作为另一个行政机构负责核定皮特每月个人的付款。根据从护理评估中心获得的数据，每个月金额定为850欧元——从治疗实际开始前三个月开始。这意味着皮特必须多支付三个月的费用，而在这三个月内没有获得任何实际护理。在投诉失败后，皮特对中央管理办公室提起诉讼，称计算存在错误，他不应支付多出的三个月长期护理费用。

法官裁定，中央管理办公室可以信任其从护理评估中心自动收到的有关个人付款生效日期的信息（Rechtbank Midden-Nederland, 2018）。其理由是中央管理办公室不负责核实评估中心的决定是否正确，以及医院和其他机构提供的实际护理是否与提供的相关信息一致。中央管理办公室的职责仅仅是为长期护理机构提供资金，并收集患者的个人付款。虽然从组织角度来看这是有道理的，但这也意味着评估中心或护理机构犯下的错误在没有任何形式控制的情况下被复制，并且将纠正的责任落在了公民的身上——如果这种纠正实际上是可能的。自动化的网络决策促进了错误的传播，并设置了一个不受用户组织质疑的默认值。

76 ## 一辆被盗的汽车

1998年4月30日，萨斯基亚的一辆汽车被盗。同日她向警方报案。8月20日，萨斯基亚收到汽车年检的提醒。起初，她以为是有关机构没有注意到警方的车辆丢失报告的通报。但是，没过多久她收到了荷兰税务局的纳税申报表。萨斯基亚提出异议但毫无结果，因为税务局表示来自车辆登记机关的数据证实她是一辆汽车的所有者。虽然警方通报了萨斯基亚汽车丢失事实，但车辆登记局声称其记录是正确的。因此，她仍然有义务对车辆进行年检和缴纳相关的税款。萨斯基亚是一位单身母亲，并且多年来积累了不少经济问题，如果她为了避免法律问题而选择缴纳税款确有困难，尽管萨斯基亚确信她不应该为一辆她不再拥有的汽车买单。当萨斯基亚失业时，她再也无力偿还债务，司法机构采取行动来执行她的债务。相关机构还声称，根据车辆登记机构提供的数据，该罚款是合理的。直到2011年，萨斯基亚才最终摆脱了车辆登记的所有权人身份。虽然从此萨斯基亚不用再缴纳相关税款，但是这不会自动使得之前所有未付账单作废，也不会退还所有已支付的不正确的罚款和税款。

2014年3月，绝望的萨斯基亚给鹿特丹市市长写了一封信。对此一项非官方的调查表明，1998年萨斯基亚的汽车被盗后的第二天，警方就向车辆登记机关发出了“盗窃物被找回恢复所有权”的通知。随后，车辆登记机关恢复了萨斯基亚的车辆所有人身份。在市长办公室施加一些压力后，警方也开始调查此案。事实表明，萨斯基亚被盗的车在报案第二天就被警方找到了，但是警方根本没有通知她车辆已经找到。2014年9月4日，警方书面向萨斯基亚道歉。根据警方的书面道歉材料，税务机关也愿意撤销萨斯基亚所有未缴纳的税款。然而，税务机关无法回溯其超过五年的记录，也无法提供公路税与其他税的结算记录。车辆登记机关不会追溯变更萨斯基亚的登记，因为若允许变更，将严重损害登记表的完整性。司法执行机构通知萨斯基亚，她已经不在被执行系统了，但是他们也无法返还她支付的罚款，因为“我们几年前就已经把钱汇到海牙了”。④因此，

④ “海牙”指的是荷兰政府所在地，也即司法部所在地。

萨斯基亚仍有债务。自动化决策不仅会导致简单的错误在整个系统中传播，而且，实践中的事实证明，识别错误的根源并让组织承担错误后果的责任也非常复杂。

案例分析

在所有的案例中，行政错误和自动化网络决策的结合给公
77 民个人带来了巨大的问题。特别是对于网络决策，前面描述的数字善治的三个原则似乎没有为公民提供足够的保护。这里的主要问题是，一个组织根据来自其他组织的信息做出行政决策。组织做出一项“独立”的正式决策并应对此承担责任，但在实践中有两种机制可以逃避这一责任：

1.设计问题。行政壁垒通常会妨碍一个组织在正式和实际的情况下验证它做出行政决定所依据的信息来源。关于这个问题，上述第二个案例就是恰当的例证，法官裁定一个行政组织可以信任它从另一个组织收到的信息。对于数据的“所有者”和行政决策的“所有者”来说，决策程序的关键要素都是隐晦的：前者对于其收集和传播的数据应用和数据结果无法评估或控制；后者无法验证其做出的影响公民生活的决定所依据的数据。算法控制着这些过程，误导了所有相关方。

2.自主决定权问题。即使算法允许人为监督和重置，它们也会引发公务员因相信数据的假定客观性而不作为，并隐藏在复杂的信息体系结构背后，不去行使他们自由决定权进行个案评估。正如第一个案例所示，公务员倾向于相信市政数据，而不是公民个人提出的论点。“确凿的事实”比“现实生活”的证据力更强——因为需要有强有力的论据来说明不遵循自动化程序所呈现的真实性。而且在目前的实践中，它通常需要大量的

实践和分析工作来揭示自动化决策背后的所有数据源、链接和算法。正如第三个案例所示，数据和信息架构的产生和分配是不允许修正的，特别是不允许回溯修正。因此，它们被看作是神圣不容更改的机制，不能以“丧失完整性”为代价进行干预，或者被视为不可变更的目的，抵制人类干预的意图。

自动化网络决策的互补原则

自动化网络决策的逻辑使遵守问责的原则变得尤为复杂。这一原则要求组织对其做出的决定承担全部责任。管理系统或信息架构的设计方式不能成为逃避责任的借口。然而，这正是许多自动化网络决策的现实：其他组织收集的数据要么公民无法访问，默认情况下假定数据是正确的，要么在发生错误时无法更正。从定义上看，这也影响到其他两个已经确定的数字善 78
治原则。因为数据收集和数据共享对于决策机构和受影响的公民来说并不是完全透明的，所以无法保证程序的正当性。更为重要的是，公民很难识别错误发生场所以及造成错误的责任人。此外，由于两个方面的原因使得比例原则形同虚设：（1）收集和共享数据的组织不能保证其他组织做出的决策是合理的；（2）根据错误数据做出决策的组织将发现错误并纠正其错误后果的举证责任转移给公民。

根据分析，我们认为自动化决策对行政组织确保行政决策时贯彻问责制、正当程序和比例原则的能力施加了很大的压力。所以，我们建议在先前确定的几项原则中引入其他元素，以减轻自动化网络决策对数字善治造成的特定风险：

1. 正当程序原则下补充**程序完整性**。上述三个案例中的公民都面临信息问题。无力判别的管理错误可以归因于决策缺乏洞察，不清楚哪些数据被用于决策、谁拥有这些数据以及这些数据是否完整、相互关联、正确和实时更新。传统的行政决策中，拥有决策权的组织同时也拥有数据。这种统一性在自动化网络决策中被破坏。决策过程的完整性意味着要求行政组织必须能够向公民提供有关程序的两个要素的信息。这超出了算法透明度的传统要求，因为这些没有涉及数据收集和共享与个别行政决定之间的分工问题。这两个程序单独看可能各自都是透明的，但从公民和决策者的角度来看，这仍然是一个不透明的系统。

2. 问责制原则中需要补充**事实评估**。行政机关倾向于将数据视为无可置疑的事实，将信息体系结构视为不可触及的实体，所以他们逃避了对其决定承担的责任。信任算法是决策的内定选项。为了防止组织逃避其责任，必须保证能够对行政决定进行人为评估。并且最为重要的是这项评估以事实为基础，而不是以数据为基础：评估的重点不是审查数据库，而是公民的实际情况。

3. **中心化更正**作为比例原则的补充。建立在错误信息基础上的自动化决策可能会给受影响的公民带来不成比例的后果。行政错误的举证责任由公民承担。传统的书面决策通常也是如
79 此，但是自动化决策和传统的书面决策之间最为重要的一个区别是更正，自动化决策的更正不仅需要在做出个人行政决定的组织中进行，而且同时收集和共享数据的组织也要更正。此外，如果与其他组织共享此数据，则错误数据的后果会加重。为了防止公民因错误或不公平的行政决定而承受不成比例的负担，必须保证能够对错误进行中心化更正。

结　论

公务员个人将一般规则应用于个案的传统韦伯式官僚体制早已成为过去。特别是90年代以来，数据库和计算机稳步接管了最初委托给书面文件和人工评价的任务。“信息统治”（Zuurmond, 1994）是行政决策数字化的重要试金石。算法的日益广泛使用标志着一个新阶段。在这个阶段，数据不仅数字化，而且整个决策过程自动化。此外，自动化网络决策将“算法官僚”（Aneesh, 2006）与“系统官僚”（Bovens & Zouridis, 2002）结合起来。行政决策中的每一次技术变革都回避了这样一个问题：这将如何影响公民的权利和义务。关于自动化程序的主要问题是，它会因自动化的自由决策权而降低组织评估个案的能力（Zouridis, Van Eck & Bovens, 2020），并减少了组织对其程序公平性和透明度的控制（Grimmelikhuijsen & Meijer, 2014; Peeters & Widlak, 2018）。

无论我们谈论的是由个人自动化决策确定的权利和义务、通过自动化预测识别的风险和画像，还是多个组织在自动化网络决策中共享的重要公共记录，行政决策的善治原则有被技术篡夺的风险，这从根本上改变了行政组织的决策方式。因为数据收集和数据共享不透明，正当程序处境危险；因为决策组织将保证数据正确性的责任转移给其他组织，问责变得复杂；因为识别错误并纠正其对多个组织造成错误后果的责任转移给了公民，所以比例性原则受到威胁。作为回应，我们已经确定了这些原则的三个规范，以减轻自动化决策，尤其是自动化网络决策带来的特定风险。

然而，在纸上制定数字善治原则与在实践中捍卫它们并非一码事。需要应对三个挑战。第一，算法会带来设计问题，因为它们使组织和受影响公民的监督或“可审查性”复杂化（Danaher, 2016）。这其中一个重要的问题是设计算法，通过设计实现“人机回路”并设置监督和否决的可能性（Citron & Pasquale, 2014）。第二，算法会引发行为问题，因为它们为行动设置了默认值——尽管能够实现“人机回路”——但很可能是未经质疑的（Peeters & Schuilenburg, 2018）。这两个问题都
80 只能通过数字善治原则的彻底制度化来解决。要确保自动化决策的设计是基于这些原则做出的，还有许多工作要做。

在自动决策的输入、吞吐量和输出方面还有第三个认识论问题。这里的问题不是算法在某种程度上是隐藏的，而是它们可能天生不透明或人类无法理解（Danaher, 2016）。在输入层面，这转化为所用数据的未知能力及其做出决策的来源——尤其是在涉及“大数据”和网络决策的情况下。在吞吐量方面，算法可以相对简单且“可解释”，但通常情况下它们也可能像机器学习算法或预测算法一样“不可解释”且不可能“简化为人类语言解释”（Zarsky, 2011: 293）。最后，在输出层面，算法生成的决策可能对于公民和人类决策者来说都是“既成事实”，只能在事后质疑。因此，仅仅实现“人机回路”是不够的。问题是如何以一种易于理解的方式做到这一点。我们如何为人类设计分析工具来评估自动化决策是否建立在正确而无偏的数据基础上，是否根据公平标准做出？自动化决策及其后果如何才能被推翻？人类决策者如何从每天大量的自动化决策中识别出特定的环境导致不合理的结果的具体案例？可见，不仅仅要将自动化决策强制纳入经典的“模拟”决策的标准下。更重要的挑

战是要发展能够对不断变化的行动情况做出反应的机制。

参考文献

Aneesh, A. 2006. *Virtual migration*. Durham, NC: Duke University Press.

Berk, R. A. and J. Bleich. 2013. Statistical procedures for forecasting criminal behavior. *Criminology & Public Policy*, 12 (3): 513–544.

Binns, R. 2016. Algorithmic accountability and public reason. *Philosophy &Technology*, 31 (4): 543–556.

Borst, W. 2019. *De verdachte in de keten*. Den Haag: Boom.

Bovens, M. 2010. Two concepts of accountability: Accountability as a virtue and as a mechanism. *West European Politics*, 33 (5): 946–967.

Bovens, M. and S. Zouridis. 2002. From street-level to system-level bureaucracies: How information and communication technology is transforming administrative discretion and constitutional control. *Public Administration Review*, 62: 174–184.

Citron, D. K. and F. Pasquale. 2014. The scored society: Due process for automated predictions. *Washington Law Review*, 89: 1–33.

Cordella, A. and N. Tempini. 2015. E-government and organizational change: Reappraising the role of ICT and bureaucracy in public service delivery. *Government Information Quarterly*, 32 (3): 279–286.

Danaher, J. 2016. The threat of algocracy: Reality, resistance and accommodation. *Philosophy & Technology*, 29 (3): 245–268.

Digital Government Factsheet. 2019. *Norway*. https://joinup.ec.europa.eu/sites/default/files/ inline-files/Digital_Government_Factsheets_Norway_2019.pdf, accessed 10-12-2019.

Dworkin, R. 1985. *A matter of principle*. Cambridge: Harvard University Press.

EU. 2002. The European code of good administrative behaviour. https://www.ombudsman. europa.eu/es/publication/en/3510, accessed 10-12-2019.

EU. 2012. EU charter of fundamental rights. https://ec.europa.eu/info/aid-development cooperation-fundamental-rights/your-rights-eu/eu-charter-fundamental-rights_en, accessed 10-12-2019.

EU. 2016. General data protection regulation. https://gdpr-info.eu/, accessed 10-12-2019.

Fosch-Villaronga, E. 2019. Responsibility in robot and AI environments. Working Paper eLaw 2019/02.

Government of Flanders. 2015. Vlaanderen radicaal digitaal. https://overheid. vlaanderen. be/sites/default/files/Conceptnota%20Vlaanderen%20Radicaal%20 digitaal.pdf, accessed 10-12-2019.

Grijpink, J. H. A. M. 1997. *Keteninformatisering met toepassing op de justitiële bedrijfsketen*. Den Haag: SDU.

Grimmelikhuijsen, S. G. and A. J. Meijer. 2014. Effects of transparency on the perceived trust worthiness of a government organization: Evidence from an online experiment. *Journal of Public Administration Research and Theory*, 24 (1): 137–157.

Hamilton, M. 2015.Adventures in risk: Predicting violent and sexual recidivism in sentencing law. *Arizona State Law Journal*, 47 (1): 1–62.

Hannah-Moffat, K. 2019. Algorithmic risk governance: Big data analytics, race and information activism in criminal justice debates. *Theoretical Criminology*, 23 (4): 453–470.

Harcourt, B. E. 2015. *Exposed: Desire and disobedience in the digital age*. Cambridge: Harvard University Press.

Houser, K. and D. Sanders. 2017. The use of big data analytics by the IRS: Efficient solutions or the end of privacy as we know it? *Vanderbilt Journal of Entertainment and Technology Law*, 19 (4): 817–872.

Kallinikos, J. 2005. The order of technology: Complexity and control in a connected world. *Information and Organization*, 15: 185–202.

Kool, L., J. Timmer and R. van Est, 2017. *Opwaarderen. Borgen van publieke waarden in de digi tale samenleving*. Den Haag: Rathenau Instituut.

Landsbergen, D. 2004. Screen level bureaucracy: Databases as public records. *Government Information Quarterly*, 21 (1): 24–50.

Larus, J., C. Hankin, S. G. Carson, M. Christen, S. Crafa, O. Grau, C. Kirchner, B. Knowles, A. Mc Gettrick, D. A. Tamburri and H. Werthner. 2018. When computers decide: European recommendations on machine-learned automated decision making. *Technical Report*. New York: ACM.

Le Sueur, A. 2016. Robot government: Automated decision-making and its implications for parliament. In *Parliament: Legislation and accountability*, edited by A. Horne and A. Le Sueur, Oxford: Hart Publishing.

Mashaw, J. L. 2007. Reasoned administration: The European Union, the United States, and the project of democratic governance. *The George Washington Law Review*, 76 (1): 99–124.

McLuhan, M. 1964. *Understanding media: The extensions of man*. New York: Signet Books.

Meijer, A., M. T. Schafer and M. Branderhorst. 2019. Principes voor goed lokaal bestuur in de digitale samenleving. Een aanzet tot een normatief kader. *Bestuurswetenschappen*, 73 (4): 8–23.

Mittelstadt, B. D., P. Allo, M. Taddeo, S. Wachter and L. Floridi. 2016. The ethics of algorithms: Mapping the debate. *Big Data & Society*, 3 (2): 1–21.

Motzfeld, H. M. and A. Naesborg-Andersen. 2018. Developing administrative law into handling the challenges of digital government in Denmark. *The Electronic Journal of e-Government*, 16 (2): 136–146.

O'Neil, C. 2016. *Weapons of math destruction: How big data increases inequality and threatens democracy*. New York: Penguin Random House.

Ostrom, V. 1996. Faustian bargains. *Constitutional Political Economy*, 7: 303–308.

Ostrom, E. 2005. *Understanding institutional diversity*. Princeton, NJ: Princeton University Press.

Pasquale, F. 2015. *The black box society:The secret algorithms that control money and information*. Boston: Harvard University Press.

Peeters, R. and M. Schuilenburg. 2018. Machine justice: Governing security through the bureaucracy of algorithms. *Information Polity*, 23 (3): 267–280.

Peeters, R. and A. C. Widlak. 2018. The digital cage: Administrative exclusion through information architecture—the case of the Dutch civil registry's master data management system. *Government Information Quarterly*, 35 (2): 175–183.

Ponce, J. 2005. Good administration and administrative procedures. *Indiana Journal of Global Legal Studies*, 12 (2): 551–588.

Ranchordás, S. and B. Waard (Eds.). 2016. *The judge and the proportionate use of* discretion: A comparative study*. London: Routledge.

Rechtbank Midden-Nederland. 2018. ECLI:NL:RBMNE:2018:4574, Case number UTR 18/1169.

Rehavi, M. M. and S. B. Starr. 2014. Racial disparity in federal criminal sentences. *Journal of Political Economy*, 122 (6): 1320–1354.

Schmidt, V. A. 2013. Democracy and legitimacy in the European Union revisited: Input, output and 'throughput'. *Political Studies*, 61 (1): 2–22.

Smith, G. J. D., L. Bennett Moses and J. Chan. 2017. The challenges of doing criminology in the big data era: Towards a digital and data-driven approach. *The British Journal of Criminology*, 57 (2): 259–274.

Smith, G. J. D. and P. O'Malley. 2017. Driving politics: Data-driven governance and resistance.

The British Journal of Criminology, 57 (2): 275–298.

Van Eck, M. 2018. *Geautomatiseerde ketenbesluiten & rechtsbescherming: Een onderzoek naar de praktijk van geautomatiseerde ketenbesluiten over een financieel belang in relatie tot rechtsbescherm ing* (dissertation). Tilburg: Tilburg University.

Verbeek, P. P. 2006. Materializing morality: Design ethics and technological mediation.

Science,Technology, & Human Values, 3: 361–380.

Van der Heijden, J. 2001. *Een filosofie van behoorlijk bestuur. Een verklaring voor de juridische en de maatschappelijke functie van de beginselen van behoorlijk bestuur* (dissertation). Deventer: W. E. J. Tjeenk Willink.

Van Hout, M. B. A. 2019. *Algemene beginselen van een binair bestuur*. Den Haag: SDU. Widlak, A. C. and R. Peeters. 2018. *De digitale kooi*. Den Haag: Boom bestuurskunde.

Widlak, A. and R. Peeters. 2020. Administrative errors and the burden of correction and consequence: How information technology exacerbates the consequences of bureau cratic mistakes for citizens. *International Journal of Electronic Governance*, 12(1): 40–56.

Yeung, K. 2018. Algorithmic regulation: A critical interrogation. *Regulation & Governance*, 12 (4): 505–523.

Zalnieriute, M., L. B. Moses and G.Williams. 2019. The rule of law and automation of government decision-making. *The Modern Law Review*, 82: 425–455.

Zarsky, T. Z. 2011. Governmental data-mining and its alternatives. *Penn State Law Review*, 116: 285–330.

Zouridis, S., M. van Eck and M. Bovens. 2020. Automated discretion. In *Discretion and the quest for controlled freedom*, edited by T. Evans and P. Hupe. London: Palgrave Macmillan.

Zuurmond, A. 1994. *De infocratie. Een theoretische en empirische heroriëntatie op Weber's ideaaltype in het informatietijdperk*. Den Haag: Phaedrus.

第二部分

算法司法

第六章 诱人的公平：机器学习是答案吗？ 87
刑事司法系统中的算法公平

费尔南多·阿维拉 凯莉·汉娜-莫法特 波拉·毛鲁托

引 言

刑事司法机构正越来越多地测试并采用大数据技术及预测算法工具，以做出更合乎情理、客观、高效和公平的决策。法律和刑事司法决策者正在转向用算法工具来审判罪犯、确定审前拘留或移民拘留以及管理罪犯人口（Feeley & Simon, 1992; Kemshall, 2003; O'Malley, 2004, 2010a; Harcourt, 2007; Hannah-Moffat & Maurutto, 2010; Hannah-Moffat, 2013, 2016; Hyatt & Chanenson, 2016; Van Eijk, 2017）。司法系统中越来越多的预测工具正在改变制度的实践。这些被称为开创了“自动司法”（Marks, Bowling & Keenan, 2017）、“算法司法术”（Završnik, 2019）、“模拟司法”（O'Malley, 2010b）和“算法治理”的新形式（Hannah-Moffat, 2019）。因为机器学习风险算法会影响惩罚的配置，所以了解刑事诉讼和司法决策受到的潜在影响非常重要。新形式的算法司法和风险评估预测的结合也引发了公众对法律和正义如公平、平等、公正和歧视等问题的关注。

自20世纪80年代以来，精算风险评估工具和预测分析已经被广泛使用，现在已经牢固地嵌入刑事司法实践（Feeley & Simon, 1992; Kemshall, 2003; O'Malley, 2004, 2010a; Harcourt, 2007; Hannah-Moffat & Maurutto, 2010; Hannah-Moffat, 2013; Hyatt & Chanenson, 2016; Van Eijk, 2017）。在本章中，笔者区分了常用的"传统风险评估"和"机器学习评估"。笔者称为"传统风险评估"的精算工具主要呈现为心理上的知情，并使用统计计算来确定预测累犯变量，并且对证据进行评分，这被认为是比临床评分更准确和客观的评估方法。这些"传统"工具具有共同的逻辑和结构。它们以总体统计计算（使用多元回归、相关性和整合分析）为前提，预测罪犯未来累犯的可能性。这样的例子有，显著因素评分和替代制裁的惩教罪犯管理
88 概况（COMPAS, 在美国使用）、再定罪风险（在英国使用）和服务水平清单（LSI，在国际上使用）。传统的风险评估工具一直不断受到学术批评，指出它们通过"黑箱"重现了偏见，这些"黑箱"依赖于代表种族、性别不平等和边缘化的变量集（Maurutto & Hannah-Moffat, 2006; Harcourt, 2007; Hannah-Moffat, 2009; Hannah-Moffat & Maurutto, 2010; O'Neil, 2016; Noble, 2018; Tonry, 2019）。这一系列研究表明，基于风险的实践和评估是如何内嵌其中，并加剧不平等，从而产生各种形式的系统性歧视（Hudson & Bramhall, 2005; Fass et al., 2008; Gavazzi et al., 2008; Vose, Cullen & Smith, 2008; Hannah-Moffat & Maurutto, 2010; Hannah-Moffat & Struthers Montford, 2019）。

为回应这些评论，一批新的研究骨干开始涉足犯罪风险预测领域。这些研究专家主要来自计算机科学、统计和工程领域，

他们正在引领创新研究，旨在将复杂的大数据分析和机器学习算法结合起来，以开发出误差较小的风险评估算法。我们将风险评估中的这些新兴发展称为“机器学习风险评估”。这些模型使用先进的统计技术来生成分类系统，其目标是减少总体误差。传统评估技术和机器学习评估技术之间的根本区别之一是后者采取假设的方式，而不是忽略偏见的方式。某些由公允列示模型提供信息的机器学习评估，被有意识地设计为针对数据中基于性别、种族的偏见和控制[①]（Dwork et al., 2011; Kamishima et al., 2012; Kusner et al., 2017; Madras, Pitassi & Zemel, 2017; Wadsworth, Vera & Piech, 2018）。该领域的数据专家认为自己回应了激进批评，并承认传统方法中存在歧视。他们正努力尝试设计可以提供“更公平”计算的模型，以减少不太复杂的传统风险算法产生的“数据危害”。

笔者认为，尽管机器学习算法取得了进步，但这些模型继续重现了传统风险评估中固有的局限性。尽管大数据分析和机器学习非常复杂，但评估工具的数学设计与其所依赖的数据类型相结合，使得创建既无偏见又准确的“新”工具变得非常困难。新一代风险评估不可避免地越来越依赖于反映社会不平等的数据，以及会强化模型并引入新的偏差的数据提取过程，从而重现了风险评估的缺点。笔者将探讨机器学习算法如何再现客观性的假象，同时使得如何权衡算法中隐藏的准确性和公平性变得模糊。此外，由于缺乏多学科对话以及存在跨知识领域持续性概念的差距，这种公平和模糊的错觉会更加严重。尽管

① 公允列示模型不一定依赖于人工智能和机器学习，但一些数据科学家确实将更公允列示的模型嵌入他们的机器学习算法中。

数据科学家力图开发出“更公平”、更少偏见的算法，但批判性学者的研究已经证明，机器学习算法再现了“算法压迫”形式（Pasquale, 2015; Eubanks, 2017; Ferguson, 2017; Noble, 2018; Benjamin, 2019）。批判种族理论的学者已经开发了诸如“新吉姆代码”之类的概念，来指出大数据算法如何“再现现有的不平等”，然而，它们仍然被认为“比前一个时代的歧视性系统更客观或更进步”（Benjamin, 2019: 5–6）。

89 随着刑事司法系统迎来了大数据革命，澄清计算和法律的复杂性、逻辑以及与大数据风险逻辑的结合带来的惩罚设置变化就变得非常重要。笔者主张对新形式的算法治理和风险评估影响刑事程序和宪法保护展开更深入的分析。笔者展示了大数据分析的日益成熟和对其不断的依赖，会进一步促进“黑箱”现象和掩盖数据和计算对不平等的再现。这种不透明性可能会损害被告的正当程序权利，以及研究人员测试这些模型的能力。此外，笔者还说明了计算机科学如何通过机器学习算法扩展“公平”和“偏见”的概念，该扩展一方面与社会科学家对（不）平等、公平、歧视和刑法程序的概念化和分析存在差异和冲突，另一方面也忽视了数据的政治和社会层面的意义。为此，笔者解构了根植于精算风险评估中的一些假设，特别是机器学习算法引入的新框架。这样做的目标是培养跨学科对话，对基于风险的机器学习算法的使用及其法律含义展开讨论，并解构一些善意的开发人员提出的主张。

算法司法与传统的风险评估

随着概率模型在20世纪获得显著突破，精算或算法风险在法律和刑事司法中的计算和应用急剧增加。尽管风险评估最初是在20世纪20年代发展起来的，但直到20世纪80年代中期才开始普及，当时许多刑事司法部门都积极采用风险逻辑和技术（Feeley & Simon, 1992, 1994）。犯罪学文献通常将风险评估的演变划分为四个时代，从临床判断到更多统计演算下的静态和动态风险预测（Bonta, 1996）。第一代风险模型包括依赖于熟练的实践者分析的临床评估，最常见的是心理学家使用心理工具和特性清单来识别风险。这些方法采用更全面的方式来调查广泛的个人需求、特征和性状范围。到20世纪80年代，这些临床方法越来越多地被基于证据的精算评估所取代。传统风险评估的广泛使用恰逢美国监狱蓬勃发展时期，这为监狱管理带来了高效且符合成本效益的方法（O'Malley, 2004）。精算评估对惩教管理人员很有吸引力，因为他们可以辅助惩教人员快速评分，从而减少了对受过专业培训的临床医生昂贵又费力评估的需要。

这些精算风险评估取代了第一代临床评估，并历经三代不断发展。第二代评估主要依赖于静态风险措施，例如初犯年龄或犯罪历史，产生的固定和刚性的风险分数，其不能更改（Andrews, 1989）。20世纪90年代初开发的第三代风险评分，是将静态变量与动态犯罪风险因素相结合，允许风险评 90
分可变，其中矫正干预和回归矫正治理可以降低整体风险水平（Brennan, Dieterich & Ehret, 2009）。例如，犯因需求包括教育、就业、家庭关系和态度等变量，所有这些都与累犯高度相关，但也易于干预和改变。第四代风险评分整合了将治疗干预与学习方式和动机相匹配的责任措施，以简化适当的干预。（Motiuk, 1997a, 1997b, 1998; Andrews & Bonta, 2010）。所有这四代都可以统称为传统的风险评估，因为它们都依赖于累犯的统计计算。这些精算工具的例子包括COMPAS、再定罪风险和LSI。

这些传统的风险评估声称以客观的基于证据的标准为决策者提供信息和指导，这些标准在理论上是无偏见的，从广义上讲是公平的。他们使用系统评估，根据一组标准变量对所有被告和罪犯进行分类。据称，他们通过使用与统计累犯相关的同一组静态和动态变量来处理每一个案件。这些评估工具中包含的变量在统计上具有显著性，并且与基于一般罪犯人群的累犯相关。实践者或缓刑审查官员通过检查与特定被告或罪犯有关的每个变量来为该工具评分。统计相关变量得出最终风险评分，以此将个人划分为低风险、中风险或高风险三类。该分类的标准是基于个人与一般罪犯人群的风险变量和累犯率的匹配程度。这种类型的传统风险评估以欧内斯特·伯吉斯（Ernest Burgess, 1928）0/1二元化非加权评分方法为模型，该方法最初于20世纪20年代被开发，用于预测假释人员的再次犯罪。

这些工具之所以能普及，据传是因为它们依赖基于证据的客观标准，这些标准被认为比其他形式的评估更为公平。然而，一些学者已经揭示了预测算法是如何通过固有的系统性歧视来重现数据危害的。这项研究认为，精算风险评估并没有产生客观和中立的结果，而是在形式上嵌入公开和细微的系统性歧视，这些歧视在形式上再现了阶级、性别和种族化的压迫（Bhui, 1999; Pridemore, 2004; Hudson & Bramhall, 2005; Harcourt, 2007; Hannah-Moffat & O'Malley, 2007; Mayson, 2019）。具体而言，有人认为这些风险评估的结果与用于预测累犯的统计变量的性别、种族、阶级和其他形式的社会劣势方面等的边际化高度相关，例如教育、财务、债务豁免、天资、家庭关系和休闲追求。因此，它们通过依赖表征种族和性别的数据和相关性，从而间接嵌入法律上禁止的标准（Horn & Evans, 2000; Shaw & Hannah-Moffat, 2000; Harcourt, 2007, 2015）。该算法将每个变量视为个人犯罪风险的指标，将其从更广泛的社会、政治、经济和历史劣势中分离出来。计算预测方式忽略了罪犯在社会中的“暴露的风险”往往是过往劣势和歧视的结果，这些历史通
常与风险变量相关，从而带来“更高”的风险评分，特别是对 91
于边缘化人群更是如此（Hannah-Moffat & Maurutto, 2010）。例如，通常由贫困引起的经济困难与较高的累犯率有关；那些定期接受社会援助的人会被评估为具有较高风险。

相比之下，中产阶级的罪犯在财务困难方面的得分不太高，即使这些中产阶级可能犯下类似或更加严重的罪行。这些工具包括与社会经济地位相关的多个变量，其中许多与种族和性别相关，例如受教育程度、稳定的住房和家庭关系影响。因此，他们可以复制和放大偏见。风险变量也因其对道德的规范性评价而受到批评，这反映在包含诸如个人和家庭关系、与组织化宗教的联系以及休闲活动等变量上，对这些变量的评价有更大的自由裁量空间（Hudson & Bramhall, 2005; Hannah-Moffat, Maurutto & Turnbull, 2009）。

可以说，有关性别和种族的规范、经验和知识决定了评估人员将哪些行为视为风险。偏见还超出了计算，并延伸至法院随后对结果的解释。与边际化和需求相关的因素经常被用于风险评分，其中“有风险和高需求”的人被标注成“高风险”。高风险的标注可能会导致被拘留可能性增加，更加严苛的条件使得被标注者更容易违反规定，增大被监视以及进一步被刑事定罪的可能。出于这个原因，持批判观点的学者认为，传统的风

险评估是“算法压迫”，它提供了客观性的外衣，或者产生、再现种族主义、性别歧视和“技术红线”（O’Neil, 2016; Noble, 2018; Benjamin, 2019）。这样做的结果是，这些工具破坏了正当程序和宪法给予人们的保护。

大数据分析领域的最新进展，以及公共开源数据的增加，已经为测试和揭露通过传统风险评估产生的歧视性结果开辟了新途径。数据科学家现在可以合并多个大型数据集，并有更大的能力来测试预测结果。专有法的保护通常意味着研究人员无法访问一些数据集，即那些用于生成和测试传统风险评估结果中偏见的数据集。最近，开源数据协议意味着政府正在公开提供数据——包括刑事司法数据。《机器偏差》一文的作者使用大数据分析整合了多个公共在线刑事司法数据源，以分析COMPAS风险评估产生的7000多个风险分数，被整合的这些数据源是可以依据《信息自由法》申请的（Angwin et al., 2016）。他们率先采用结合大数据分析以及合并多个数据集和数据点的方法，以识别和揭示COMPAS中的偏见水平及其百分比。他们比较了美国佛罗里达州布劳沃德县两年来对刑事被告中实际累犯的预测分数。结果表明，黑人被告被标注有更高的累犯风险，其被错误评分的可能性几乎是白人被告的两倍。相反，白人被告更有可能被错误地标记为低风险。结果显示，在预测暴力累犯时，存在更显著的差异：
92 黑人被告被误认为高风险的可能性要高77%。这些关于歧视的发现促使研究人员开发出新的方法来实现更公平的评估模型。

机器学习算法

国际上对传统风险评估的持续性批评激发了人工智能和机

器学习数据科学家开发更公平、更准确的算法来预测累犯。来自计算机科学、数学、统计学和工程学等领域的新一批科学家开始涉足犯罪风险预测领域。这些数据科学家使用机器学习算法来试验统计公平性的不同衡量标准。此处，我们将这些广泛的创新称为“机器学习算法”，因为它们试图引入不同的统计公平模型，以减少常用风险评估中固有的偏见。一些学者将其描述为第五代风险评估工具（Taxman & Dezember, 2016; Garrett & Monahan, 2020）。数据科学家使用大型数据库和机器学习技术来测试他们的模型。在这种情况下，机器学习是人工智能的一种形式，算法使用它来自动检测和减少偏见，而不需要明确的编程需求。机器学习算法并没有忽略歧视，而是假设数据存在偏见，并通过增强的统计建模来识别和消除偏见。许多在该领域工作的人都对在大数据分析中植入道德规范感兴趣。他们认为自己是通过承认早期风险评估模型的局限性来回应左翼的批评。他们声称能够开发出负责任、合乎道德的设计，将算法注入解决歧视问题的方案中（Greene, Hoffmann & Stark, 2019）。

与传统的风险评估相比，机器学习算法并非以对犯罪行为理论的理解为基础。预测模型是使用从大数据中提取的模式以及复杂的自动化统计方法如随机森林（Breiman, 2001）构建的。用于创建这些预测模型的数据库是巨大的，它们有可能包含无限的数据点。这一特征使它们区别于传统风险评估所依赖的有限和较小的数据集，这些数据集之前通常从对监狱人口或罪犯子集的分析中获得。此外，机器学习风险模型不是静态的：它们是自适应的。随着时间的推移，它们通过复杂的算法和人工智能技术，以不确定和无法预料的方式动态地自我调整以适应新数据（Pasquale, 2015）。在这种情况下，“动态”一词是指根据程序参数不断学习和自我修正的模型；这与传统的风险工具（例如COMPAS）不同，其中“动态”因素是指可以改变的特定类型的犯罪诱因性行为。总体而言，倡导使用机器学习的人认为，通过让数据为自己说话，可以详尽地揭示各种因素，这在统计上与结果相关，但超出了人类参与者或传统数据分析技
93 术的能力范围（Dwork et al., 2011; Chouldechova, 2016; Berk et al., 2017; Kleinberg, Mullainathan & Raghavan, 2017; Kusner et al., 2017; Verma & Rubin, 2018）。

研究机器学习模型的学者将公平问题作为他们研究的中心。他们承认，算法学习方式来自于现实世界的大量训练数据，其中包括有偏见的数据（Barocas & Selbst, 2016）。因此，机器学习模型明确地试图实现公平性。然而，公平是一个抽象的概念；它不是简单的数学计算。公平的统计模型通常涉及准确性和公平性之间的权衡。换句话说，为了减少数据中因嵌入的性别、种族或其他形式的歧视而产生的偏见，这些模型在预测评分方面的准确性通常较低。就如何更好地解决这种权衡问题，使得过量的科学研究专注于利用公平的表现形式：目标是优化权衡，但如何最好地做到这一点仍然是存在很多争论的主题。

目前，该领域已经探讨了大约20种不同的公平定义（Kleinberg, Mullainathan & Raghavan, 2017; Gajane & Pechenizkiy, 2018; Verma & Rubin, 2018; Mehrabi et al., 2019）。例如，机器学习中，公平的一种简单形式是通过无意识实现公平，其中训练数据可以排除敏感属性，例如性别、种族或其他少数族裔身份（Dwork et al.，2011）。其他定义，如人口均等、均等赔率和预测率对等可以归类为“群体”公平性定义，

因为它们将给定的人群划分至受保护或者未受保护的不同群体模型中，并通过检查来确定给定的分类率和统计指标对每个群体是否平衡（Dwork et al., 2011; Corbett-Davies et al., 2017; Johndrow & Lum, 2017）。相比之下，“个体”公平性定义要求相似的个人获得相似的对待（Dwork et al., 2011）。还有其他一些模型依赖于反事实公平，即如果在个人属于不同人口群体的反事实场景中，一项决定是相同的，则该决定被认为是公平的（Kusner et al., 2017）。正如这些广泛的定义所表明的那样，学者在设计机器学习算法时，对如何概念化有多种选择。

目前关于如何平衡算法的准确性和公平性，还没有达成共识。研究表明，单一模型不能同时满足群体公平性的所有定义，而且所需的权衡在统计上是不可能调和的（Chouldechova, 2016; Kleinberg, Mullainathan & Raghavan, 2017; Courtland, 2018）。例如，COMPAS分数的大数据研究说明了平衡公平性和准确性时存在的权衡（Angwin et al.，2016）。创建COMPAS的北点（Northpointe）公司声称，他们的工具是有效的，因为它满足预测率对等的要求，并且同样擅长预测被归类为高风险的白人或黑人被告是否会再次犯罪。相比之下，安格温（Angwin）和其他人认为COMPAS工具是歧视性的，因为它不满足均衡赔率测试，并且在黑人被告中产生了比例失调的错误。每个模型的公平性架构都不同。

人工智能的进步也导致机器学习过程各个阶段的创新：从 94
最初的数据挖掘（预处理）和模型训练（处理中）到最终预测（处理后）。机器学习算法可以通过编程来学习数据中的偏差，并自动调整不同的影响，而无需重新编程。换句话说，它们被设计用于扫描数据、检测偏差并自动为种群子集开发不同的算法以减少偏差，而无需程序员持续更新代码。一个例子是对公平表示形式的学习（Zemel et al., 2013），其目标是通过混淆受保护数据的优良数据表示形式，来实现群体和个体公平。假设算法可以检测偏差并将其清除，然后再进行评估。通过无意识应用的公平模型计算和识别敏感属性，并自动学习在决策过程中排除这些属性的使用（Kusner et al., 2017）。机器学习的最新创新之一是学习推迟方法（Madras, Pitassi & Zemel, 2017）；它可以检测算法的预测何时稳健性较差，并通知决策者。在这种情况下，算法会根据预测的强度自适应地与决策者协同工作，决定是否覆盖分数。当预测不够稳健时，会通知决策者；然后，他们可以评估是否最好绕过算法，依靠自己的专业知识。总的来说，这些模型都旨在产生减少社会、种族和性别偏见的结果。

尽管机器学习技术取得了进步，但是学者仍在继续争论数据的特征以及算法将在多大程度上继续再现歧视性结果。大数据的相关研究表明，虽然依赖数学和统计建模的工具提供了客观性的吸引力和幻觉，但它们掩盖了内在歧视形式，以类似于传统的风险评估的方式再现性别、种族、民族和其他形式的不平等（Eubanks, 2017; Noble, 2018）。机器学习风险评估工具仍然倾向于去语境化的数据、夸大其数学修正、混淆其道德和社会影响的重要性，从而有可能再现歧视性影响或“数据伤害”。这些工具需要更细致地理解不平等是如何以狡猾和意外的方式嵌入的（Eubanks, 2017; Noble, 2018; Benjamin, 2019）。输入机器学习系统的数据，以及持续从更广泛的社会政治、经济和历史关系中抽象出来预测计算，将歧视嵌入算法中。

例如，一般来说，这些机器学习风险工具的开发人员不熟悉与种族关系、性别不平等和殖民主义的歧视性做法、政策和相关历史，也不了解庞大的犯罪学研究，更不知道这些因素是如何嵌入所有形式的数据和算法中的。目前对“净化”及中和数据以控制歧视的理解和能力不足。刑事司法系统涉及链式和顺序的轨迹（例如警务、拦截和搜身、逮捕、保释、量刑、假释），但数据科学家尚未充分考虑每个阶段的偏见和歧视性决 95
定如何影响预测结果。例如，算法使用的最容易获取的数据形式之一是警方的逮捕报告。但是，逮捕数据通常反映了市政的优先事项，为创造市政利润而增加的逮捕往往与实际犯罪混为一谈，例如希望通过对被捕者处以罚款来增加收入（Ferguson, 2017）。

此外，边缘化社区更是频繁地成为目标，从而增加了对种族以及其他边缘化个人的逮捕，特别是考虑到种族形象定性和热点地区警务。指控和逮捕数据从推动大规模监禁率的毒品战争中分离出来（Western & Wildeman, 2009; Alexander, 2010）。总之，这些做法不成比例地影响黑人和边缘化社区，并导致数据出现偏差。当这些数据嵌入算法中时，得出的概率分数比实际犯罪行为更能反映所选择的政策。因此，据称机器学习算法可以提高预测准确性和公平性，但风险预测因素继续复制和放大不平等和歧视性实践的标志。

算法治理与公平性的法律考虑

虽然复杂的数学计算和大数据分析提供了具备客观性和中立性的吸引力，但机器学习算法重现了早期风险评估中固有的相同问题。因此，必须质疑机器学习算法如何融入刑事司法，以及预测算法如何与受保护的权利和刑事程序发生冲突。

在法律和刑事司法环境中，公平的概念超出了计算机和统计科学中通常使用的数学计算或定义（Kleinberg, Mullainathan & Raghavan, 2017; Gajane & Pechenizkiy, 2018; Verma & Rubin, 2018; Mehrabi et al., 2019)。它需要并涉及形式平等和实质平等的判断，这种判断也许同机器学习建模相冲突。

法学理论平衡了以平等对待为前提的形式平等与实质平等，实质平等的前提是认识到需要区别对待群体以解决歧视问题，并确保法律的公平和平等利益。对人口子集使用不同标准或建模的算法可以产生一种实质性的平等。然而，在法律层面，区别对待产生了差异，因为在评估犯下类似罪行的被告人时使用了不同的标准。当不同的评估工具使用特定算法序列时，就会出现对平等待遇的担忧，比如使用针对群体差异定制的数据来预测像累犯这样的普通结果的特定算法序列。为了减少偏见，公平性模型可能会针对人群子集引入不同的计算方法，以确保结果公平。如此一来，从根本上改变了传统风险评估的前提，即传统风险评估是对个体一致的、标准化的评估。目前尚不清楚，法院会在多大程度上接受针对不同少数群体的不同计
96 算。不可避免地，机器学习算法需要与对等且平等的法律原则相协调。

第二个与使用机器学习产生形式平等相关的问题是自动预测模型的动态和自适应特性。一些机器学习算法通过反馈和从新数据中学习的持续过程来运行，主要是以无监督的方式，实现长期未完成的预测模型。换句话说，算法在学习数据偏差时会自我更新；它遵循的不是标准的静态程序。因此，随着算法检测和调整偏差，个体的风险评分和演算中使用的变量会随着时间的推移而变化。在法律上，这些不受控制的变化引发了关

于犯罪风险评分的平等性和有效性的问题。如果风险评估工具对处境相似的个体，甚至是同一个体，在不同时刻会产生不同分数，那么它在何种程度上可以可靠地被用于做出惩罚的具体和合法的决定呢？

风险评估的专有性质也存在问题。风险评估是一个能创造百万收益的产业，开发人员可以迅速为其产品申请专利，并保护其免受公共审查。机器学习算法在复杂性和不透明性以及专属所有权方面，越来越多地产生了难以理解的“黑箱”。普通人不知道算法是如何工作的，算法越来越多地受到版权的保护，并受到专有法的保护，这些法律限制对生成风险评估的数据和计算的访问。例如，在“卢米斯诉威斯康星州”（*Loomis v. Wisconsin*）一案中（2016），埃里克·卢米斯根据标准COMPAS量刑算法的结果被判刑。他的律师辩称，使用该软件侵犯了他的正当程序权利，因为母公司北点的专有权阻止披露该算法是如何生成评分的。北点成功辩称COMPAS算法是商业秘密：它被视为受版权保护的专有产品，因此（软件使用人）没有义务披露该工具的心理测量特性或风险评分的计算方式。这一开创先例的案例引发了关于算法专有权如何侵蚀决策透明度的问题。如果保护工具开发人员不披露模型中使用的数据点，法院将无法充分地对所选择的数值进行公平性和准确性的权衡，以及是否对子群进行平等评估展开风险评分。无法获得风险评估计算结果是否损害了那些出庭者的正当程序权利，这使得质疑嵌入工具中的歧视性计算变得更具挑战性。

最后，风险算法经常将相关性与因果关系混为一谈。法律专业人士经常会误解风险评分，没有将风险评分正确解释为仅仅是预测再犯罪概率的相关性。通常风险评分被认为是危险性指数，而不是累犯的指数。这种混淆会严重影响法院对罪犯风险的认识，从而影响判决的类型、刑期和附加条件（Cole & Angus, 2002; Bonta, 2005; Hannah-Moffat & Maurutto, 2010）。判决前报告中的建议，以及这些建议对法官判决的影响的调查研究，显示出较高的一致率：美国为92%（Norman & Wadman,
97 2000）；加拿大为80%（Boldt et al., 1983）；英格兰和威尔士为78%（Thorpe & Pease, 1976）；新西兰为77%—80%（Deane, 2000）。尽管风险评估对量刑的具体影响存有争议，差别细微，并且难以从经验上解释（Tata et al., 2008; Haines & Morgan, 2013），但是这一证据表明，量刑报告或法院和缓刑官员提供的风险信息确实会影响量刑和司法决策（Tata, 2010; Wandall, 2010）。如上所述，一些法律专业人士将较高的风险评分解释为危险性指数，这可能导致更严格的惩罚条件和形式（Hannah-Moffat & Maurutto, 2010）。然而，风险评分无法区分累犯的类型：例如，它们并非用来评估被告是否可能违反缓刑令或实施攻击等。风险评分在预测暴力性累犯方面也很差，却已经被证明可以更好地预测低级犯罪行为（Campbell & Gendreay, 2008）。总体上，机器学习风险评估是一个“黑箱”，从而使得不透明的风险计算可以重现和放大因果关系和相关性之间的混淆。

结　论

学者已经启动了一种从裁判司法模式向预防性或管理性司法模式转变的运动（Ashworth & Zedner, 2014; Kohler-Hausmann, 2014; Tonry, 2019）。这种转变表明，国家两项职责之间的紧张关系——提供安全和预防犯罪的职责与“尊重个人权利的职责”（Ashworth & Zedner, 2014: 257）——正逐渐以有利于预防性司法的方式得到解决。一些学者认为，不应使用基于机器学习的风险评估来预测风险评分，而应通过支持而非限制手段来减轻风险或应对风险（Barabas et al., 2018; Mayson, 2019）。另有一些学者承认，大行其道的情绪主义情景可能使消除预防性司法变得不可能，并呼吁开发机制来指导和限制机器学习算法的使用（Tonry, 2019）。

笔者的分析表明，最近的机器学习风险评估实验再现了传统工具固有的问题和局限性，同时带来了新的问题。首先，预测模型中使用的大型数据库进一步掩盖了因果关系和相关性之间的界限。它们还通过忽略错误、受保护属性的代理以及隐匿在推断客观性中的政治和社会意义，产生不利影响或“数据伤害”，这对少数族群产生不成比例的影响。其次，机器学习技术让“黑箱”问题变得更加严重：预测模型的不透明性、专有性和易变性进一步破坏了法律保护。因此，尽管机器学习风险评估通过假设，试图消除数据中的偏见来确保更准确和公平的预测，但这一承诺并未实现，原因是受到不同的学科规范的阻碍。

此外，风险评估永远不会完全不受偏见影响。评估工具使
用的数据反映了我们社会的结构性不平等；数据提取本身可以 98
重现不公平的歧视模式，甚至可以继承参与数据收集和处理的人类的无意识偏见（Barocas & Selbst, 2016; Brayne, 2017）。机器学习框架继续受到模型的限制，这些模型抵制纳入更广泛的社会政策（例如，卫生健康、社区、福利和住房资源的可用性）、政治和刑事司法优先事项（如禁毒、拦截和搜身）以及日

益加剧的经济不平等如何为风险评估提供信息。机器学习和大数据分析尚未考虑到这些现实如何相互作用，以及如何产生将人们拉入刑事司法网络中，并展开“大规模监禁”的条件。

但是，公允列示模型提供的技术可以在某些情况下限制偏见。学者必须更精确地区分和定义对个体和群体产生歧视性结果的偏见，而不是去尝试提高公平性的差别待遇。不同的结果并不总是有问题的，在某些情况下，类似的案件应该基于合理的理由以不同的方式处理。在什么情况下确定哪些差异很重要，并且应该被集成到算法中，这在法律上是很复杂的。公允列示模型的新发展使控制和加权变量的新方法成为可能。

即便如此，开发人员、数据科学家、分析师、犯罪学家和其他人之间需要就算法的法律、社会政治和歧视性影响展开更多跨学科的对话。但即使这样，我们也不能保证在预测累犯的模型中完全杜绝偏见。按理说，鉴于预测模型使用的数据和变量，累犯概率的预测总是充满偏见。可行的方法是在设计算法时，遵守严格定义的法律标准来增强决策的一致性，就其本身而言，在预测累犯这样的结果方面可能具有有限的统计价值。在这种情况下，关注的焦点从对偏见、平等、准确性和公平性的方面转变为对法律或政策的一致适用。然而，既有的判例表明，这种方法也同样令人担忧，因为它不允许考虑可减轻罪行的情节。

那么，也许我们所剩下的就是算法科学中的一系列技术创新，这些创新无法巧妙地被应用于混乱复杂的法律现实和决策技术。可能只有在某些法律领域，此类技术可以通过处理大量有关法律选择的信息来实现更高效的决策。如果刑事司法系统继续依靠算法来增强决策能力，就有必要积极参与快速发展的技术领域，并制定新的保障措施和原则，以维护和保护个人权利，使其免受基于机器学习的风险评估任意性的影响。

参考文献

Alexander, M. 2010. *The new Jim Crow: Mass incarceration in the age of colorblindness*. New York: New Press.

Andrews, D. 1989. Recidivism is predictable and can be influenced: Using risk assessments to reduce recidivism. *Forum on Corrections Research*, 1: 2–4.

Andrews, D. and J. Bonta. 2010. *The psychology of criminal conduct*, 5th ed. Albany, NY: Lexis Nexis/Anderson Pub.

Angwin, J., J. Larson, S. Mattu, and L. Kirchner. 2016. Machine bias: There's software used across the country to predict future criminals. And it's biased against blacks. *ProPublica*. https://www.propublica.org/article/machine-bias-risk-assessments-in-criminal sentencing.

Ashworth,A. and L. Zedner. 2014. *Preventive justice*, 1st ed. Oxford Monographs on Criminal Law and Justice. Oxford, United Kingdom: Oxford University Press.

Barabas, C., K. Dinakar, J. Ito, M.Virza and J. Zittrain. 2018. Interventions over predictions: Reframing the ethical debate for actuarial risk assessment. ArXiv:1712.08238 [Cs, Stat], July. http://arxiv.org/abs/1712.08238.

Barocas, S. and A.D. Selbst. 2016. Big data's disparate impact. *California Law Review*, 104 (3): 671-732.

Benjamin, R. 2019. *Race after technology: Abolitionist tools for the new Jim Code*. Medford, MA: Polity.

Berk, R., H. Heidari, S. Jabbari, M. Kearns and A. Roth. 2017. Fairness in criminal justice risk assessments: The state of the art. ArXiv:1703.09207 [Stat], March. http://arxiv.org/ abs/1703.09207.

Bhui, H.S. 1999. Race, racism and risk assessment: Linking theory to practice with black mentally disordered offenders. *Probation Journal*, 46 (3): 171–181. https://doi. org/10.1177/026455059904600303.

Boldt, E.D., L.E. Hursh, S.D. Johnson and K.W. Taylor. 1983. Presentence reports and the incarceration of natives. *Canadian Journal of Criminology*, 3: 269–276.

Bonta, J. 1996. Risk-needs assessment and treatment. In *Choosing correctional options that work: Defining the demand and evaluating the supply*, edited by A. T. Harland, 18–32. Thousand Oaks, CA: Sage Publications, Inc.

Bonta, J. L. (Ed.). 2005. *Presentence reports in Canada*. User Report 2005–03. Ottawa: Public Safety and Emergency Preparedness Canada.

Brayne, S. 2017. Big data surveillance: The case of policing. *American Sociological Review*, 82 (5): 977–1008. https://doi.org/10.1177/0003122417725865.

Breiman, L. 2001. Random forests. *Machine Learning*, 45 (1): 5–32. https://doi.org/10.1023/A:1010933404324.

Brennan, T., W. Dieterich and B. Ehret. 2009. Evaluating the predictive validity of the Compas risk and needs assessment system. *Criminal Justice and Behavior*, 36 (1): 21–40. https://doi.org/10.1177/0093854808326545.

Burgess, E.W. 1928. Factors making for success or failure on parole. *Journal of Criminal Law and Criminology*, 19 (2): 239–306.

Campbell, M. A. and P. Gendreay. 2008. *Assessing the utility of risk assessment tools and personality measures in the prediction of violent recidivism for adult offenders*. Ottawa: Public Safety and Emergency Preparedness Canada [i.e. Public Safety Canada]. https://central.bac-lac.gc.ca/.item?id=PS3-1-2007-4E-r&op=pdf&app=Library.

Chouldechova, A. 2016. Fair prediction with disparate impact: A study of bias in recidivism prediction instruments. ArXiv:1610.07524 [Cs, Stat], October. http://arxiv.org/ abs/1610.07524.

Cole, D. P. and G. Angus. 2002. Using pre-sentence reports to evaluate and respond to risk articles and addresses. *Criminal Law Quarterly*, 3: 302–364.

Corbett-Davies, S., E. Pierson, A. Feller, S. Goel and A. Huq. 2017. Algorithmic decision making and the cost of fairness. In *Proceedings of the 23rd ACM SIGKDD International Conference on Knowledge Discovery and Data Mining-KDD '17*, 797–806. Halifax, NS, Canada: ACM Press. https://doi.org/10.1145/3097983.3098095.

Courtland, R. 2018. Bias detectives:The researchers striving to make algorithms fair.

Nature, 558 (7710): 357–360. https://doi.org/10.1038/d41586-018-05469-3.

Deane, H. 2000. The influence of pre-sentence reports on sentencing in a district court in New Zealand. *Australian & New Zealand Journal of Criminology*, 33 (1): 91–106. https:// doi.org/10.1177/000486580003300107.

Dwork, C., M. Hardt,T. Pitassi, O. Reingold and R. Zemel. 2011. Fairness through awareness. ArXiv:1104.3913 [Cs], April. http://arxiv.org/abs/1104.3913.

Eubanks, V. 2017. *Automating inequality: How high-tech tools profile, police, and punish the poor*, 1st ed. New York: St. Martin's Press.

Fass, T. L., K. Heilbrun, D. DeMatteo and R. Fretz. 2008. The LSI-R and the Compas: Validation data on two risk-needs tools. *Criminal Justice and Behavior*, 35 (9): 1095–1108. https://doi.org/10.1177/0093854808320497.

Feeley, M. and J. Simon. 1992. The new penology: Notes on the emerging strategy of corrections and its implications. *Criminology*, 30 (4): 449–474. https://doi.org/10.1111/j.1745-9125.1992.tb01112.x.

Feeley, M. and J. Simon. 1994. Actuarial justice: The emerging new criminal law. In *The futures of criminology*, edited by D. Nelken, 173–201. New Delhi: Sage.

Ferguson, A. G. 2017. *The rise of big data policing: Surveillance, race, and the future of law enforce ment*. New York: New York University Press.

Gajane, P. and M. Pechenizkiy. 2018. On formalizing fairness in prediction with machine learning. ArXiv:1710.03184 [Cs, Stat], May. http://arxiv.org/abs/1710.03184.

Garrett, B.L. and J. Monahan. 2020. Judging risk. *California Law Review*, 108: 439–493. https://doi.org/10.2139/ssrn.3190403.

Gavazzi, S. M., C.M.Yarcheck, J. M. Sullivan, S. C. Jones and A. Khurana. 2008. Global risk factors and the prediction of recidivism rates in a sample of first-time misdemeanant offenders. *International Journal of Offender Therapy and Comparative Criminology*, 52 (3): 330– 345. https://doi.org/10.1177/0306624X07305481.

Greene, D., A. L. Hoffmann and L. Stark. 2019. Better, nicer, clearer, fairer: A critical assessment of the movement for ethical artificial intelligence and machine learning. *In Proceedings of the 52nd Hawaii International Conference on System Sciences*, 2122–2131.

Haines, K. and R. Morgan. 2013. Services before trial and sentence:

Achievement, decline and potential. In *Handbook of probation*, edited by L. Gelsthorpe and R. Morgan, 182-209. Cullompton: Willan. https://doi.org/10.4324/9781843926184.ch7.

Hannah-Moffat, K. 2009. Gridlock or mutability: Reconsidering 'gender' and risk assessment. *Criminology & Public Policy*, 8 (1): 209–219. https://doi.org/10.1111/ j.1745-9133.2009.00549.x.

Hannah-Moffat, K. 2013. Actuarial sentencing: An 'unsettled' proposition. *Justice Quarterly*, 30 (2): 270–296. https://doi.org/10.1080/07418825.2012.682603.

Hannah-Moffat, K. 2016. A conceptual kaleidoscope: Contemplating 'dynamic structural risk' and an uncoupling of risk from need. *Psychology, Crime & Law*, 22 (1–2): 33–46. https://doi.org/10.1080/1068316X.2015.1114115.

Hannah-Moffat, K. 2019. Algorithmic risk governance: Big data analytics, race and information activism in criminal justice debates. *Theoretical Criminology*, 23 (4): 453–470. https:// doi.org/10.1177/1362480618763582.

Hannah-Moffat, K. and P. Maurutto. 2010. Re-contextualizing pre-sentence reports: Risk and race. *Punishment & Society*, 12 (3): 262–286. https://doi.org/10.1177/1462474510369442.

Hannah-Moffat, K., P. Maurutto and S. Turnbull. 2009. Negotiated risk: Actuarial illusions and discretion in probation. *Canadian Journal of Law and Society*, 24 (3): 391–409. https:// doi.org/10.1017/S0829320100010097.

Hannah-Moffat, K. and P. O'Malley. 2007. *Gendered risks*. London: Routledge.

Hannah-Moffat, K. and K. Struthers Montford. 2019. Unpacking sentencing algorithms: Risk, racial accountability and data harms. In *Predictive sentencing: Normative and empirical perspectives*, edited by J. W. de Keijser, J. V. Roberts and J. Ryberg, 175–196. Oxford: Hart Publishing. https://doi.org/10.5040/9781509921447.

Harcourt, B. E. 2007. *Against prediction: Profiling, policing, and punishing in an actuarial age*. Chicago, IL: University of Chicago Press.

Harcourt, B. E. 2015. Risk as a proxy for race: The dangers of risk assessment. *Federal Sentencing Reporter*, 27 (4): 237–243. https://doi.org/10.1525/fsr.2015.27.4.237.

Horn, R. and M. Evans. 2000. The effect of gender on pre-sentence reports. *The Howard Journal of Criminal Justice*, 39 (2): 184–197. https://doi.

org/10.1111/1468-2311.00161.

Hudson, B. and G. Bramhall. 2005. Assessing the 'other'. *The British Journal of Criminology*, 45 (5): 721–740. https://doi.org/10.1093/bjc/azi002.

Hyatt, J. and S. L. Chanenson. 2016. The use of risk assessment at sentencing: Implications for research and policy. *Villanova Law/Public Policy Research*, no. Paper No. 2017–1040. Available at SSRN: https://ssrn.com/abstract=2961288.

Johndrow, J. E. and K. Lum. 2017. An algorithm for removing sensitive information: Application to race-independent recidivism prediction. ArXiv:1703.04957 [Stat], March. http://arxiv.org/abs/1703.04957.

Kamishima, T., S. Akaho, H. Asoh and J. Sakuma. 2012. Fairness-aware classifier with prejudice remover regularizer. In *Machine learning and knowledge discovery in databases*, edited by P. A. Flach,T. De Bie and N. Cristianini, 35–50. Berlin, Heidelberg: Springer Berlin Heidelberg. Kemshall, H. 2003. *Understanding Risk in Criminal Justice*. Maidenhead: McGraw-Hill International (UK) Ltd. https://public.ebookcentral.proquest.com/choice/publicfullrecord.aspx?p=290424.

Kleinberg, J., S. Mullainathan and M. Raghavan. 2017. *Inherent trade-offs in the fair determination of risk scores*. Schloss Dagstuhl-Leibniz-Zentrum Fuer Informatik GmbH,Wadern/ Saarbruecken, Germany. https://doi.org/10.4230/lipics.itcs.2017.43.

Kohler-Hausmann, I. 2014. Managerial justice and mass misdemeanors. *Stanford Law Review*, 66 (3): 611–693.

Kusner, M. J., J. R. Loftus, C. Russell and R. Silva. 2017. Counterfactual fairness. ArXiv:1703.06856 [Cs, Stat], March. http://arxiv.org/abs/1703.06856.

Madras, D., T. Pitassi and R. Zemel. 2017. *Predict responsibly: Improving fairness and accuracy by learning to defer*. ArXiv:1711.06664 [Cs,Stat], November. http://arxiv.org/abs/1711.06664.

Marks, A., B. Bowling and C. Keenan. 2017.Automatic justice? Technology, crime, and social control. In *The Oxford handbook of law, regulation and technology*, edited by R. Brownsword, E. Scotford and K. Yeung, Vol. 1. Oxford: Oxford University Press. https://doi. org/10.1093/oxfordhb/9780199680832.013.32.

Maurutto, P. and K. Hannah-Moffat. 2006. Assembling risk and the restructuring of penal control. *The British Journal of Criminology*, 46 (3): 438–454.

Mayson, S. G. 2019. Bias in, bias out. *Yale Law Journal*, 128: 2218.

Mehrabi, N., F. Morstatter, N. Saxena, K. Lerman and A. Galstyan. 2019.A survey on bias and fairness in machine learning. ArXiv:1908.09635 [Cs], September. http://arxiv.org/ abs/1908.09635.

Motiuk, L. 1997a. *Classification for correctional programming: The Offender Intake Assessment (OIA) process*. In, 9:18–22. CORRECTIONAL SERVICE OF CANADA.

Motiuk, L. 1997b. *The Community Risk/Needs Management Scale: An Effective Supervision Tool*. In, 9:8–12. CORRECTIONAL SERVICE OF CANADA.

Motiuk, L. 1998. Using dynamic factors to better predict post-release outcome. *Forum on Corrections Research*, 10 (3): 12–15.

Noble, S. U. 2018. *Algorithms of oppression: How search engines reinforce racism*. New York: New York University Press.

Norman, M. D. and R. C. Wadman. 2000. Utah presentence investigation reports: User group perceptions of quality and effectiveness. *Federal Probation*, 1: 7–12.

O'Malley, P. 2004. The uncertain promise of risk. *Australian & New Zealand Journal of Criminology*, 37 (3): 323–343. https://doi.org/10.1375/acri.37.3.323.

O'Malley, P. 2010a. *Crime and risk*. London: SAGE.

O'Malley, P. 2010b. Simulated justice: Risk, money and telemetric policing. *British Journal of Criminology*, 50 (5): 795–807. https://doi.org/10.1093/bjc/azq036.

O'Neil, C. 2016. *Weapons of math destruction: How big data increases inequality and threatens democracy*. London: Allen Lane, Penguin Books.

Pasquale, F. 2015. *The black box society:The secret algorithms that control money and information*. Cambridge: Harvard University Press.

Pridemore, W. A. 2004. Review of the literature on risk and protective factors of offending among Native Americans. *Journal of Ethnicity in Criminal Justice*, 2 (4): 45–63. https://doi.org/10.1300/J222v02n04_03.

Shaw, M. and K. Hannah-Moffat. 2000. Gender, diversity and risk assessment in Canadian corrections. *Probation Journal*, 47 (3): 163–172. https://doi.org/10.1177/026455050004700301.

State v. Loomis. 2016. Supreme Court of Wisconsin.

Tata, C., N. Burns, S. Halliday, N. Hutton and F. McNeill. 2008. Assisting and advising the sentencing decision process: The pursuit of 'quality' in pre-sentence reports. *British Journal of Criminology*, 48 (6): 835–855. https://doi.org/10.1093/bjc/azn055.

Tata, C. 2010. A sense of justice: The role of pre-sentence reports in the production (and disruption) of guilt and guilty pleas. *Punishment & Society*, 12 (3): 239–261. https://doi.org/10.1177/1462474510371734.

Taxman, F. S. and A. Dezember. 2016. The value and importance of risk and need assessment (RNA) in corrections & centencing. In *Handbook on risk and need assessment: Theory and practice*, edited by F.S.Taxman.The ASC Division on Corrections & Sentencing Handbook Series, volume 1. New York: Routledge,Taylor & Francis Group.

Thorpe, J. and K. Pease. 1976. The relationship between recommendations made to the court and sentences passed. *The British Journal of Criminology*, 16 (4): 393–394. https://doi.org/10.1093/oxfordjournals.bjc.a046771.

Tonry, M. 2019. Predictions of dangerousness in sentencing: Déjà vu all over again. *Crime and Justice*, 48: 439–482. https://doi.org/10.1086/701895.

Van Eijk, G. 2017. Socioeconomic marginality in sentencing:The built-in bias in risk assessment tools and the reproduction of social inequality. *Punishment & Society*, 19 (4): 463–481. https://doi.org/10.1177/1462474516666282.

Verma, S. and J. Rubin. 2018. Fairness definitions explained. In *Proceedings of the International Workshop on Software Fairness-FairWare '18*, 1–7. Gothenburg, Sweden: ACM Press. https://doi.org/10.1145/3194770.3194776.

Vose, B., F. Cullen and P. Smith. 2008. The empirical status of the level of service inventory. *Federal Probation*, 72: 22–29.

Wadsworth, C., F. Vera and C. Piech. 2018. Achieving fairness through adversarial learning: an application to recidivism prediction. ArXiv:1807.00199 [Cs, Stat], June. http://arxiv. org/abs/1807.00199.

Wandall, R. H. 2010. Resisting risk assessment? Pre-sentence reports and individualized sentencing in Denmark. *Punishment & Society*, 12 (3): 329–347. https://doi.org/10.1177/ 1462474510369446.

Western, B. and C.Wildeman. 2009. The black family and mass incarceration. *The ANNALS of the American Academy of Political and Social Science*, 621 (1):

221–242. https://doi. org/10.1177/0002716208324850.

Završnik, A. 2019. Algorithmic justice: Algorithms and big data in criminal justice settings. *European Journal of Criminology*, September. https://doi. org/10.1177/1477370819876762. Zemel, R., Y. Wu, K. Swersky, T. Pitassi and C. Dwork. 2013. Learning fair representations. In *Proceedings of the 30th international conference on machine learning*, edited by S. Dasgupta and D. McAllester, 28: 325–333. Atlanta, Georgia, USA: PMLR.

第七章　重思预测性警务：构建民主算法监控的整体框架 104

罗萨蒙德·范·布雷克

引　言

数字化转型使警方增加了犯罪学家克莱夫·诺里斯（Clive Norris, 1995）所说的“算法监控”的使用。首个算法监控案例出现在20世纪90年代，当时闭路电视监控系统与计算机软件相结合，可以使图像转换成数值数据，并能被复杂的算法所分析（Norris, 1995）。更具体地说，它指的是“比起观察原始数据，利用计算机系统的监控技术可以提供得更多。它能涵盖从分类和储存简单数据的系统，到将捕获到的数据和其他数据比较并提供匹配的更复杂的系统，再到试图根据捕获的数据预测事件的系统”（Introna & Wood, 2004: 181）。在过去的十年里，由于大数据和机器学习算法的发展，算法监控在警务中的使用呈指数级增长（Van Brakel, 2016; Bennett Moses & Chan, 2016; Ferguson, 2017; Brayne, 2017; Peeters & Schuilenburg, 2018）。与这些技术的发展相伴的是警务发展更广泛的社会趋势，例如，警务的商品化和多元化，情报主导和先发制人的警务，以及平台警务（Loader, 1994, 1999; Jones & Newburn, 1998; Garland, 2001; Van Brakel & De Hert, 2011; Wilson, 2019）。

这些社会技术变革正在影响算法监控的建构方式，并对民主有着深远的影响。监控通常被认为是非民主的，因为它将人们置于检查和控制之下，同时限制了个人的自主权，并且通常依赖不透明性而非透明性做法。此外，作为封闭系统，它们抵制设计、使用、批判和管理过程中民主参与的机会（Monahan, 2010）。然而，正如社会学家大卫·里昂（David Lyon, 2001）和其他人所强调的那样，监控具有两面性——关怀和控制。这些想法源于一种新的伦理准则，基于此会问"如果监控遵循的是和平而不是暴力的本体论，是关怀而不是控制的伦理，是宽恕而不是怀疑的倾向，那么会发生什么"（Lyon, 2001: 153）。监控执行人员行动背后的两面性并不总是清晰的，关怀和控制
105 之间的两种动机也不总是相分离的。这就是为什么仅仅关注监控的强制性和去权力化所带来的危险，即监控主体的能动性和自发性以及权力和参与在构建和实施中的各种不同方式均被忽视（Martin, Van Brakel & Bernhard, 2009; Couldry & Powell, 2014）。

总体上来看，预测性警务等新的算法监控系统正在重塑警务实践和刑事司法（Peeters & Schuilenburg, 2018）。然而，存在的问题是：它们是否以民主的方式进行重塑？这就引出了本章试图回答的一个问题：算法监控是否能变得民主，以及实现这一目标需要的条件是什么？借助于有关民主技术和监管、积极犯罪学以及民主警务的文献，本章的主要目标是重新思考作为算法监控主要事例的预测性警务，并将其重新设定为民主监

控。这意味着思维向参与、赋权、关怀、同情、共创、归属感、信任和社会正义的概念转变。本章将探讨民主作为警务工作的核心优先事项，在何种程度以及采用何种方式能达到重构预测性警务的目的。

本章的结构如下：在本章的第一部分，笔者首先对有关民主监控和监控与民主间相互作用的现有文献展开综述分析；在第二部分，笔者将讨论预测性警务，包括目前它是如何实施的，以及随之而来的社会、伦理和文化成本；在最后一部分，笔者将探讨如何以民主的方式重新思考和设定预测性警务及其所具有的特征和合理性。

民主算法监控

这种分析的出发点是假定算法监控应被视为一种社会结构，就像法律、占主导地位的政治和经济制度以及文化信仰体系一样。社会结构"是指有助于定义或调整人类互动模式的背景特征"（Sclove, 1995: 11）。社会结构是模棱两可的，限制了某些方面的机会，但如果设计和推行得当，则能增强其他方面的机会（Sclove, 1995）。算法监控技术已经在社会中根深蒂固并正常化，以至于影响社会的每一个成员，并成为其日常生活的一部分。作为一种社会结构，算法监控可以在影响社会的、象征的和文化的经验方面发挥变革性的作用，既可以赋予权力，也可以剥夺权力。技术并非是决定性的，在如何使用或操作现有的技术性人工制品以及用于什么目的方面，总是存在着某种程度的灵活性（Sclove, 1995）。因此，在实施前后都有可能设想可替代目的、设计和应用。一组设计而非另一组设计的形成过程受到现行社会结构和力量的影响，包括已存在的技术秩序。
然而，这一过程也反映了显性或隐性的社会选择，包括政治谈
106 判或斗争。当一个社会习惯了一种技术之后，替代技术就会变
得越来越难以让人理解以及想象得到（Sclove, 1995）。将算法
监控视为一种社会结构，可以让人想象民主的算法监控会是什
么模样。

监控与民主有何关系？民主经常被视为监控的对立面。鲍尔（Ball）、贝拉诺娃（Bellanova）和韦伯斯特（Webster）（2019）展示了监控和民主是如何以各种方式相互限制的。首先，监控实践可能危及民主权利：由于分配正义的结果，在监控实践中固有的人口筛选和分类可能危及权利、机遇和生存机会。监控实践可以在整个人口中分配获取资源的途径，但驱动这些分配的决策标准是隐晦的，很难经得起推敲，特别是当这些分配自动生成时更是如此（Haggerty & Samatas, 2010）。其次，监控行为可以同时支持和破坏民主进程。它们有助于定位最需要福利的人群，通过投票以及有效分配公共资源而促进民主参与。然而，监控也可能侵蚀民主治理所需要的制度信任。担心自己的意见、行动或活动受到监控可能会抑制目标群体内的辩论。第三，监控还影响不同生活领域的参与本质，解放了某些领域，同时也限制了其他一些领域。例如，自动车牌识别系统（ANPR）限定了相关人员的流动性，比如涉及可疑车辆或被记录为与警方调查有关的人员（Ball, Bellanova & Webster, 2019）。

上述分析表明，监控与民主并非天生对立。将算法监控视为一种社会结构，并认为监控既包括关怀又包括控制，这为思考未来的替代监管开辟了路径。从关怀的伦理出发，民主监控

有可能吗？托林·莫纳汉（Torin Monahan）认为，将监控仅仅等同于剥夺权利或压迫时，社会科学家可能会损害进步的社会变革："如果将监控系统设计和调整为基于本地的和本地问责机制，一个小规模、开放式、透明和参与式的系统，它们自身将更加民主，更不易被滥用。"（Monahan, 2010: 101）

尽管在组织民主监控方面存在很多结构性问题，但托林·莫纳汉（2010）提出了一些具体的可能性。因此，最民主和最具社会赋权的设计是那些致力于修正权力不对称的设计。这些设计明确表示要包含那些在历史上被边缘化或受歧视的社会群体。他以Scorecard.org网站为例：

> 这个网站是关于当地社区排放有毒化学品和其他污染
> 物信息的交换所。它综合了由美国联邦政府汇编的"有毒
> 物质排放清单数据"、"超级基金场地"的地图、附近可能
> 污染者的名单、与其他城市的污染比较以及公众直接参与 107
> 的行动项目。从某种意义上说，该网站是一个监控系统，
> 它为控制目的操纵数据，在理想情况下，这意味着对潜在
> 和实际工业污染者的监管，以及对社区中有毒物质的清理。
> 虽然这不是一种完全透明、公开或参与性的监控形式，但
> 它是民主的，因为它鼓励参与、促进学习，并能在当地社
> 区和工业机构或政府机构之间给予一定程度的权力平等。
> （Monahan, 2010: 103）

一个更令人信服的民主监控例子是激进的公民科学项目"改变科索沃的科学"。该项目试图通过"公民科学"来解决欧洲污染最严重的地区之一的环境问题——让年轻人和普通公民

参与监测当地社区的空气污染状况。该项目的方法借鉴了20世纪60年代的教育家保罗·弗雷尔（Paulo Freire）倡导的批判性教学法，保罗·弗雷尔认为学习是一个了解如何构建我们的生活经验，以及如何改变世界的合作活动（McQuillan, 2014）：

> 当时，来自科索沃各地的年轻技术人员、学生和社区成员纷纷加入了环境倡导者、记者、科索沃地方和中央机构的代表以及参与公民科学运动“变革科学”的国际专家构成的队伍，他们在科索沃周围三个地方［普里什蒂纳（Prishtina）、格洛戈瓦茨（Drenas）和普莱梅蒂纳（Plemetina）］共同创建与合作实施空气质量监测项目和政策宣传运动。年轻人领导的行动组使用数字（智能公民工具包）和非数字技术（扩散管、擦拭纸等）在普里什蒂纳的几个地方发现了高浓度的二氧化氮。①

从某种意义上说，这是一个监控系统，它使用监视技术监测污染情况，其目的在于影响政策和决策的制定者。这个项目的有趣之处在于，它试图避免将机构归因于数据，或将假设参与等同于授权。许多数据和开放的数据项目似乎认为，行动将不可避免地来自聚合数据和可视化的透明度，社区参与数据的收集工作将提高人们的责任感，并制定出解决方案。然而，正如丹·麦克奎兰（Dan McQuillan, 2014）所说，集体测量促使集体行动的观点似乎是有问题的。

---

① 捷克共和国驻普里什蒂纳大使馆（2015）https://www.mzv.cz/pristina/en/bilateral_and_multilateral_relations/science_for_change_how_kosovo_s_young.html。

根据理查德·斯卡夫（Richard Sclove, 1995）所言，展望民主技术需要以政治理论家本杰明·巴伯（Benjamin Barber）提出的“强民主”概念作为出发点。该理论主张，为了正义，人们应该能够影响他们所生活的基本社会环境。这意味着要按照相对平等和参与的路线组织社会，并使管理主义和新自由主义服从于民主特权。唯有如此，监控才不是强迫或限制，而是积极支持人们选择的生活方式（Sclove, 1995）。在哲学家约
翰·杜威（John Dewey, 1916）的民主模式中也能找到类似的观 108
点。杜威认为民主不仅仅是一种政府形式。他将其视为一种生活方式和一种社会观念：

> 每个人都应有释放、表达、发挥自己独特才能的机会，其结果将会促进共同价值观念的形成。就像每一个真正的理想一样，它意味着一些要做的事情，而不是已经给予的或现成的东西。
>
> （Dewey, 1916: 91）

监控要实现民主就需要公众的持续警惕和参与，也需要促进共同的价值观和对社会正义的信念。这种方法意味着有意识地利用监控的控制功能来实现正义与公平的社会目标，包括重新编制社会技术准则，以促进透明度、开放性、参与性和问责制；并且其目的是开发新的系统，并对专家和用户、主体和客体进行新的配置，这就需要一套协议或标准来衡量社会价值（Monahan, 2010）。这与管理学家主张的有关政府和市场的效率逻辑形成对比，这是大多数监控技术的特征。从将监控看作社会结构和民主作为社会观念的过程中可以清楚地看到，要想使

算法监控变得民主，需要一种整体的社会技术方法。

预测性警务

预测性警务是一种日益流行的警务策略，在这里将被用作研究案例来探讨民主算法监控是否可行。预测性警务是一种可以被置于更广泛的先发制人警务模式中的策略。先发制人的警务专门收集有关未来将会发生什么的信息，目的是在为时已晚之前进行干预（Van Brakel & De Hert, 2011）。先发制人的警务可以是数据驱动的，就像预测性警务一样，但也可以是模拟的，如机场的预先逮捕或“行为检测官”（Van Brakel & De Hert, 2011; Lawrence, 2016; Van Brakel, 2020）。预测性警务依赖于一种理念，即犯罪是可预测的，并且社会现象在某种程度上是可以采用统计或算法的方法进行计算的（Egbert & Krasmann, 2019）。在本章语境中，笔者将预测性警务理解为一种警务策略，它使用算法监控来预测未来的犯罪行为、罪犯以及受害者，并在犯罪行为发生之前采取干预措施。算法监控被看作是社会结构，这也意味着预测性警务已经嵌入社会技术中，并非独立之物。

预测性警务可以分为两种类型：预测映射和预测识别（Van Brakel, 2016）。最常用的类型是预测映射。它指的是先进的地理空间分析，以在综合分析的基础上预测犯罪行为可能发生的
109 时间和/或地点。自20世纪90年代以来，情境犯罪预防理论推动了热点分析的发展，后来又发展为前瞻性热点分析。预测映射的创新之处在于大数据和预测分析的运用（Van Brakel, 2016）。预测是由一种算法得出，算法分析不同类型的聚合且通

常是匿名的数据。

这些应用程序中的大多数都适合预测哪些社区更有可能发生入室盗窃。此类预测性警务软件包括但不限于美国和英国的PredPol（Kentonline, 2013; PredPol, 2020），荷兰的犯罪意识系统（Criminality Awareness System）（Willems & Doeleman, 2014），德国和瑞士的Precobs（Egbert & Krasmann, 2019），意大利米兰的Keycrime（Mastrobuoni, 2014）以及丹麦的POL-INTEL（Jansen, 2018）。

预测性警务的第二种类型是预测识别，分析是在个人或群体层面进行的，并处理个人数据；它聚焦于对潜在罪犯、罪犯的身份、犯罪行为以及犯罪行为的潜在受害者进行预测。在实践中，应用程序主要集中于对累犯的预测。英国一直是试验这类技术的先驱。同样，刑事司法环境中对风险评估的使用有着悠久的历史，为这类技术的发展奠定了基础（Van Eijk, 2017）。区别在于，风险概况现在是从数据中生成的，而不是来自科学研究（Van Brakel, 2018）。例如，美国的COMPAS系统（Angwin et al., 2016），英国的大都会警察厅伦敦和埃哲森编组矩阵（Jansen, 2018）、达勒姆警察伤害风险评估工具（Oswald et al., 2018），以及在荷兰使用的PROKID（Wientjes et al., 2017）。

迄今为止，对预测性警务在预防犯罪方面的有效性评估尚无定论（Hunt, Saunders & Hollywood, 2014; Lum & Isaac, 2016; Van Brakel, 2016; Mali, Bronkhorst-Giesen & Den Hengst, 2017; Santos, 2019; Egbert & Krasmann, 2019; Wientjes et al., 2017）。例如，英国西米德兰兹郡警方对预测性警务应用程序的评估得出的结论是：该系统非常不可靠且充满偏见，因此使用该系统是不负责任的（Marsch, 2019）。除了无定论的评估外，

一些警察机关也不再使用这种软件。2019年，英国肯特郡警方停止使用PredPol；德国的卡尔斯鲁厄和斯图加特的警察机关也决定停止使用PRECOBS软件，因为没有足够的犯罪数据来做出可靠的预测（Mayer, 2019）。

日益清楚的是，预测性警务的优点在于使官僚系统变得更有效率，而不是预防犯罪。这些技术就像模拟测量、分数和天平一样，是一种标准化和增强专业客观性的方法，能够起到提高透明度和监督能力，以增强信任和提高合法性的作用。当问题出现时，更容易确定问题产生的原因、方式和/或责任人。通过将信息输入标准化的表格，工作变得更加透明和可预测，数据的分类和处理变得更加容易（Van Brakel, 2018）。

越来越多的证据表明，预测性警务的应用程序需要超越隐
110 私的社会和伦理成本；它们对社会弱势群体具有歧视性（Van Brakel, 2016; Lum & Isaac, 2016; Ferguson, 2017; Williams & Kind, 2019; Richardson, Schultz & Crawford, 2019）。在欧洲使用预测应用程序最为广泛的英国，最近的一项研究结论认为，由于担心数据驱动技术可能引发歧视，迫切需要国家的指导来监督警察使用该技术（Babuta & Oswald, 2020）。此外，即使当前欧盟法律执行指令要求这样做，但这些技术在试点和应用时通常没有必要的保障措施，也没有进行任何形式的影响评估。[2]

当把预测性警务视为一种社会结构时，很明显，监控技术

② 2016年4月27日欧洲议会和理事会（欧盟）2016/680关于保护自然人的指令，涉及主管机关为预防、调查、侦测、检控刑事犯罪或执行刑事处罚而处理个人数据，以及此类数据的自由流动，废除理事会2008/977/JHA框架决定。

不仅仅涉及社会和伦理成本，还在一定程度构成涉及文化成本的警务。它们有助于明确警务实践和界定警察的作用，包括他们能做什么和不能做什么。预测性警务技术在社会学家尼古拉斯·罗斯（Nikolas Rose, 1998）所说的“远程治理”的意义上塑造了警务，“职业行为通过承担无休止的信息任务而被重塑，这些信息任务包括新的基于风险的技术所固有的信息系统、登记册、文件等等”（Rose, 1998: 190）。通过使用量器和标尺，警察的“凝视”变得越来越标准，并成为一种统一的测量工具。因此，算法监控不仅具有社会效应，而且在改变警务实践中的权力关系方面也发挥了作用。

首先，警察发现自己扮演了一个“从属角色，管理政策的形成能够发展成一个完全自治的力量，完全不受实地警察的监管，反而是警察沦为了执行者”（Castel, 1991: 281）。警察过去在决策中有一定的自由裁量权，但现在这个能力已被算法弱化了。尽管法律规定“人机回路”③，但也存在自动化偏见的风险，因此执法者趋向于相信自动化系统的决策而非自己的判断（Skitka, Mosier & Burdick, 1999）。

其次，软件公司越来越多地对警察工作和文化施加权力。20世纪90年代，管理主义和商品化已经影响了警察（实例参见Loader, 1994, 1999的英国）。然而，过去十年的社会发展和技术公司实力的增长更大程度上改变了现有的局面。在信息资本主义（Cohen, 2019）或平台资本主义（Srinicek, 2017）的政治经济学中，平台已经成为社会数据化的关键驱动力。这也带来了“平台警务”，自2008年以来兴起的国内

③　指令（欧盟）2016/680。

安全技术组织构造，即私人企业由此与警察当局签订合法的供应和维护协议；警察对数据的抓取和处理融入更大的云基础设施和数据市场中（Wilson, 2019）。换句话说，警察机关通过企业提供的软件越来越依赖它们。像PredPol这样的预测性警务软件具有供应商锁定功能，这意味着警察无法自行微调软件，并且作任何调整都只能依赖供应商公司（Van
111 Brakel, 2016）。如此不仅增强了依赖性，而且通过使用企业提供的数据预测性警务平台向企业提供数据，警察也成为信息资本主义的积极贡献者。这将对透明度、问责制，以及警察自身积极参与发展警务策略的程度都有影响。最后，软件的使用不仅改变了警务本身，在某些情况下甚至改变了法规。例如，丹麦修改了法律，允许使用帕兰提尔（Palantir）技术公司的POL-INTEL平台（EDRI, 2017）。

第三，技术使用的选择也受到特定的警察文化，以及作为其特征的文化和性别身份的影响。例如，正如贝唐·洛夫特斯（Bethan Loftus, 2008）的研究所示，英国对警察的抵抗和怨恨，使得警察队伍的内部文化日益濒临灭绝。这种占主导地位的文化在高级警察队伍中尤为突出，它抵制警察部门的多样性，不利于以一种更关心和赋权的方式使用技术，并且也不太关注技术的歧视性后果。

当警察部门投资并获得预测性警务技术时，他们通常对有效运行的强制要求，以及最终的财政、环境、情感、社会和文化成本知之甚少。警队和警察监管机构通常都不具备了解算法监控技术的所有成本所需要的专业知识。总之，并无证据能够说明预测性警务有助于预防犯罪，其反而存在大量的社会、伦理和文化成本，再加上缺少透明度、问责制、监督以及保障措施，这些现实问题对当代算法监控的民主本质提出了疑问。

重思作为民主算法监控的预测性警务

以强民主为出发点，并考虑预测性警务成本的结论，预测性警务在以下四个方面被视为是非民主的：首先，预测性警务正在剥夺警察现场办公的权力，影响警察的自由裁量权。权力和机构正转向算法和开发算法的公司。其次，预测性警务实践的目的和结果考虑的是成本效益和管理，而非关注社会正义、公平、赋权和关怀。第三，通常监控技术的投资决策是自上而下制定的，是“一时冲动”或“以防万一”的政策，没有公众监督和当地市民及警察的参与。决策过程几乎没有问责制。第四，预测性警务的设计往往是软件公司的特权。警察和被应用于这些技术的社区通常不参与设计过程。④

欲重新思考预测性警务和将其重新设定为民主算法监控，就有必要解决这四个问题。这需要使用通过关怀、同理心、赋
权、信任以及公平，使用“紧密治理”的整体社会技术框架的 112
新方式来思考警务和刑事司法，与考虑算法监控技术的社会技术嵌入性的“远程治理”（Rose, 1998）形成了对比。它受到参与、关怀、归属感和信任等积极犯罪学观念的启发，并考虑到人与人之间的联系和地方能力建设，这与预防犯罪制定的更具惩罚性和纪律性的方法形成鲜明对比（Schuilenburg, Van Steden & Oude Breuil, 2014; Haines & Case, 2015）。本着这一精神，预防犯罪的政策应自下而上制定，并使社区需求与警察

④　一个例外是由阿姆斯特丹警方自己开发的CAS系统。

需要相匹配。警方应考虑积极和关怀体贴的替代方案，以赋予社区和个人权力，并消除诱使人们犯罪的条件。这意味着要关注产生持久影响的长期政策，而不是象征性的警务（Garland, 2001; Coomber，Moyle & Mahoney, 2019）。

以下将从整体的视角尝试重新思考预测性警务。目的并不是要详尽无遗，而是要探索一种新的民主思维方式，从总体上来思考预测性警务和算法监控。该框架包含了四种社会技术层面的分析：警务实践、意图和结果、政策和监督以及设计。这些层次是重叠和互相关联的，不能彼此分开。民主算法监控的方法需要从整体上解决这些问题。

警务实践

为了使警务实践更注重民主和赋权，需要重视技术对警察工作和自由裁量权的影响。此外，无论在管理还是实地层面，它还要求新的警察职业精神来展现其工作中参与、关怀、怜悯和同情的价值观。例如，社区警务的举措正在取得积极成果，如纽约“监护人警务”项目成功地克服了偏见，并以机会和公平取代了贫穷社区的“绝望的螺旋”。警务新方法的愿景依赖于发挥着基石作用的社区或街区警务，例如，警察不会因抓捕行动而获得晋升，而会因其让一个狱中孩子得以转变并增加社会信任的行为而晋升（Beck & Rice, 2016）。正如彼得·尼伦德（Peter Neyround, 2017）所言，这些调查结果是新警察职业化的关键起点。这种新的警察职业精神还意味着要重新思考警察培训、警察管理方式以及招募警察的基本条件。它也意味着要重新考虑当前的警察文化和警务模式，如先发制人的警务。

意图和结果

大多数预测警务应用程序以一种压抑的方式解决犯罪预防问题，即侧重点不是对犯罪的动因采取措施，而是以一种更高效的方式逮捕罪犯。其意图和结果不再是预防犯罪，而是注重 113
成本效益以及更好的管理策略。意图和结果必须是民主的，并在与目标社区对话中得以确定。这里以CinCity项目作为例子，该项目聚焦的是伦敦的持刀犯罪和年轻人对警察失去信任的现象。该项目采用心理模型方法，探讨年轻人和警察对持刀犯罪、安全及警务信任的基本假设和看法，旨在找出差距、误解、需求和切实解决问题的方向。其目标是帮助重建对警务的信任，同时赋予伦敦的年轻人以权力。[⑤]这不是一个由警方发起的项目。不过，未来警方可能会参与合办此类项目。总之，作为民主算法监控的预测性警务应该重新考虑它的意图，以一种更赋权、更关怀的方式看待公共安全。

政策和监督

警察使用算法监控进行治理通常是以事后监督和司法审查的方式进行，这充其量只能确保警务实践的合法性。然而，这对保障民主问责制或健全的决策几乎没有什么作用（Friedman & Ponomarenko, 2015; Van Brakel, 2020）。正如20世纪上半叶约

⑤ https://uclexcites.blog/2020/02/05/civic-innovation-in-community-safety policing-and-trust-with-young-people/.

翰·杜威所观察到的："如果在日常生活中，交流的自由以及思想、事实和经验的交换被互相的猜疑、虐待、恐惧和仇恨扼杀，那么仅仅对公民的信仰自由、言论自由和集会自由进行法律保障是无济于事的。"（Dewey, 1939）

当地警员和受影响的社区需要积极参与警察使用算法监控的警务治理。应建立跨部门、跨学科的地方事前监督委员会，将选出的警察、社会服务、行业、民间团体和公众等代表井然有序地组织起来发展负责任和民主的技术和警察文化。这些新的参与联盟必须着眼于确保政策措施具有前瞻性，改善前决策中的投机主义和新自由主义的驱动因素。根据伊恩·洛德（Ian Loader, 1994）有关警察问责制的观点，地方监督委员会应与地区和/或国家警察委员会相辅相成，以避免过度地将所有权力都集中在任何一级政府。警察委员会应始终：

1. 征求并考虑可能受到相关决策影响的所有个人和社会团体的意见；

2. 做出决策要获得最广泛的群众认同，不能损害任何受影响的个人或社会群体的基本积极权利；或者不能对此类个人和群体的其他利益和意愿带来不同程度的损害，以免影响决策进程的未来推进（Loader, 1994: 533）。

114
设　计

如上所述，民主监控的设计应以关注曾经被边缘化和受歧视的社会群体来修正社会中权力不对称的现象（Monahan, 2010）。因此，民主预测性警务的设计过程应该是参与性的，让所有各方都参与其中，包括警察和受影响的社区，都应与技术开发公司共同合作。这意味着他们都应该在技术设计之前参与问题的诊断。正如在电子医疗技术方面所表明的那样，忽视技术、人类的特征和社会经济环境之间的相互依赖性，其结果是技术应用难以对医疗卫生实践起作用（Van Gemert-Pijnen et al., 2011）。使预测性警务的设计变得民主还意味着，要从一开始就充分重视建立健全强有力的法律、伦理、技术和社会公平保障，并有明确的评估标准。这也表明，一项强有力的民主政策的有效性是以可靠的科学证据为基础的。查尔斯·曼斯基（Charles Manski）和丹尼尔·纳金（Daniel Nagin, 2017）认为，警务有效性的衡量总是需要在效率与成本之间取得平衡。他们提倡以一种科学的方法，在主动警务与社区信任之间找到适当的平衡。强调这一点很重要，有关有效性和基于证据政策的讨论是棘手的，因为往往不清楚评估本身是否可靠和有效。只要就这些技术背后的方法设计没有在评估的过程中开展严格的讨论，并且这些评估不存在质量标准（参见Farrington, 2003），其结果就没有什么价值（Van Brakel, 2015）。针对预测性警务模型及其评估中使用的统计方法，也需要提出类似的问题。解决其中一些问题的方法是让所有相关方参与评估标准的制定。

结　论

本章的主要目的是探讨是否有可能重思作为民主算法监控的预测性警务。在本章的第一部分，有人主张为了发展民主算法的概念化，有必要将监控看作一种社会结构，将民主看成一种社会观念。在第二部分中，以算法监控实践为例，分析了当代预测性警务实践。因缺乏有关预测性警务在预防犯罪方面的有效性的证据，其同时存在大量的社会、伦理和文化成本，再加上缺乏透明度、问责制、监督和保障措施，这些现实问题引发了有关民主性质的质疑。在本章的第三部分中，笔者探讨了如何从整体社会技术框架的角度重新思考预测性警务，并将其重新设定为民主监控，具体包括四个层次的分析：警务实践、意图和结果、政策和监督以及设计。

笔者认为，有可能重新思考作为民主算法监控实施方式的
115 预测性警务。然而，重要的是要考虑到监视和民主是如何嵌入社会中的。因此，民主算法监控的发展须以社会技术和参与性的方式进行。有很多结构性问题阻碍了这一追求。除了占主导地位的平台资本主义，当前许多国家的政治气候和技术公司实力日益增强，使得民主算法监控的发展变得困难。此外，重要的是将警务范围内的民主问题置于一个更广泛的框架中，该框架涉及警务和警察改革的结构限制（Loader, 1994）。最后，在使用监控和监督技术时应始终保持谨慎。监控作为社会结构总有可能产生强制和剥夺权力。如果公民仅仅通过参加议会和生成数据来参与决策，而真正的决策是在其他地方做出的，那么民主监控就有可能自相矛盾地被削弱权力而非赋予权力。这并不意味着这种努力是徒劳的。它激励我们与警察、公民社会和受影响的社区一起开展更多的研究，以探索赋权和民主监控技术的最佳实践。

参考文献

Angwin, J., J. Larson, S. Mattu et al. 2016. Machine bias: There's software used across the country to predict future criminals. And it's biased against blacks.

ProPublica, 23 May, https://www.propublica.org/article/machine-bias-risk-assessments-in-criminal sentencing.

Babuta, A. and M. Oswald. 2020. *Data analytics and algorithms in policing in England and Wales: Towards a new policy framework*, Royal United Services Institute for Defence and Security Studies, https://rusi.org/sites/default/files/rusi_pub_165_2020_01_algorithmic_policing_ babuta_final_web_copy.pdf.

Ball, K., R. Bellanova and W. Webster. 2019. Surveillance and democracy: Sympathies and antagonisms. In *Surveillance and democracy in Europe*, edited by K. Ball and W. Webster. London: Routledge.

Beck, C. and C. Rice. 2016. How community policing can work. Opinion. *The New York Times*, 12 August 2016, https://www.nytimes.com/2016/08/12/opinion/how-community-policing-can-work.html.

Bennett Moses, L. and J. Chan. 2016. Algorithmic prediction in policing: Assumptions, evaluation, and accountability. *Policing & Society*, 28 (7): 806–822.

Brayne, S. 2017. Big data surveillance: The case of policing. *American Sociological Review*, 82 (5): 977–1008.

Castel, R. 1991. From dangerousness to risk. In *The Foucault effect: Studies in governmentality*, edited by G. Burchell, C. Gordon and P. Miller, 281–298. Chicago: Chicago University Press.

Coomber, R., L. Moyle and M. Knox Mahoney. 2019. Symbolic policing: situating targeted police operations/'crackdowns' on street-level drug markets. *Policing & Society*, 29 (1): 1–17.

Cohen, J. 2019. *Between truth and power: The legal constructions of informational capitalism, the legal constructions of informational capitalism*. Oxford: Oxford University Press.

Couldry, N. and A. Powell. 2014. Big data from the bottom-up. *Big Data and Society*, July – September: 1–5.

Dewey, J. 1916. *Democracy and education: An introduction to the philosophy of education*. New York: MacMillan.

Dewey, J. 1976 [1939]. Creative democracy: The task before us. In *John Dewey: The later works, 1925–1953*, Vol. 14, edited by J. Boydston, 224–230. Carbondale: Southern Illinois University Press, http://chipbruce.files.

wordpress.com/2008/11/dewey_creative_dem.pdf.

EDRI. 2017. New legal framework for predictive policing in Denmark, https://edri.org/ new-legal-framework-for-predictive-policing-in-denmark/.

Egbert, S. and S. Krasmann. 2019. Predictive policing: Not yet, but soon preemptive? *Policing and Society*, doi:10.1080/10439463.2019.1611821.

Farrington, D. 2003. Methodological quality standards for evaluation research. *The Annals of the American Academy of Political and Social Science*, 587 (1): 49–68.

Ferguson, A. G. 2017. *The rise of big data policing*. New York: NYU Press.

Friedman, B. and M. Ponomarenko. 2015. Democratic policing. *New York University Law Review*, 90 (6): 1827–1907.

Garland, D. 2001. *The culture of control, crime and social order in contemporary society*. Chicago: University of Chicago Press.

Haggerty, K. D. and M. Samatas. 2010. Introduction: Surveillance and democracy: An unsettled relationship. In *Surveillance and democracy*, edited by K.D. Haggerty and M. Samatas. London: Routledge.

Haines, K. and S. Case. 2015. *Positive youth justice: Children first, offenders second*. Bristol: Policy Press.

Hunt, P., J. Saunders and J.S. Hollywood. 2014. *Evaluation of the Shreveport predictive policing experiment. Rand Safety and Justice Program*. Santa Monica: Rand.

Introna, L. and D. Wood. 2004. Picturing algorithmic surveillance: the politics of facial recognition systems. *Surveillance & Society*, 2 (2/3): 177–198.

Jansen, F. 2018. *Data-driven policing in the context of Europe*. Data Justice Working Paper, https://datajusticeproject.net/wp-content/uploads/sites/30/2019/05/Report-Data- Driven-Policing-EU.pdf.

Jones,T. and T. Newburn. 1998. *Private security and public policing*. Oxford: Clarendon Press.

Kent Online. 2013. Predpol Software Which Targets Crime Down to Small Zones Has Slashed North Kent Crime by 6%, *Kent Online* 14 August 2013, https://www.kentonline. co.uk/kent/news/crime-in-north-kent-slashed-4672/.

Lawrence, P. 2016. The Vagrancy Act (1824) and the persistence of pre-emptive policing in England since 1750. *The British Journal of Criminology*, 57 (3):

513–531.

Loader, I. 1994. Democracy, justice and the limits of policing: Rethinking police account ability. *Social & Legal Studies*, 3: 521–544.

Loader, I. 1999. Consumer culture and the commodification of policing. *Sociology*, 33 (2): 373–392.

Loftus, B. 2008. Dominant culture interrupted: Recognition, resentment and the politics of change in an English police force. *The British Journal of Criminology*, 48 (6): 756–777.

Lyon, D. 2001. *Surveillance society: Monitoring everyday life*. Buckingham: Open University Press Lum, K. and W. Isaac. 2016. To predict and serve? *Significance Magazine Royal Statistical Society*, October 2016, https://rss.onlinelibrary.wiley.com/doi/epdf/10.1111/j.1740-9713.2016.00960.x.

Mali, B., C. Bronkhorst-Giesen and M. Den Hengst. 2017. *Predictive policing: Lessen voor de toekomst*, Politieacademie, https://www.politieacademie.nl/kennisenonderzoek/kennis/ mediatheek/PDF/93263.PDF.

Manski, C. F. and D. S. Nagin. 2017. Assessing benefits, costs, and disparate racial impacts of confrontational proactive policing. *PNAS*, 114 (35): 9308–9313.

Marsch, S. 2019. *Ethics committee raises alarm over 'predictive policing' tool. The Guardian,* 20 April 2019, https://www.theguardian.com/uk-news/2019/apr/20/predictive-policing-tool-could-entrench-bias-ethics-committee-warns.

Martin, A. K., R. E. van Brakel and D. J. Bernhard. 2009. Understanding resistance to digital surveillance. Towards a multidisciplinary, multi-actor framework. *Surveillance & Society*, 6 (3): 213–232.

Mastrobuoni, G. 2014. Crime is terribly revealing: Information technology and police productivity. Unpublished Paper. Available at: www.tinbergen.nl/wp-content/uploads/2015/02/Crime-is-Terribly-Revealing_-Information-Technology.pdf.

Mayer, N. 2019. Strobl entscheidet sich gegen Precobs, *Stuttgarter Nachrichten*, 3 September 2019, https://www.stuttgarter-nachrichten.de/inhalt.aus-fuer-die-einbruchvorhersage-softwarestrobl-entscheidet-sich-gegen-precobs.19a18735-9c8f-4f1a-bf1b-80b6a3ad0142.html.

McQuillan, D. 2014. *Smart slums: Utopian or dystopian vision of the future? The Guardian*, 6 October 2014, https://www.theguardian.com/global-developmentprofessionals-network/2014/oct/06/smart-slums-smart-city-kenya-mapping.

Monahan, T. 2010. Surveillance as governance. Social inequality and the pursuit of democratic surveillance. In *Surveillance and democracy*, edited by K. D. Haggerty and M. Samatas, 91–110. London: Routledge.

Neyround, P. W. 2017. Balancing public safety and individual rights in street policing, commentary. *PNAS*, 114 (35): 9231–9233.

Norris, C. 1995. Video charts: Algorithmic surveillance. *Criminal Justice Matters*, 20: 7–8.

Oswald, M., J. Grace, S. Urwin and G. C. Barnes. 2018. Algorithmic risk assessment policing models: lessons from the Durham HART model and 'Experimental' proportionality. *Information & Communications Technology Law*, 27 (2): 223–250.

Peeters, R. and M. Schuilenburg. 2018. Machine justice: Governing security through the bureaucracy of algorithms. *Information Polity*, 23 (3): 267–280.

PredPol. 2020. *What. Where. When. Predict critical events and gain actionable insight with PredPol*. The Predictive Policing Company, https://www.predpol.com.

Richardson, R., J. Schultz and K. Crawford. 2019. Dirty data, bad predictions: How civil rights violations impact police data, predictive policing systems, and justice. *New York University Law Review*, 94: 192–233.

Rose, N. 1998. Governing risky individuals: The role of psychiatry in new regimes of control. *Psychiatry Psychology and Law*, 5 (2): 177–195.

Santos, R. B. 2019. Critic: Predictive policing: Where's the evidence? In *Police innovation: contrasting perspectives*, edited by D. Weisburd and A. A. Braga, 366–396. Cambridge: Cambridge University Press.

Schuilenburg, M., R. van Steden and B. Oude Breuil. 2014. *Positive criminology: Reflections on care, belonging and security*. The Hague: Eleven Publishing

Sclove, R. E. 1995. *Democracy and technology*. New York: Guilford Press.

Skitka, L. J., K. L. Mosier and M. Burdick. 1999. Does automation bias decision-making?

International Journal Human-Computer Studies, 51: 991–1006. Srinicek, N. 2017. *Platform capitalism*. Cambridge, UK: Polity.

Van Brakel, R. 2015. Iedereen verdacht? De effectiviteit en impact van het gebruik van preëmptieve surveillance voor publieke veiligheid, *Orde van de Dag*, 69: 35–42.

Van Brakel, R. 2016. Pre-emptive big data surveillance and its (dis)empowering consequences: the case of predictive policing. In *Exploring the boundaries of big data*, edited by B. van der Sloot, D. Broeders and E. Schrijvers, 117–141. Amsterdam: Amsterdam University Press.

Van Brakel, R. 2018. *Taming by chance? A rhizomatic analysis of pre-emptive surveillance of children*, PhD dissertation .Vrije Universiteit Brussel.

Van Brakel, R. 2020. Een reflectie over het huidig toezicht van het gebruik van surveillan cetechnologie door de lokale politie in België. *Cahiers Politiestudies*, 55: 139–160.

Van Brakel R. and P. De Hert. 2011. Policing, surveillance and law in a pre-crime society: Understanding the consequences of technology-based strategies. *Cahiers Politiestudies*, 20 (3): 163–192.

Van Eijk, G. 2017. Socioeconomic marginality in sentencing: The built-in bias in risk assessment tools and the reproduction of social inequality. *Punishment & Society*, 19 (4), 463–481. Van Gemert-Pijnen, J., N. Nijland, M. van Limburg, H. Ossebaard, S. Kelders, G. Eysenbach and E. Seydel. 2011. A holistic framework to improve the uptake and impact of eHealth technologies. *Journal of Medical Internet Research*, 13 (4): e111.

Williams, P. and E. Kind. 2019. *Data-driven policing: The hardwiring of discriminatory policing practices across Europe*, ENAR, https://www.enar-eu.org/IMG/pdf/data-driven-profiling web-final.pdf.

Willems, D. and R. Doeleman. 2014. Predictive policing-wens of werkelijkheid? *Het Tijdschrift voor de Politie*, 76 (4/5): 39–42.

Wilson, D. 2019. Platform policing and the real-time cop. *Surveillance & Society*, 17 (1/2): 69–75.

Wientjes, J., M. Delsing, A. Cillessen, J. Janssens and R. Scholte. 2017. Identifying potential offenders on the basis of police records: Development and validation of the ProKid risk assessment tool. *Journal of Criminological Research, Policy and Practice*, 3 (4): 249–260.

119 # 第八章　算法推理：通过数据产生主观性

格温·范·艾克

引　言

在一封写给面向英国囚犯和被拘留者的全国性报纸《狱中时光》(*Inside Time*)的信中，前科犯查尔斯·汉森(Charles Hanson)将算法工具OASys(罪犯评估系统)描述为"非人性化的风险评估程序"。自2001年以来，OASys为做出假释、缓刑决定和案件管理提供信息(Robion, 2017)。汉森将他的评论置于比回归矫正计划更宽泛的批判性视角中，但特别针对OASys如何将"囚犯视为需要衡量、评估、量化和计算机化的'物'"方面而发挥作用，这"往往会使罪犯非人化"：

> 使用计算机将罪犯人类身份割裂，并将其分化为轴、表格、图表和风险评估，并假设这是科学的，这是一种智力上的欺骗行为，它扭曲了构成人类状况和变化潜力的因素。
>
> (Hanson, 2009)

汉森的信指出了算法实践是如何改变刑事司法的，其中涉及缓刑和回归矫正实践。他的信涉及对预测性司法的各种长期关注。首先，预测性司法与个体正义相冲突，即每个案件都应该根据其自身的案情进行评估（Binns, 2019）。算法预测不是个体化的，而是评估个体与已知会再次犯罪的群体在多大程度上具有共同的特征（Hannah-Moffat, 2013）。因此，预测性判决受到了批评，因为“基于特定阶层或其他群体成员的身份对某一个人采取行动在法律和道德上都是错误的”（Simmons, 2018: 1076）。据劳雷尔·埃克豪斯等人（Laurel Eckhouse, 2019: 189）的说法，使用群体数据对个体做出决策的决定是偏见的“基础层”，这是其他偏见层（如偏见数据或偏见模型）的基础。当风险评估包括有关社会经济地位的信息时，这尤其存在问题，因为社会经济地位在刑事法律决策中会产生阶级、种族和性别偏见（参见Starr, 2014; Hannah-Moffat, 2016; Van Eijk, 2017）。

包括笔者在内的很多评论员的研究结论认为，由于对偏 120
见的担忧，预测算法的使用不能在判决决定中合法化，但为罪犯实行社区矫正的合法使用敞开了大门（Hamilton, 2015; Van Eijk, 2017; Tonry, 2019a）。这并不是说在回归矫正的情境下不存在对算法裁判的担忧。汉森正当地表达了对OASys的担忧，认为“扭曲了构成人类状况和变化潜力的因素”，这涉及算法裁判活动中的人类尊严问题。从人权的角度看，托尼·沃德（Tony Ward, 2011: 106）认为，给个人贴上“高风险”的标签可能违反人类尊严的道德原则，因为这可能会影响“个人自由形成自己的意图，并能够在不受干涉的情况下按照自己的意图行事的程度”。这就提出了一个问题，回归矫正的算法决策实践是否符合该制度的核心理念，也就是说，中止犯罪要求能动性：一种控制自我从而改变生活轨迹的感觉（McNeill, 2006; Healy, 2013）。可变革能动性的一个重要方面是，个人可以设想未来的另一种自我（Paternoster & Bushway, 2009; King, 2013）。对未来行为的预测可能与对未来积极自我的设想相冲突，甚至可能通过算法预测而得到加强。

在本章中，笔者将讨论的问题是，基于风险的回归矫正决策情境的算法裁判问题首先不是一个技术问题，而是一个人机交互和算法合理化的问题。解释性错误似乎是算法预测的目标所固有的，即基于群体数据预测个人未来的行为。这样，预测就与个人正义原则相冲突，从而违反尊重人类尊严的原则。对未来行为的预测以及将预测脱离结构性因素的方式可能会阻碍个人重新设想积极的未来自我，这可能会妨碍个人的能动性，从而阻碍自制力。在结论中，笔者提出了几个原则，以提高回归矫正决策中算法使用的道德标准。

人类与算法实践：回归矫正、风险和边际化

算法预测的使用日益增加，如今刑事司法系统很多阶段的决策过程都由算法提供信息，从审前拘留到释放（针对不同决策的不同用途的概述和讨论，参见Van Eijk, 2020）。举个例子，在美国，有28个州和几个县使用风险评估工具做出判决（Stevenson & Doleac, 2018），而在联邦层面，算法风险评估在矫正回归及其资源方面发挥作用（Monahan & Skeem, 2016; Bussert, 2019）。此外，越来越多的州和郡在审前裁决中使用风险评估，这在许多州是作为保释制度的替代方案被引入的

（Desmarais & Lowder, 2019）。在加拿大、中国香港特别行政区 121
和包括英国、荷兰以及芬兰在内的一些司法管辖区，算法工具在罪犯回归矫正方面对量刑前报告和矫正计划有影响（Hannah-Moffat, 2013; Van Wingerden, Van Wilsem & Moerings, 2014; Salo, Laaksonen & Santtila, 2016; Robinson, 2017）。

然而，担心人类决策者被机器取代是毫无根据的，因为人类继续参与刑事法律决策。相反，算法工具为法官、假释委员会和负责缓刑的官员做出个人决定时提供信息（Green & Chen, 2019）。凯莉·汉娜–莫法特（Kelly Hannah-Moffat）、波拉·毛鲁托（Paula Maurutto）和莎拉·特恩布尔（Sarah Turnbull）（2009）甚至提到了一种“精算错觉”，因为他们看到加拿大矫正工作者按照自己的条件使用预测工具：他们可能会推翻预测，低估预测工具，并更愿依赖自己的专业知识（另见Van Wingerden, Van Wilsem & Moerings, 2014; Werth, 2017）。鲁本·宾斯（Reuben Binns, 2019: 19）同样指出，“屏幕层面官员”在对待算法系统方面，会根据他们自己的承诺行使自由裁量权，这可能与他们组织的目标相冲突。根据观察结果，凯莉·汉娜–莫法特、波拉·毛鲁托和莎拉·特恩布尔（2009）认为，风险评估最好被理解为一个协商的过程：实践者同时接受和抵制风险技术。

然而，正如汉森和其他批评人士所说，让人类处于算法决策的“人机回路”（例如Diega, 2018; Simmons, 2018; Binns, 2019）并不能保证公正。其中一个原因是，我们应该将基于风险的决策理解为人类和算法相互作用的结果。因此，为了理解预测司法的用途和后果，必须研究人与算法之间的交互，并且不得将一个方面简化为另一个方面（Winner, 1980; Binns,

2019）。事实上，我们不仅需要明确如何改进算法，还需要了解如何提高对算法预测的专业参与度（Green & Chen, 2019）。

算法伦理的一个核心问题是“算法对受众有什么作用？”（Matzner, 2017: 28）。这不仅涉及算法如何塑造决策的问题，还涉及算法推理如何塑造“犯罪主体”的产生：他们影响了实践者对卷入司法事务的人作为道德主体的看法（参见Hannah-Moffat, 2005; Werth, 2019）。这种洞察力尤为重要，尤其当算法为回归矫正实践提供信息，要求被定罪者反思自己的行为，并将“高风险罪犯”转变为守法的个人之时。笔者以汉森的信开始这一章，原因在于关于算法司法的文献很少告诉我们，受算法实践影响的个体是如何经历司法程序的。里克·西蒙斯（Ric Simmons, 2018）从理论上推测，算法决策可能违反了程序正义原则，这意味着那些受算法约束的人会有负面体验。事实上，在贷款、保险、雇佣和其他日常情况下，鲁本·宾斯等人（2018）观察到，算法决策被它的受众认为是不公平的，因为它
122 “将个人化约为一个百分比”。李敏京（Min Kyung Lee, 2018）在对需要人类技能的管理决策（如招聘和工作评估）中的算法决策和人类决策的研究发现，人们认为人类决策比算法决策更公平、更可信，并且人们在对算法决策的回应中表达的更多的是负面情绪。刑事司法系统中的决策主要涉及人类的技能，这表明在这些决策中涉及算法可能会让那些受其影响的人产生负面体验。

为了充分理解算法会对人们“做”什么，我们需要研究算法如何塑造和用于刑事法律政策和实践。在本章中，笔者将讨论回归矫正实践，特别是在基于风险的司法情景中预测工具的使用。算法工具的使用嵌入目前占主导地位的回归矫正的方法中：加拿大心理学家唐纳德·安德鲁斯（Donald Andrews）和

詹姆斯·邦塔（James Bonta）在20世纪90年代开发出风险－需求－响应（RNR）模型（2010a；另见Hannah-Moffat, 2013; Taxman, Caudy & Maass, 2014）。RNR模型在北美和欧洲的司法管辖区被采用，并遵循若干原则。风险原则规定了作为对象的受众：直接向高风险罪犯提供强化服务，尽量减少向低风险罪犯提供服务；需求原则规定了应处理的问题：犯因需要；响应原则强调了干预的实施方法：干预的特点以及非常重要的关于个人的“优势、能力、动机、个性和生物人口学特征，如性别、种族和年龄等”（Andrews & Bonta, 2010b: 47）。

同样由唐纳德·安德鲁斯和詹姆斯·邦塔开发的借助预测风险工具根据风险等级对个人进行分类，即服务水平清单－修订版（LSI-R），其内容是研究最多，可能也是最有影响力的。LSI-R被加拿大、美国、英国等几个欧洲国家、香港和澳大利亚的缓刑监督机构使用（Hannah-Moffat, 2013; Van Wingerden, Van Wilsem & Moerings, 2014; Monahan & Skeem, 2016）。该工具启发了英格兰和威尔士的OASys系统（Robinson, 2017），进而又启发了荷兰RISc工具（Risico Inschattings Schalen）和芬兰RITA工具（Riski-ja tarvearvio）（Van Wingerden, Van Wilsem & Moerings, 2014; Salo, Laaksonen & Santtila, 2016）。LSI-R是一种“风险－需求评估工具”，用于预测普通的再次犯罪。因为安德鲁斯和邦塔不仅对风险感兴趣，而且对回归矫正的机会也感兴趣，所以该评估工具包括了“动态”风险因素，该因素也被称为“犯因需要”，并且这些因素是可变的，与再次犯罪相关。因此，LSI-R被认为是“第三代”工具（有关风险评估工具演变的详细概述，请参见Hannah Moffat, 2005; Harcourt, 2008）。LSI-R旨在衡量主要的风险和需求因素，即“八项中心”，用于评估再次犯罪的风险和犯因需要（Andrews & Bonta, 2010a）。“八项中心”包括“四大”因素（反社会行为史、反社会人格模式、反社会认知和反社会交往）和“四小”因素（家庭/婚姻状况、学校/工作、休闲/娱乐和滥用药物）组成。根据安德鲁斯和邦塔（2010a）的研究，“八项中心”是未来犯罪的最佳预测指标，是犯因需要，可以通过回归矫正来改变，以减少再次犯罪。

123 关于预测司法的辩论，一个主要问题是基于社会边际性、种族、民族背景和性别的偏见（例如Harcourt, 2008; Starr, 2014; Hannah-Moffat, 2016; Van Eijk, 2017）。尽管一些风险工具由于与种族相关而最终排除了社会经济因素，但只要存在预测工具，社会边际性就会在预测风险方面发挥作用（Harcourt, 2008; Tonry, 2019a）。在目前的通用风险评估工具中，如LSI-R以及COMPAS、OASys和RISc，因为测量社会经济项目来计算风险分数，所以社会经济偏见是“内置的”（Van Eijk, 2017）。除了直接衡量社会经济地位的项目外，其他项目还与社会经济边际性相关，如休闲活动（取决于金钱、时间和地理位置）和态度（受到警察实际经验影响的对警察的信任，与警察的关系在贫困社区和有色人种社区往往存在问题）（Harcourt, 2008; Goddard & Myers, 2017）。此外，对态度和生活方式的定性评估需要人类诠释，这使得标准化评估容易受到主观判断的影响，从而产生阶级偏见或隐性偏见（Hannah-Moffat, Maurutto & Turnbull, 2009）。

虽然对许多学者、决策者和实践者来说，社会经济因素具有犯因性似乎很明显，但仍有理由重新考虑。安德鲁斯和邦塔（2010a）承认，学校和工作是“八项中心”犯罪因素的“四小”因素之一，而菲·塔克曼（Faye Taxman）、迈克尔·考迪（Michael Caudy）和斯蒂芬妮·马斯（Stephanie Maass）（2014）认为，学校、工作、住房和邻里是间接影响犯罪行为的非犯罪因素。约翰·莫纳汉（John Monahan）和詹妮弗·斯基姆（Jennifer Skeem）（2016: 19）同样认为，将犯因需求理解为因果因素是非常值得怀疑的，因为我们缺乏严格的实证研究来确定因果关系（在许多情况下，设计随机对照试验是不道德的）。然而，预测算法中包括社会经济因素是一个“偏见的基本概念层”（Eckhouse et al., 2019），这一观点基本上被许多实践者和专家所接受。考虑到在西方刑事司法系统中，甚至在荷兰这样相对平等的社会中，社会边际性个人所占比例过高，这一问题尤其严重。因此，预测性司法对边际性群体的影响最大，对他们的负面影响也最严重，因为决策是基于社会边际性做出的。所以，预测算法可能会扩大刑事法律决策中的社会经济差异，进而扩大种族、民族和性别差异（Van Eijk, 2017）。这并没有使得风险工具中的社会经济因素被抛弃。

抽象“高风险”主体的产生

根据RNR模型，回归矫正的决策首先始于使用算法工具预测个体再次犯罪的风险。算法预测是一个同时去个性化和个性化风险的过程。由于精算评估依赖于总体数据和平均值，因此它会让风险去个性化（Miller & Morris, 1988; Hannah-Moffat,
2013）。虽然关于个人的具体决定是“个性化的”，但风险评 124
估并非“归因于个人的风险不是他或她自己的，而是在统计分析中包括他或她在内的群体的风险平均值”（Tonry, 2019a:

446）。抽象的风险评分应区别于“受试者自身固有的个人风险”（Tonry, 2019a: 446）。基于总体统计数据对个人的惩罚受到了理论、方法和伦理方面的批评（例如Hannah-Moffat, 2005, 2013; Harcourt, 2008; Simmons, 2018）。对于决策者来说，了解与特定个体相似的个体类别的再犯罪率可能仍然有用（Monahan & Skeem, 2016），但从本质上讲，不可能对某一个体未来的行为做出任何有意义的评价。

然而，从对实践者如何解释算法预测的研究可知，专业人员倾向于以将风险视为个人固有的方式来解释风险评分。凯莉·汉娜–莫法特（2013: 278）观察到，尽管在使用和解释风险工具方面受过培训，但实践者往往难以理解概率评分的含义：

> 因为无法理解具有高风险分数的个人与高风险犯罪者群体具有相同的特征，实践者可能会将这个人视为一个高风险罪犯。按照实践用语来讲，相关性变成了因果关系，潜在的风险转化为行政管理的确定性。
>
> （ibid）

因此，在解释算法结果时，因果解释是从相关性中推断出来的，因为个人被评估为“高风险”，所以他们被认为会对社会造成更大危险（Kelly Hannah-Moffat, 2013: 278；另见Harcourt, 2008）。罗伯特·韦尔斯（Robert Werth, 2019）在对加利福尼亚州假释的研究中同样观察到，抽象的风险评估成了一种个性化的评估：被评估为“高风险”的个体成为固有的危险主体（Werth, 2019）。根据这些观察结果，莫纳汉（Monahan）和斯基姆（Skeem, 2016）描述了法官将风险和责任混为一谈的趋势，而这些判决本应在不同类型的决策中发挥作用：责任与定罪相关，而风险只与量刑有关。

这些解释上的失误并不仅仅是算法使用的结果，而是风险思维所固有的。根据韦尔斯（Werth, 2017: 822）的研究，风险评估是“技术与道德组合”的结果：实践者将不同的“认知方式（基于文件、精算、经验、道德和情感）”联系并整合起来（另见Hannah-Moffat, Maurutto & Turnbull, 2009）。然而，即使认知的精算方式是其他方式中的一种，算法的使用似乎也会影响其他的认知方式。这些技术被视为理性、科学和价值中立的，因此是公平和公正的，比人类的决策更公平和公正（Silver, 2000）。这种“合理化过程”旨在掩盖刑事司法政策和实践从事社会分类的方式，从而区分了罪与非罪（Silver, 2000; Lamont, Beljean & Clair, 2014）。合理化还把程序正义、个人公正和社会后果如不平等的再现等伦理问题搁置一旁。

埃里克·西尔弗（Bric Silver, 2000）指出，社会科学至少在
两个方面为合理化做出了贡献：第一，通过促进人口管理的风险 125
评估技术；第二，通过提供解释框架来证明人口管理是合理的。RNR文献就是例证，“理论和研究声称的犯罪原因为精算评估或基于风险的技术提供基础和框架”（Metcal & Stenson, 2004: 8）。

事实上，算法工具的使用手册将其描述为不仅理解相关性，而且还对因果关系有着深刻见解。例如，英国国家犯罪管理服务机构出版的OASys手册指出，OASys可以用来“帮助评估人员理解犯罪的‘原因’（NOMS, 2009: 8）”，且COMPAS手册详细介绍了许多犯罪学理论，包括从心理学到社会学和情境理论，这“有助于我们更深入地了解人们为什么做出其行为选择”（Northpointe, 2012: 6）。鉴于这种相互矛盾的信息和对统计专业

知识的缺乏，法官、负责假释和缓刑监督的司法官倾向于将风险因素理解为解释个人行为的因果因素，也就不足为奇了。

因此，对风险的关注并不能取代对犯罪原因的关注。相反，风险因素被解释为导致犯罪行为的原因。与风险评分一样，风险因素也应该被理解为"统计预测"，而不是对个人的实际预测，更不用说作为因果因素了。但在回归矫正方面，似乎不可能不得出错误的结论，即概率是确定的，风险因素是引发犯罪的原因，因为对风险评分和风险因素的深入了解有助于为回归矫正治疗提供信息（Hannah-Mofat, 2013）。甚至比判刑更重要的是，对于负责做出回归矫正决定的决策者来说，根据确定的犯罪特征和问题，具有高风险评分的个人很可能被理解为高风险罪犯。

当风险因素是个人身份的一部分或超出个人的行动范围时，将其理解为行为的解释是非常成问题的。桑加·斯塔尔（Sonja Starr, 2014）认为，风险考虑年龄和性别以及就业状况和街区等因素是有问题的，因为它使惩罚取决于一个人的身份，而不是他的所作所为。对于迈克尔·托里（Michel Tonry, 2019b）来说，这是导致他得出预测性判决在道德上是不合理结论的问题之一，尽管他的论点略有不同。迈克尔·托里认为，在预测判决中使用诸如年龄、性别和种族等变量"本身是不公正的"，因为个人无法控制这些变量，对它们也不存在道德责任，但对于社会经济因素，迈克尔·托里认为：

> 这些都是典型的个人选择；自由社会中的人有权自己做出这些决定，而不会因为他们所做的选择而受到诘难。
>
> （2019b: 14–15）

在RNR模型中，安德鲁斯和邦塔（2010a）主张将“社会经济成就”纳入风险/需求评估，因为这是一种“完成”状态，而不是将社会阶层（家庭背景）作为一种“归属”状态。然而， 126
令人怀疑的是当前的社会经济环境是不是“典型的个人选择”，或者它们是完成的，而不是归属的。将社会经济成就与社会阶层脱钩忽略了这样一个事实：即使在相对平等和倡行平等主义的社会中，代际社会流动性也比精英主义理想所呈现的更为有限（例如Corak, 2013）。诚然，正如迈克尔·托里所说，个人不会因为选择失业而受到惩罚，但是该观点忽略了影响个人教育水平、社会经济机会、住房状况或居住社区的结构因素：父母的社会经济地位、有限的社会流动性、环境的艰苦性、空间隔离、就业率、住房成本和生活费用的上升，以及不平等的受教育机会等因素。

在这里，我们可以看到风险因素如何同时去个性化和个性化的过程。预测性司法将社会边际化理解为“去语境化”：它忽略了社会结构不平等对社会边际化的影响（Hannah-Moffat, 2016; Goddard & Myers, 2017）。通过去语境化，“高风险”主体要为自己的风险因素负个人责任，这里传达的信息是，个人不仅要为自己的犯罪行为承担责任，还要为自己的社会经济边际化负责（Van Eijk, 2017）。换句话说，风险评估将个体视为一个固有的“高风险”主体，对自身的边际地位负责，忽视了教育、就业以及态度和应对机制形成的背景，这些是犯罪诱因或保护因素。安德鲁斯和邦塔（与Wormith, 2011）回应了对他们的批评，他们的RNR模型确实考虑了与语境相关的因素，因为它涉及就业、教育等问题。但是，仅仅将这些情况视为与行为有关的因素是不够的——这些情况也应该在更广泛的社会政治背景下被加以审查，以考虑个人对自身环境的有限影响。

汉纳-莫法特（2013: 282）建议解决种族不平等问题时，我们可以更广泛地考虑这一点，即“如果个体被视为抽象物，不受社会生活特定环境的影响，就不可能受到公平对待”。风险和风险因素的去个性化和个性化的问题是算法目标所固有的：预测未来行为，以及算法如何工作，分析聚合数据而不是个人数据。此外，人类很难理解概率与个体之间的关系。他们对个人固有的风险和风险因素的理解违反了个人公正的概念：个人并没有真正基于自己的优点被评估。在下一节中，我将研究这将如何影响人类尊严和中止程序。

尽管困难重重，重新设想一个“低风险”的未来自我？

在对因风险因素而具有内在危险性的个人评估并标记为“高风险”主体后，这被视为其行为的因果关系，个人被期望参与回归矫正的决策程序，并最终中止犯罪行为。虽然笔者对涉
127 及司法正义个体经历的算法评估知之甚少，但对犯罪中止的研究提供了个人如何应对算法预测对其未来影响的相关见解。研究人员一致认为，尽管理论可能强调其中一个因素是最重要的变革催化剂，但中止是结构性因素和主观因素共同作用的结果（Farrall et al., 2011; Bersani & Doherty, 2018）。无论如何，很明显中止需要“能动性”，即对未来生活方向有一定程度的控制感（Farrall et al.，2011; King, 2013; Healy, 2013）。能动性是面向未来的，它不仅包括对过去的反思，还包括希望和乐观，以及对变革的准备（Healy, 2013）。个人可能会重新设想过去的

自我，并或多或少有意构建一个不同的新自我，抛弃过去的自我（McNeill, 2006; Bersani & Doherty, 2018; Hunter & Farrall, 2018）。根据雷·帕特诺斯特（Ray Paternoster）和肖恩·布什威（Shawn Bushway）（2009）的观点，在中止过程中，个人想象不同可能的自我，并且从长远来看，必须在积极和消极的可能自我之间找到平衡。重要的是要理解重新设想一个"未来自我"需要付出努力和时间，并且当前的自我和未来的自我之间可能存在紧张关系，这可能会带来挫折感（Harris, 2011; Hunter & Farrall, 2018）。

然而，虽然中止过程需要重新设想一个与过去（或现在）不同的未来自我，但预测算法预测未来的自我很有可能再次犯罪，从而保持在现有的状况下。《狱中时光》的一位匿名作者在回复汉森关于风险评估的非人性化影响时指出了这一困境，并建议用OASys来测试：

> 在选举新总理或世界领导人时，只有你的（OASys）选票才算数。
>
> 候选人A与奸诈的政客交往，并咨询占星学家；有过两个情妇；他还连续不断地抽烟，每天喝8—10杯马提尼酒。
>
> 候选人B被开除过两次；贪睡到中午；在大学里吸食鸦片，每天晚上喝一夸脱威士忌。
>
> 候选人C是一位被授勋的战争英雄；他是素食主义者；不吸烟；偶尔喝杯啤酒，从未犯过通奸罪。
>
> "OASys评分"会选中哪个候选人？
>
> 候选人A是富兰克林·罗斯福；候选人B是温斯

> 顿·丘吉尔；候选人C是阿道夫·希特勒……OASys的选择有效吗？
>
> （匿名，2010）

该匿名作者的思维实验可以解读为对算法工具糟糕的预测准确度的批评，但它也呼应了汉森（2009）的担忧，即预测性司法“扭曲了构成人类状况和变化潜力的因素”。人们可以而且确实会改变，但我们能否根据这三位候选人过去的行为，重新设想他们截然不同的未来？如果算法工具预测一个人在未来可能会成为一个“坚持者”，那么这将如何塑造他们以及其他人，如何将不同的未来自我想象为一个“中止者”？换句话说，算法司法是否与人类尊严的原则兼容（参见Ward, 2011）？

128 算法预测风险的作用可能会对重新设想潜在的未来自我产生重大影响。帕特诺斯特和布什威（2009）认为，个人的“恐惧自我”支持了改变的最初动机，因为个体不想成为他们所害怕成为的样子。通过这种方式，借助算法推理产生“高风险”主体进而可以刺激主观性和中止犯罪。然而，其他学者警告说，评估未来再犯罪风险的力度有限，因为“风险”可能会让个人陷于过去的行为中。例如，弗格斯·麦克尼尔（Fergus McNeill）等人（2014）对RNR回归矫正模型及其对个体风险因素的关注如何影响犯罪中止提出了批评，因为该模型是回顾性的，然而中止则需要前瞻性展望。风险评估为想象中可能的未来自我提供信息，因为它根据过去的行为计算某个未来个体重复类似行为的概率。麦克尼尔（2006: 53）认为，这可能会对犯罪中止产生反作用，因为标记、排除和隔离的措施“似乎旨在确认和巩固‘谴责的期待’，从而挫败犯罪中止”。风险评估可能会假设过去的行为未来会继续存在，从而限制对未来积极自我的想象，特别是当风险因素被错误地解释为不良行为的原因难以改变时。

此外，算法工具的呈现是科学的，基于证据的，因此是准确的，但预测却从来都不是完全准确的，故这会加强人们的感觉，即“害怕未来自我”是不可避免的。由于“害怕未来自我”激励个人去改变，应该有空间让人们想象他们不会成为他们害怕的未来自我。换言之，消极的可能自我不太可能激发改变，这意味着个人必须**克服困难**重新设想改变。犯罪中止是很困难的，如果涉及“证明计算机是错误的”，那就更加困难。个体是否会因为未来自己很可能再次犯罪的自我形象而沮丧或受鼓舞，取决于实践者和接受算法预测的个体如何解释风险预测。为了尊重人类的尊严，承认潜力和促进变革，算法预测应被视为概率，而非确定性，这是至关重要的。确定性无法改变，而概率提供了可供选择的事物，从而提供了改变的机会。因此，回归矫正决策的实践者必须要避免前述的研究所观察到的解释性错误：为了尊重人类的尊严，他们应该抵制在总体层面上寻找个性化模式的倾向。

犯罪中止的研究进一步表明，结构性因素可能会阻碍和阻止个人重建其身份。根据斯蒂芬·法拉尔（Stephen Farrall）等人的观点（2011: 224），中止是“个人选择和一系列超出个人控制范围的更广泛的社会力量、制度和社会实践之间的相互作用而达到的最佳方式”。换句话说，能动性受结构因素和社会背景的促进或限制。沙德·马鲁纳（Shadd Maruna）（引自 McNeill, 2006）描述了坚持者和中止者以“宿命论”看待自己的犯罪生涯，即以一个被犯罪结构性压力所克服的个体的视角。中止者

129 成功地“发现”了能动性，以抵抗和克服这些压力，而坚持者将他们的未来看作早已为他们写好的剧本（McNeill, 2006: 48）。因此，改变个人身份和行为的过程可能会让人感觉好像个人是在“改变命运”（Healy, 2013）。中止需要对一个人的未来保持乐观，也许比风险评分更乐观（Cobbina & Bender, 2012）。阿莱克斯·哈里斯（Alexe Harris, 2011）观察到，个人改变的动机可能是短暂的，因为他们面临着作为改变障碍的结构性力量，例如，有限的住房、工作、家庭支持和犯罪记录的污名。由于“个人在创造这些结构变化方面只能走这么远”（Cobbina & Bender, 2012: 83），因此需要实际的支持来提高和保持个人的积极性。

个人可能会将算法预测视为阻碍其想象力和改变能力的结构性（制度性）力量。如果在日常情况下，个人感到算法会将其简化到一定的数字（Binns et al.，2018），并且对算法决策产生负面的情绪反应（Lee, 2018），那么不难想象，在刑事司法环境中的个人也会对算法司法活动有负面情绪。预测分数增加了个人有限控制下的另一个因素，特别是当决策是黑箱，并且实践者仅对该工具共同产生的风险评分和优先级有深刻理解时（Hannah-Moffat, Maurutto & Turnbull, 2009）。唐纳德·安德鲁斯、詹姆斯·邦塔和斯蒂芬·沃米特（2011: 742）为RNR模型辩护，认为为了激励个人，实践者应该向客户提供有关评估结果的重要信息。对中风险和高风险个体进行基于RNR的评估，针对该评估的结果和影响进行公开审查是启动共同商定的服务计划的基本方法。

然而，并非是预测工作的方式，而是与个人讨论的结果可能会导致将预测视为固定的，而不是将其视为概率。

特别是对于边缘化的罪犯类别，算法预测可能会令人沮丧，因为他们的风险评分部分取决于他们在社会中的边缘化地位。教育、就业和住房至少部分地超出了个人的行动范围，因此很难用支持改变身份的方式改变。然而，通过算法推理，边缘化的个人要对他们的犯罪因素负责，并期望设想一个积极、可能的自我，能够协商结构性不平等（Hannah-Moffat, 2016）。泰克斯曼（Taxman）、考第（Caudy）和马斯（Maass）（2014）回顾了犯罪诱因对回归矫正的潜在需求后得出结论，社会经济因素应该只能被视为个人生活的“稳定器”。鉴于结构性的社会不平等，似乎更公平的做法是将社会经济因素视为非犯罪因素，这些因素是情境化的，而不是与中止有因果关系。这种将社会经济边际化作为犯罪需求的方法，可能会阻止算法预测成为不可避免的未来，从而阻碍个人重新设想不同的自我和未来。在这种情况下，我们还应该考虑到在许多司法管辖区，从审前拘留 130
到释放，个人在参与刑事司法系统的过程中会受到多种预测工具的影响（Van Eijk, 2020）。事先对自由和资源做出决定的预测可能会产生犯罪环境，一旦个人接受回归矫正，就可能成为能动性和中止的结构性障碍（Hannah-Moffat, 2016）。简而言之，对中止过程的研究表明，由于结构性和主观原因，改变是困难的，我们需要调查涉及算法的真实可能性，这会使个体更难完成这一过程。

算法司法的原则

显而易见，算法实践已经改变了司法实践，尽管对于算法如何在实践中使用以及如何影响司法和公平原则仍存在许多问题。根据我们对回归矫正中基于风险的司法活动的了解，在本章中笔者认为，算法司法活动的目标是预测未来的行为，然而基于聚合的、群体的数据的实现方式与个人正义（个人正义认为个人应该基于自身行为被评估）以及人的尊严（即个人具有能动性：控制自己未来的意识）相矛盾。然而，算法推理最基本的问题是人类决策和人类解释的结果，而非技术问题。托尼·沃德（Tony Ward, 2011）认为，预测性司法需要在收集有关犯因需要的数据时做到"极其谨慎"，并且"任何限制罪犯自由以及可能性福祉的后续决定都应该在合理性（和道德性）方面具有正当性"。虽然在原则上笔者同意该观点，但还是要提醒大家切勿把注意力集中在理性的正当性上，因为它们往往会把道德因素抛在一边。RNR模型和衡量预测工具的准确性和有效性的标准提供了合理的正当性，促使我们把算法司法看作是以证据为基础和数据驱动的活动，并且对行为及其原因的评估是权威、无关价值的和非政治的。然而，在实践中，算法充满价值，因为关于如何使用算法的决定"最终不是统计或科学问题，而是关于哪些风险是不可接受的，以及哪些风险应对措施应该被允许进行政治和社会判断"（Miller & Morris, 1988: 268）。从根本上说，预测是否应该在刑事法律决策中发挥作用的问题是一个伦理问题，却通常被视为准确性的技术问题。预测工具构建了"低""中""高"风险类别，每个类别"错误正值"和"错误负值"都是不可避免的。同样，是否包括某些风险因素，以及学术界、专家和决策者提出哪些论点，都是一种道德与政治的商谈。例如，将种族因素纳入风险评估中被认为是不可接受的，而尽管存在阶级、种族、民族和性别偏见等，但是社会经济因素仍然被认为是可接受的。合理化似乎消除了将社会边际化构建为风险因素的担忧，从而促进了技术方法与政治利益的一致（参考 Winner, 1980），由于社会边际性通过算法推理被去情境化和个性化，使个人对自己的（被剥夺的）处境完全负责。

在特定实践的情境下，理解人与算法的相互作用至关重要，131
因为预测量刑与预测性回归矫正存在不同的问题。因此，为了研究和改进算法司法活动的伦理，我们不应该将算法技术独立于人类实践，而应与之相结合，并将算法视为对人类实践的反映和延伸。预测性司法的许多基本问题来自于风险思维的问题性和对算法预测的错误解释。实践者接受解释算法和算法预测的训练是非常重要的，因为受算法影响的个体的经验是由解释算法结果的人类专家来促成的。此外，如果实践者犯了解释性错误，那么司法中的个人很可能也犯了类似的错误。由于刑事司法系统的决策者不是统计学专家，训练有助于纠正解释算法预测时的错误，或者可以设计不同的算法来提高可解释能力（Green & Chen, 2019）。从受算法司法活动约束的个体的角度来看，更需要解释的不仅是结果，还有算法预测的逻辑，这有助于他们评估算法决策的公平性（Green & Chen, 2019; Binns et al., 2018）。这意味着使用“黑箱”算法是不道德的，特别是由于其专有性而不透明的算法。在回归矫正的情境下，实践者负有道德责任向参与司法的个体正确地解释算法工具，以避免阻碍对未来积极自我的重新设想。为了实现以合乎道德的方式使用算法，一方面需要解决预测之间的内在紧张关系，另一方面是解决个体正义和人类尊严之间的关系。重新考虑这种紧张关系可能会导致不在回归矫正情境中使用算法司法的决策，以充分尊重人的尊严，并促进能动性和个体改变。

虽然有很多理由担心算法司法，包括判决和回归矫正，但是它也为更多的专家针对刑事司法裁定进行批判性评价创造了机会，因为该领域长期不为公众所知，并被视为法律专业人士的专属领域（Peeters & Schuilenburg, 2018）。使用更先进的技术，嵌入对数字化和大数据的更广泛关注，吸引了新的专家来仔细研究预测性司法的设计、使用和后果，这些新专家包括统计学家、人工智能专家、调查记者，以及社会科学家和法律学者。批判性的论辩反映在越来越多的学术和专业文献以及前所未有的私营部门的参与中，这些参与强化了算法司法根本不存在问题的科学形象。在这场辩论中仍然缺少那些受到算法司法活动约束的个人的声音。如果预测行为本身被认为是不公平的，那么任何算法都无法使得预测变得公平。为了进一步推进关于算法司法使用合乎道德的辩论，我们需要纳入受算法工具影响的个人的经验，以确保他们体验到的算法司法对其回归矫正和福祉是公平的和具有建设意义的。

参考文献

Andrews D. A. and J. Bonta. 2010a. *The psychology of criminal conduct*. London: Routledge.

Andrews, D. A. and J. Bonta. 2010b. Rehabilitating criminal justice policy and practice. *Psychology, Public Policy, and Law*, 16 (1): 39.

Andrews, D. A., J. Bonta and J. S. Wormith. 2011.The risk-need-responsivity (RNR) model: Does adding the good lives model contribute to effective crime prevention? *Criminal Justice and Behavior*, 38 (7): 735–755.

Anonymous. 2010. Standardised structured approach. *Inside Time*, 1 June, https://insidetime.org/standardised-structured-approach/

Bersani, B. E. and *E.E. Doherty*. 2018. Desistance from offending in the twenty-first century. *Annual Review of Criminology*, 1: 311–334.

Binns, R., M. Van Kleek, M. Veale, U. Lyngs, J. Zhao, and N. Shadbolt. 2018. '*It's reducing a human being to a percentage': Perceptions of justice in algorithmic decisions. Proceedings of the 2018 CHI Conference on Human Factors in Computing Systems*, 377: 1–14. doi:10.1145/ 3173574.3173951

Binns, R. 2019. *Human judgement in algorithmic loops: Individual justice and automated decision-making*. https://papers.ssrn.com/sol3/papers.cfm?abstract_id=3452030.

Bussert, T. 2019. What the first step act means for federal prisoners. *The Champion* (May): 28–36. Accessed 18 July 2019. https://www.frostbussert.com/files/what_the_first_step_ act_means_for_federal_prisoners.pdf

Cobbina, J. E. and K. A. Bender. 2012. Predicting the future: Incarcerated women's views of reentry success. *Journal of Offender Rehabilitation*, 51 (5): 275–294.

Corak, M. 2013. Income inequality, equality of opportunity, and intergenerational mobility. *The Journal of Economic Perspectivess*, 27 (3): 79–102.

Desmarais, S. L. and E. M. Lowder. 2019. *Pre-trial risk assessment tools: A primer for judges, prosecutors, and defense attorneys*. MacArthur Foundation Safety and Justice Challenge.

Eckhouse, L., K. Lum, C. Conti-Cook and J. Ciccolini. 2019. Layers of bias: A unified approach for understanding problems with risk assessment. *Criminal Justice and Behavior*, 46 (2): 185–209.

Farrall, S., G. Sharpe, B. Hunter and A. Calverley. 2011.Theorizing structural and individual- level processes in desistance and persistence: Outlining an integrated perspective. *Australian & New Zealand Journal of Criminology*, 44 (2): 218–234.

Goddard, T. and R. R. Myers. 2017. Against evidence-based oppression: Marginalized youth and the politics of risk-based assessment and intervention. *Theoretical Criminology*, 21 (2): 151–167.

Green, B. and Y. Chen. 2019. Disparate interactions: An algorithm-in-the-loop analysis of fairness in risk assessments. *Proceedings of the Conference on Fairness, Accountability, and Transparency* (January): 90–99. doi:10.1145/3287560.

Hamilton, M. 2015. Adventures in risk: predicting violent and sexual recidivism in sentencing law. *Arizona State Law Journal*, 47 (1): 1–62.

Hannah-Moffat, K. 2005. Criminogenic needs and the transformative risk subject: Hybridizations of risk/need in penality. *Punishment & Society*, 7 (1): 29–51.

Hannah-Moffat, K. 2013. Actuarial sentencing: An 'unsettled' proposition. *Justice Quarterly*, 30 (2): 270–296.

Hannah-Moffat, K. 2016. A conceptual kaleidoscope: Contemplating 'dynamic structural risk' and an uncoupling of risk from need. *Psychology, Crime & Law*, 22 (1–2): 33–46.

Hannah-Moffat, K., P. Maurutto and S. Turnbull. 2009. Negotiated risk: Actuarial illusions and discretion in probation. *Canadian Journal of Law & Society*, 24 (3): 391–409.

Hanson, C. 2009. The dehumanising process of risk assessment. *Inside Time*, 1 December, https://insidetime.org/dehumanising-process-of-risk-assessment/

Harcourt, B. E. 2008. *Against prediction*. Chicago: University of Chicago Press.

Harris, A. 2011. Constructing clean dreams: Accounts, future selves, and social and structural support as desistance work. *Symbolic Interaction*, 34 (1): 63–85.

Healy, D. 2013. Changing fate? Agency and the desistance process. *Theoretical Criminology*, 17 (4): 557–574.

Hunter, B. and S. Farrall. 2018. Emotions, future selves and the process of desistance. *The British Journal of Criminology*, 58 (2): 291–308.

King, S. 2013. Transformative agency and desistance from crime. *Criminology & Criminal Justice*, 13 (3): 317–335.

La Diega, G. N. 2018. Against the dehumanisation of decision-making. *Journal of Intellectual Property, Information Technology and Electronic Commerce Law*, 9 (1): 3–34.

Lamont M., S. Beljean and M. Clair. 2014. What is missing? Cultural processes and causal pathways to inequality. *Socio-Economic Review*, 12 (3): 573–608.

Lee, M. K. 2018. Understanding perception of algorithmic decisions: Fairness, trust, and emotion in response to algorithmic management. *Big Data & Society*, 5 (1): 1–16.

Matzner, T. 2017. Opening black boxes is not enough-Data-based surveillance in discipline and punish and today. *Foucault Studies*, 23: 27–45.

McNeill, F. 2006. A desistance paradigm for offender management. *Criminology*

& Criminal Justice, 6 (1): 39–62.

McNeill F., S. Farrall, C. Lightowler and S. Maruna. 2014. Desistance and supervision. In *Encyclopedia of Criminology and Criminal Justice*, edited by G. Bruinsma and D. Weisburd, 958–967. New York: Springer.

Metcalf, C. and K. Stenson. 2004. Managing risk and the causes of crime. *Criminal Justice Matters*, 55 (1): 8–42.

Miller, M. and N. Morris. 1988. Predictions of dangerousness: An argument for limited use. *Violence and Victims*, 3 (4): 263–283.

Monahan J. and J. Skeem. 2016. Risk assessment in criminal sentencing. *Annual Review of Clinical Psychology*, 12: 489–513.

NOMS. 2009. *Public Protection Manual. Chapter 9. Risk of Harm*. National Offender Management Service/HM Prison Service. 2020. https://www.gov.uk/government/publications/public-protection-manual-chapter-9-risk-of-harm.

Northpointe. 2012. *Practitioners Guide to COMPAS*. Northpointe. http://www.northpoin teinc.com/files/technical_documents/FieldGuide2_081412.pdf.

Paternoster, R. and S. Bushway. 2009. Desistance and the 'feared self ': Toward an identity theory of criminal desistance. *Journal of Criminal Law and Criminology*, 99 (4): 1103–1156.

Peeters, R. and M. Schuilenburg. 2018. Machine justice: Governing security through the bureaucracy of algorithms. *Information Polity*, 23 (3): 267–280.

Robinson, G. 2017. Stand-down and deliver: Pre-sentence reports, quality and the new culture of speed. *Probation Journal*, 64 (4): 337–353.

Salo, B., T. Laaksonen and P. Santtila. 2016. Construct validity and internal reliability of the Finnish risk and needs assessment form. *Journal of Scandinavian Studies in Criminology and Crime Prevention*, 17 (1): 86–107.

Silver, E. 2000. Actuarial risk assessment: Reflections on an emerging social-scientific tool. *Critical Criminology*, 9 (1–2): 123–143.

Simmons, R. 2018. Big data, machine judges, and the legitimacy of the criminal justice system. *U.C. Davis Law Review*, 52 (2): 1067–1118.

Starr, S. B. 2014. Evidence-based sentencing and the scientific rationalization of discrimination. *Stanford Law Review*, 66: 803–872.

Stevenson, M. T. and J. L. Doleac. 2018. *The Roadblock to Reform*. American Constitution Society. https://www.acslaw.org/wp-content/uploads/2018/11/

RoadblockToReformReport.pdf.

Taxman F. S., M. Caudy and S. Maass. 2014.Actualizing risk-need-responsivity. In *Encyclopedia of Criminology and Criminal Justice*, edited by G. Bruinsma and D. Weisburd, 1–11. New York: Springer.

Tonry M. 2019a. Predictions of dangerousness in sentencing: Déjà vu all over again. *Crime and Justice*, 48 (1): 439–482.

Tonry, M. 2019b. Fifty years of American sentencing reform: Nine lessons. *Crime and Justice*, 48: 1–34.

Van Eijk, G. 2017. Socioeconomic marginality in sentencing: The built-in bias in risk assessment tools and the reproduction of social inequality. *Punishment & Society*, 19 (4): 463–481.

Van Eijk, G. 2020. Inclusion and exclusion through risk-based justice: analysing combinations of risk assessment from pretrial detention to release. *British Journal of Criminology*, doi:10.1093/bjc/azaa012.

Van Wingerden, S., J. van Wilsem and M. Moerings. 2014. Pre-sentence reports and punishment: A quasi-experiment assessing the effects of risk-based pre-sentence reports on sentencing. *European Journal of Criminology*, 11 (6): 723–744.

Ward, T. 2011. Human rights and dignity in offender rehabilitation. *Journal of Forensic Psychology Practice*, 11 (2–3): 103–123.

Werth, R. 2017. Individualizing risk: Moral judgement, professional knowledge and affect in parole evaluations. *British Journal of Criminology*, 57 (4): 808–827.

Werth, R. 2019.Theorizing the performative effects of penal risk technologies: (Re) producing the subject who must be dangerous. *Social & Legal Studies*, 28 (3): 327–348.

Winner, L. 1980. Do artifacts have politics? *Daedalus*, 109 (1): 121–136.

第三部分

算法城市

第九章　智慧城市想象：超越技术乌托邦愿景 137

马克·舒伦伯格　布鲁尼尔达·巴利

引　言

也许智慧城市，这些巨大的露天实验室，
为新的全球文明指明了道路。

蒂埃里·哈普（Thierry Happe），
Netexplo 创始人 CEO

许多关于城市的想象在流传，但很少像智慧城市一样受欢迎。智慧城市主要是具有壮观的技术未来主义视觉语言，已成为政策制定者和城市规划者的城市乌托邦愿景，他们希望通过可监控、管理和调节各种城市进程的技术使城市的规划和治理更合理（Kitchin, 2015; Joss et al.，2019）。在这种技术乌托邦愿景中，公共空间里部署了大量的技术设备，并与公民使用的移动计算设备（如手机、笔记本电脑和智能眼镜）融为一体。为了更好地描绘、建模和预测城市进程，这些技术设备连接在一个集中的网络中，这样就可以通过算法不断地分析大量收集到的数据（“城市仪表板”），并将其转化为清晰可预测、可理解和可管理的模式。这种“分钟对分钟”治理的核心理念是：城市环境要尽可能灵活，以适应不断变化的城市生活需要、需求和要求（Zandbergen, 2018）。

在不到二十年的时间里，智慧城市已成为一个全球性的叙事，它承诺提高整个城市的效率，改善决策制定，增强安全性（Townsend, 2013; Datta, 2015; Ersoy, 2017）。特别是IBM[1]、思科（Cisco）等科技公司在这一过程中发挥了决定性作用。通过“企业讲故事”（Söderström, Paasche & Klauser, 2014: 307）和大量的“宣传”（Schürer, 2020），他们在全球范围内普及了智慧城市的想象（Greenfield, 2013; Townsend, 2013）。智慧城市的想象是在作为城市现在和未来将面临的各种灾难性事件的解决措施场景中呈现的，比如气候变化引发的自然灾害、高犯罪率和民主谬误等（Tyszczuk, 2020）。使用智能技术旨在让人们参与改善城市服务，增强城市系统，使城市具有抵御危机和灾难的能力。例如，新加坡的智能交通摄像头会根据通行量限制交通，并为每天数千名乘客的通勤提供便利。在荷
138 兰最大的城市之一埃因霍温，通过调节灯光照明来降低公共空间的紧张和不友好的气氛；声音分析算法可以检测玻璃破碎之类的物体，并释放诸如橙子味的特定的气味。在西班牙桑坦德（Santander），居民通过下载一个叫“城市脉搏”的应用程序，就可以将智能手机变成该市已安装的20,000个传感器之一。市

① 关于“智慧城市”含义的争论始于2007年IBM的一场营销活动，直到2011年该公司注册了“智慧城市”商标（Schürer, 2020: 49），这一争论才达到高潮。

政府官员通过实时数据分析来调节能源的使用和一周内所要收集的垃圾数量，甚至还可以调节城市公园草坪上的洒水量。每一个例子中的主要理念和承诺是，智能技术、数据和算法运用到城市生活中的进步和整合之中，将给我们带来经济、民主和安全效益。

虽然智慧城市还处于未来的愿景之中，但这一概念的力量却俘获了企业、决策者和公民的心——使其成为21世纪城市重新规划和重建的重要工具。智慧城市之所以成为如此受欢迎的品牌，一个重要原因是它呈现的是价值中立、客观、理性和基于证据的理念。开发人员和决策者经常使用客观性的主张，以确保社会决策是基于看似合理的发现，该发现完全基于数据和算法，不受人为干预（Gillespie, 2014; Kitchin, 2014）。这意味着可以从完全的“非意识形态”角度来处理这些决定。然而，正如贾森·萨多斯基（Jathan Sadowski）和弗兰克·帕斯奎尔（Frank Pasquale）（2015）所指出的，没有什么比“非意识形态”一词的运用更意识形态化了，因为它可以隐藏那些驱动所谓的中立、客观和常识性解决方案的假设（另见Thrift，French, 2002; Kitchin, Dodge, 2011）。事实上，所有城市规划的措施，包括受政治和商业利益驱动的智慧城市“存在固有意识形态，因为它们构成了主导部门的愿景，即应该对公共空间进行何种城市变革或认知改进”（Scott, 2016: 7）。因此，智慧城市需要解构、批判以及社会和文化理论方面的解释（Vanolo, 2014; Sadowski, Pasquale, 2015; Schuilenburg, Peeters, 2018; Sadowski, Bendor, 2019）。

时尚且毋庸置疑的城市愿景，无论它们是“智能”“创意”还是“绿色”的，都需要进行特别审视，并且必须与它们滋养和赖以滋养的社会想象相联系（Campbell, 1996; Peck, 2005; Hollands, 2008; Lindner & Meissner, 2018）。如果没有这样的审视，智慧城市支持者主张的论点将不会受到质疑，该论点认为应采取一种普遍和非政治化的方法来应对城市面临的经济、自然和社会危机。正如萨多斯基和帕斯奎尔（2015）所呼吁的那样，在审视他们基础性的想象和愿景时，我们必须运用“怀疑的解释学”，正如“怀疑”一词所暗示的那样，它指的是一种对“显而易见或不证自明的含义的批判性分析，以发掘不那么明显和未经粉饰的事实”（Ricoeur, 1970: 356）。例如，谁设定优先事项以及推动这些城市想象的议题？这对那些将在那里生活或工作的人有什么影响？哪些人包括在这些愿景中，哪些人被排除在外？简而言之，智慧城市由哪些社会想象来治理？

139 本章考察并揭示了智慧城市的社会想象。从探寻社会想象和城市想象之间的联系开始，在接下来的论述中，笔者会将注意力转向智慧城市的特定社会想象。笔者认为，虽然智能技术已经成为智慧城市建设的主要驱动力，但它们本质上是重新思考城市经济、民主和社会工作方式的一种思路。因此，我们认为应该“超越”智慧城市的主要驱动力——智能技术——来理解那些孕育智能技术的想象，并产生和证明其对智能技术的需求。笔者发现根植于智能城市中的三种社会想象：经济、民主和安全想象。通过分析这三种类型，笔者展示了相关领域和实践的经济化如何在我们的城市环境中发生，哪一个是首先以非经济术语理解和分析的。

关于社会想象

一些学者认为，社会想象是社会制度、主体性和实践构建的核心。他们将想象作为社会研究中的一种启发式工具，向物质结构优先于文化和符号结构提出了挑战（参见 Anderson, 1983; Castoriadis, 1987; Appadurai, 1996; Taylor, 2004）。虽然这些学者关注的是想象概念的不同方面，但他们都承认物质构成中的非物质和符号维度，同时也关注到了想象塑造和重塑现实的方式（Vandevoordt, Clycq & Verschraegen, 2018）。换句话说，与其坚持“现实和想象的错误二分法”（Armstrong, 2013: 142），还不如本着需要去认识想象在过去、现在和未来现实构成中的地位。尽管详细讨论社会想象的概念超出了本章的内容，但继希拉·贾萨诺夫（Sheila Jasanoff）和金尚贤（Sang-Hyun Kim）（2009: 120）两位学者之后，笔者还是将社会想象理解为“在科学、技术、国家、全球和其他社会项目的设计和实践中反映的社会生活和社会秩序的集体想象形式”。

虽然民族国家（Anderson, 1983）是社会想象的典范，但其他现代社会想象在不同时期也出现过，如公共领域、公民社会、全球、市场——以及我们将在本章中讨论的智慧城市。正如政治理论家本杰明·巴伯（Benjamin Barber, 2013）所言，目前城市而非民族国家正在成为政治的游乐场和晚期现代社会想象的主要参照物。帕拉格·康纳（Parag Khanna, 2011）为麦肯锡全球研究所撰写的文章中指出：“在这个越来越难治理的时代，城市将取代国家，成为未来世界秩序建设的治理之岛。”因此，城市被逐渐设想并重新归类为社会和经济发展的关键“引擎”（Raco & Imrie, 2000）。

不同的学者都使用想象的概念来理解一般的城市，特别是智慧城市（参见Soja, 2000; Merricks White, 2016; Vanolo, 2016;
140 Wang, 2017; De Waal & Dignum, 2017; Lindner & Meissner, 2018; Sadowski & Bendor, 2019）。马汀·德·瓦尔（Martijn De Waal）和马洛斯·迪格南（Marloes Dignum）（2017: 264）将城市想象定义为“一系列可能直接影响政府政策决策、城市设计标准、资本投资、民众态度等的愿景、希望和恐惧”。为了在时间和空间上定位智慧城市的城市愿景，弗里德瑞科·库古若乐（Frederico Cugurullo, 2018）研究指出，智慧城市支持者所宣称的对技术和创新的信念，最早可以追溯到1627年弗朗西斯·培根出版的《新大西岛》（*New Atlantis*）一书。作为想象和塑造城市及城市社会未来动力的迭代，智慧城市被认为是未来城市发展最理想的模式，代表了阿尔贝托·瓦诺洛（Alberto Vanolo, 2014）所说的“城市想象史”的最新发展阶段。同智慧城市“族谱相似”的其他相关概念有“科技城市”“数字城市”“有线城市”“网络城市”“知识城市”“创新城市”“生态城市”“智能城市”“模拟城市”“数据城市”“物联网”“创业城市”“竞争力城市”“创意城市”和“可持续城市”（Kitchin, 2014）。然而，这其中没有一个概念能像“智慧城市”这样成功地捕捉和保持想象力。

这一切都引出了一个问题：为什么“智慧”变成了一个如此强大的想象。根据不同学者的研究，不同类型的技术对大量数据的调动既是智慧城市计划背后的驱动力，也是这些计划实施的手段（Shelton, Zook & Wiig, 2015; Sadowski & Bendor, 2019）。在下文中，我们将通过阐述智慧城市构建所依托的技术乌托邦愿景，解读智慧城市的社会想象，同时重点关注数字技术的实施。

技术乌托邦式愿景

智慧城市概念是建立在技术乌托邦愿景基础上的，其核心是数据、数字基础设施和技术能够实现建立全面管控的城市治理，找到相应的解决方案，以及对城市生活中所面临的社会、文化、政治和经济层面的复杂问题以更明智的方式进行治理（Morozov, 2013; Söderström，Paasche & Klauser, 2014; Willis & Aurigi, 2017）。米沙·多勒尔（Mischa Dohler）等人（2013）认为："正是借助信息和通信技术，智慧城市才真正实现了'智慧'。"智慧城市叙事的一个重要元素是智能技术被视为不可避免的和进步的，是一种"独特的技术官僚思想"（Sadowski & Pasquale, 2015: 4）。将"技术乌托邦主义"（Wiig, 2015; Vanolo, 2016）、"技术官僚梦想"（Dunn & Cureton, 2020）或"技术政治"（Mitchell, 2002）融入城市生活的驱动力是新自由主义理念，这种理念认为，全球化的城市竞争将自动使城市成为更好的居住场所（Harvey, 2005），并且引发对"未来场景中经济、环境和社会效益"的关注（Caprotti, 2019: 2467）。卡乐（Kale）集团总裁兼首席执行官泽伊内普·博杜尔·奥凯（Zeynep Bodur Okyay, 2018）表示，"竞争的不再是国家，而是城市。每个城市都必须获得竞争优势，以使自己与众不同……城市将作为相互依存的实体在全球进行竞争和合作，并将推动 141
未来发展"。在这个技术官僚的梦想中，未来被想象成是"无冲突的"（Dunn & Cureton, 2020）。

智慧城市叙事主要强调收集和处理数字数据的可能性，以及将不同类型的数据相互连接的可能性，这些数据包括人们的移动及其空间行为、交通流动性、公共交通、能源使用、供水和垃圾收集等。马泰奥·帕斯奎内利（Matteo Pasquinelli, 2015）使用“算法治理”概念指出，我们比以往任何时候都更加努力地创建和管理不同类型数据之间的关系和模式，并为接下来进一步识别和管理这些模式的偏差或异常做出努力。正如哥伦比亚麦德林市智慧城市项目试点的工作人员亨贝托·伊格莱西亚（Humberto Iglesia）所说：“对我们来说，智慧城市是一个使用数据并分析数据的城市。智慧城市是一个完全互联的城市”（引用于Cathelat 2019: 112）。将大数据转化为可用的信息和知识，从而能被机器解释，正是将智能数据进一步用于城市治理的过程。智慧城市政策设想数据驱动的城市化可以提供更好的决策、最佳的资源流动、协调的公共服务提供、安全和更好的生活条件，以及综合的智慧治理。一个典型的例子就是位于巴西里约热内卢的IBM智能运营中心，该中心收集了来自30多个不同类型机构的数据。拥有这些数据使得对城市的不同区域进行检查、控制和管理成为可能。正如里约热内卢市市长所说，该系统“允许人们每周7天、每天24小时查看城市的每个角落”（引用于Malik, 2019）。

数据驱动的城市化在一定程度上将技术创新与城市环境联系起来的机会增加了。智能技术不是从零开始建设新城市，而是已经融入现有的城市治理形式和城市的物质基础设施中，例如网络传感器和执行器，它们既可以实时监测城市环境，也可以在很少或甚至不需要人工干预的情况下智能运转，从路灯到自动水流和电表都是如此。这类举措的成功在很大程度上有赖于智能技术的不可视性，以及公民对数据被收集这一事实缺乏认识。城市或城市的部分，如街道、社区、地区或大学校园[②]，确实已经变成了现实生活条件下的试验区和实验室，也就是所谓的城市生活实验室，但是这不符合通常实验室研究所必需的伦理要求。类似于硅谷自由主义者所说的“无许可创新”（Thierer, 2016），根据该学说技术进步不应该被公共法规扼杀，智慧城市声称他们拥有实验、测试和创新的绝对自由。因此，被理解为以管理目的进行数据收集的监控技术，正变得如此普遍和微妙，以至于完全“融入日常生活的背景中”（Sadowski & Pasquale, 2015: 9）。举例来说，我们可以回想一下1991年施乐帕克研究中心的首席技术官马克·韦瑟（Mark Weiser）发表的著名声明：“最深奥的技术是那些消失的技术……它们将自己编入日常生活之网中，直到无法与之区分为止。”（1991）例如，备受争议的加拿大多伦多海滨“人行道实 142
验室”（Sidewalk Labs）的智能城市项目，是迄今为止发展最快的监控项目之一，有望收集海量数据。经过分析，这些信息提供了新的见解，可以相应地改变公民在公共空间及其城市空间中的行为。

要理解、管理和解决城市所面临的问题，所需要的只是一种合适的技术、充足的数据和智能算法（Galič, 2019）。虽然这

② 例如，格拉斯哥大学一直在与未来城市促进会（Future Cities Catapult）城市创新中心合作，致力于将智能技术引入校园。根据参与该战略合作的设计师之一杰米·金蒂（Gemmy Ginty）的说法，大学处于独特的实验环境中：“智慧城市是一种缓慢发展的城市。城市如此之大，参与者和利益相关者如此之多，这可能很困难。但是大学拥有对其财产的控制权。独立拥有其建筑物，拥有所有的网络，并且拥有大量学生作为“俘获的观念”，因此可以变得像一个活生生的实验室。”（引自Niemtus，2019）。

些特征在很大程度上揭示了智慧城市的吸引力，但为了理解智慧城市作为管理城市环境的原则，有必要对智慧城市有更深入和更具批判性的理解。在当前关于智慧城市的讨论日益激烈的背景下，我们需要提出几个问题：哪些具体的价值观和理念支撑着智慧城市的概念？智慧城市推动哪些城市愿景、政策和实践？哪些想象被转化为实践和政策，在我们城市的未来中扮演着怎样的角色？

三重想象的展开

考虑到上述问题，我们的目光将超越所描述的技术乌托邦愿景，进一步挖掘驱动和塑造智慧城市愿景的特定社会想象。为此，我们收集了世界各地有关智慧城市的文献、政策文件和报告，以探究所谓智慧技术的“社会生活”。根据几项旨在使城市智能化的实践，我们发现三种不同但又相互关联的社会想象：（1）经济想象，（2）民主想象，（3）安全想象。[③]这些想象是如何产生和发展的，它们之间的共同特征和区别是什么？

经济想象

毫无疑问，智慧城市社会想象的核心话语隐喻是一个经济想象：智能技术促进增长、繁荣、知识、教育等。根据该观点，“智慧”增加了城市的价值和资本，使城市成为“时髦而

③ 另见霍兰兹（Hollands, 2008），他提出了涵盖了四个广泛问题的智慧城市议程：借助于使用网络基础设施、企业主导的城市发展、技术和创意部门投资的有利条件以及社会和生态可持续性，以实现更有效的政治和经济管理；并且罗根（Rogan, 2020）通过三个轴心即经济、政治和空间解构了智慧的意识形态。

繁荣”的增长中心，并改善了市民生活和企业运营。技术手段使城市更适合人们居住，正如IBM总裁兼首席执行官吉尼·罗梅蒂（Ginni Rometty）在关于组织和人员如何在“智能时代”提高竞争力的讲话中所言，智慧城市将“推动经济增长和社会进步”（Rometty, 2013）。智慧城市的建设有助于吸引投资、带来行业高端人才和游客（Brand, 2007; Hollands, 2008; Kitchin, 2014）。在创新和创业精神的推动下，其核心目标是吸引企业和促进就业，同时关注效率、储蓄和生产力（Caragliu, Del Bo & Nijkamp, 2011）。正如市场支持者乐观地认为，城市是巨大的经济引擎，因此我们需要“释放其创业力量”（Hwang, 2014）。

市政当局采取以解决问题为导向的工作方式，其局限性 143
塑造了智慧城市中以经济视角治理公共问题的核心特征。在世界范围内，市政当局都被认为辜负了其治理对象的期望。在无法有效治理的地方，公共服务的重构不仅仅是制定良好政策的问题，而且是组织政府和私营部门之间密切合作的管理问题（Meijer & Bolivar, 2015）。政府不再需要管理、指挥和控制。在智慧城市中，温和的政府依靠“引导”而不是“争吵”来实现公共目标（参见Osborne & Gaebler, 1992）。这导致网络形式的治理要以公私合作、新公共管理、市场治理、市政服务私营化为基础，并且相信智慧城市供应商（如思科、西门子、微软和IBM）可以通过提供类似甚至更好的服务节省大量成本。一个典型的例子是法国城市尼斯，它是2016年智能创新奖的获奖城市，在该市里，市政当局与主要的工业集团、当地的中小企业和初创企业合作，特别是与法国科技网络和教育研究的企业合作，优化城市的管理和创造就业机会。

在有关智慧城市的文献中，许多学者都表示有必要对新自由主义政治经济学持谨慎态度，针对城市治理，该经济学主张优先考虑以市场为主导和技术逻辑解决方案（Hollands, 2008; Kitchin, 2014; Sadowski & Pasquale, 2015; Grossi & Pianezzi, 2017; Morozov & Bria, 2018）。尤其突出的问题是，人们倾向于将使用思科和西门子等科技公司的智能技术视为一种普遍而理性的城市治理方式。在这里，智慧城市的概念本质上是“后政治”的，因为它忽略了决策的政治特征（Burnham, 2001; Lahiji, 2014; Wilson & Swyngedouw, 2014）。这意味着讨论和处理公众关注的问题时排除了“政治”这一问题（Rancière, 1995; Mouffe, 2005）。由于这种非政治化的进程，治理标准逐渐被重新塑造为“客观的”管理标准，强调数据驱动的决策协议、可衡量的产出和绩效指标，以提高效率和效力。耶夫根尼·莫洛佐夫（Evgeny Morozov）和弗朗西斯卡·布里亚（Francesca Bria）（2018: 10）认为，智慧城市需要“量化其各个组成部分的表现，以使它们更负责任、更有竞争力和更易于管理”。这可以从智慧城市的排名、竞争表和比较分数等指标日益重要的现状中得到说明，这些指标为城市提供了营销其特征的手段，并将这些绩效指标作为“超越”对手的手段（Giffinger et al., 2007）。

民主想象

智慧城市社会想象第二个隐喻是智能技术促进了民主进程。民主论点植根于智能技术，其有潜力利用更新和更丰富的公共
144 决策和民主参与形式。这些技术正越来越多地呈现为“以民为本”或“以人为本”，并有可能以互动的方式向公民提供信息，这样民众就共同创造并参与各种公共政策的进程，最终实现智

能治理（Joss & Davot, 2017; Cardullo & Kitchin, 2019）。在奥地利的首都维也纳，近600个官方援助网站促进了实际的市政当局服务，甚至取而代之。对用户的调查显示："'线上'办理事务节省了大约2小时。非常智能！"此处使用"智能治理"的概念用于追踪这些新的技术媒介下的治理安排和实践。智能治理的实例多种多样，包括黑客松、生活实验室、微观装配实验室、智能城市实验室、公民仪表板、创客空间、智能公民实验室、游戏化概念和开放数据集。

威廉·韦伯斯特（William Webster）和查尔斯·列勒瑟斯（Charles Leleux）（2018: 101）认为，所谓的参与式治理实践有四个特点。它们都专注于智能技术，无论是重复使用现有数据还是设计新的应用程序参与。此外，它们都需要公民的投入和参与。其次，它们涉及物理和虚拟的数字交互。最后，每个项目都需要从正规的公共机构处得到初始的激励，[④]以便创造空间和提供参与的机会。许多公共决策程序的实例都强调了使用智能技术的变革潜力。这些"以民为本"或"以人为本"的方法的关键术语是"参与""动员""信任"和"包容"。正如智慧城市荷兰赫尔辛基市的首席数字官米科·鲁萨玛（Mikko Rusama）所说："我们正在努力建立一种信任的文化。这种信任建立在公开、透明、数据共享和如何做出决策的基础之上。"

④ 巴塞罗那是一个具有开创性的智慧城市的例子，在转向技术官僚主义之后，该市选举阿达·柯洛（Ada Colau）为市长，其使命是通过开放数字平台实现更多的公民参与和监督，并促进"技术主权"，使城市民主化，让公民成为舞台中心。2018年，巴塞罗那智慧城市博览会（Smart City Expo）上，借用亨利·莱费伏尔（Henry Lefebvre）所说的"城市权利"一词，人们要求建立一个更具包容性和参与性的城市，呼吁"智慧城市权利"。

（引用于Cathelat, 2019: 230）。

智能技术增强民主进程的做法广受社会赞誉，这转移了人们对事实的注意力，即目前仍然不清楚哪些智能治理的例子在哪种情况下最有效。此外，从本章的角度来看，更重要的是我们尚不清楚如何将公民作为智慧城市中的民主参与者。[5]在人们对智慧城市的批评性审查日益激烈之际，强调科技“赋权”智慧公民的作用并不令人惊讶（De Waal & Dignum, 2017）。2017年，孟加拉国达卡市举办了智慧城市周，聚焦“重点建设以人为中心的城市，不仅要投资技术和基础设施，还要吸引关心城市的智慧人士”。智能项目背后的驱动力是企业驱动的意识，即我们需要足够的社会和平与公平，以避免智慧城市公民的不满（Cathelat, 2019）。思科公司在其2018年趋势报告中表达了这种担忧：“忽视穷人和外国人，可能是一个不稳定因素。”智慧城市的营销推广必然会涉及对“自下而上”的解决方案和社区参与的强制性认可。这意味着作为“消费者”而不是“政治行动者”的市民，必须就公共服务的质量发表自己的意见。批评人士指出，这“破坏了更多关于公民身份、团结和共同责任的集体想象，助长了新自由主义的个人主义的消费风气，即市场决定了什么最符合公民的利益”（De Waal & Dignum, 2017: 267; Cardullo & Kitchin, 2019）。与此同时，批评人士已经表明，所
145 谓的“公民参与”项目往往只是象征性的形式，公民可以表达自己的意见，但不产生任何重大的“政治”影响（Gordon & Mihailidis, 2016）。事实上，如果认为这些项目中的每一个参与

[5] 有关英国六个不同城市的智慧城市“公共”类型，请参见考利（Cowley）、乔斯（Joss）和达沃（Davot）（2017）的文章。

者都具有同等甚至可比较的角色或权力，那就太天真了。

安全想象

智慧城市社会想象第三个隐喻是智能技术为公民承诺了安全可靠的未来。当一个城市考虑投资智能技术时，公共安全和安保往往是实施特定计划的关键驱动因素（Lacinák & Ristvej, 2017; Schuilenburg & Peeters, 2018; Pali & Schuilenburg, 2019）。例如，在杭州，作为企业主导的“城市大脑”项目的一部分，开发了一个名为“社区与公共安全”的子项目，该项目使用视频分析技术和视频识别算法来实施预防措施，保护公众的安全。通过利用智能技术收集和整合大量数据被视为是加强犯罪预防和应对混乱危险的有效保护措施，同时也可以应对各种各样的自然或人为灾害（如洪水、暴风雨、交通事故、火灾事故、群体性暴力事件、恐怖袭击、水灾、网络安全等），但是这种做法增大了对公民进行长久监视的可能性。

智能技术的实施源于这样一种认识：在开放和繁荣的城市中，犯罪率很高，而且可能将持续高位，而地方政府应对这种情况的可能性有限。这个领域的任务正越来越多地转移给私营科技公司，这些公司以自己独特的方式处理这些任务。一方面，商业团体越来越多地被分派“警察式”职责，如监控购物中心、商业地产、大学校园、机场和封闭式社区（Shearing & Stenning, 1983; Wakefield, 2003; Schuilenburg, 2015）。另一方面，商业团体为了执法机构而使用软件，以保护公民远离犯罪、混乱和其他不受欢迎的行为。在这个新的框架中，涉及与地方政府或多或少的合作。市政当局和私营科技公司之间的正式合作是通过合同或类似协议如合约和契约实现的。

在创建无风险、安全城市的混杂的新智能技术中，可以粗略区分为预测性技术和心理政治技术（Pali & Schuilenburg, 2019）。阿姆斯特丹、亚特兰大、芝加哥、伦敦、斯德哥尔摩和新加坡等多个智慧城市已经使用了预测性技术，这些技术包括预测性警务、面部识别、自动车牌识别系统、生物特征识别控制和先进视频监控等。例如，新加坡政府启动了“灯柱即平台”项目，在全市安装了10万个与面部识别软件相连的监视摄像头。这些技术的支持者强调，相对于传统的犯罪防控，这种技术成本更低。作为最早使用该软件进行执法的公司之一，科
146 技公司IBM声称，使用预测性警务正在帮助市长和警察部门在减少预算的情况下打击犯罪。这是一种“事半功倍”的经济有效的方法，因为它以多种方式简化了执法活动，从追踪、搜索和识别嫌疑人（“重点嫌疑人”）到通过确定犯罪区域（“重点区域”）主动预防犯罪。一些批评人士强调，这些技术可能会存在侵犯隐私、歧视和边缘化某些群体的危险。例如，约翰·切尼－利波尔德（John Cheney-Lippold, 2011: 165）强调了与“新算法身份”相关的问题，“新算法身份”是一种基于群体分析而使用应用数学算法来推断身份类别的形式。

心理政治技术是用于积极改变智慧城市中公共或半公共空间访客行为的技术。例如，智能传感器和设备可以使路灯根据街道上的活动自动调节亮度，以确保效率和安全。同时，这些传感器和设备可以帮助人们走在最有效的道路上，避开噪音和犯罪密集度高的区域。例如，GPS导航应用程序Waze就包含了“回避危险街区”的功能，并划定了世界各地的“危险街区”（Liberatore, 2016）。因此，包括应用程序和机器人在内的智能技术通过提供实时信息来改变我们的行为，使我们的城市

体验超级个性化。智能手表和智能眼镜等完全以个人需求为中心的可穿戴技术使安全成为可能。心理政治技术的第二种形式是通过分析大量的数据（包括社交数据、警察出没、街道垃圾、停车密度、声音级别和天气信息）来控制气味、光和声音，以此塑造公共空间的氛围。这些技术的目的是减少紧张和攻击性，从而建立像荷兰智慧城市埃因霍温市所追求的“快乐城市”。例如，蓝色被认为具有使人冷静和严肃的效果。当使用合适的蓝色时，它可以降低心率，减少人们的紧张感和攻击性（Schuilenburg & Pepeters, 2018; Pali & Schuilenburg, 2019）。

新自由主义道德观

重要的是要认识到智慧城市不仅仅是一个技术叙事，更是涉及复杂的政治和社会秩序的过程，这个过程由图像、故事、梦想等构成。我们应该承认这些想象所包含的意识形态性质和吸引人的愿景。这意味着智慧城市应被理解为是一个行为主义的术语，因为它允许公共和私人团体根据智慧城市概念中所表达的共享的想象来重塑和改造城市。社会学家唐娜·哈拉韦（Donna Haraway, 2011: 4）指出：“重要的是什么故事创造了世界，什么世界创造了故事。”除了技术层面的叙事外，我们还展示了智能城市嵌入另外三个社会想象：经济、民主和安全方面的想象。

显然，智慧城市的社会想象之间的共同特征和差异植根于新自由主义思潮之中，该思潮以市场为主导以及技术官僚 147
方式解决城市治理和发展中的问题。正如温蒂·布朗（Wendy Brown, 2006, 2015）、戴维·哈维（David Harvey, 2005）和奎因·斯洛博迪安（Quinn Slobodian, 2018）等学者所指出的那样，新自由主义不仅仅是自由放任、放松管制和私有化。它还涉及对社会进程和安全治理的干预和监管，目的是将竞争的市场原则注入这些城市生活的领域。例如，通过积极调节和管理公共空间的氛围和个体行为，智能基础设施可以控制和促进公民的自由。因此，“调控变得如此微妙，以至于它很可能以‘选择’的形式呈现自己”（Savat, 2009: 57）。

新自由主义思潮意味着经济理性并不局限于智慧城市的经济领域。除了经济领域，智慧城市的政治（民主）和社会（安全）领域也越来越多地受到市场关系的支配，并根据经济理性来组织实施。因此，经济标准被扩展到非经济的城市领域。这意味着原本智慧城市的政治和社会领域被重新定义为经济领域。市场模式被扩展到智慧城市的政治和社会领域——即使在不涉及金钱的领域——从而瓦解了这些领域之间的界限。因此，智慧城市的公共领域由特定的干预形式构成，包括新的决策程序和安全保障。这反映在民主进程和安全保障的治理标准中。这些标准假定竞争是治理这两个领域的唯一合法的组织原则。这种去政治化过程的结果是这两个领域的治理标准都采用了明显中立的术语，如“顾客”“消费者”“有效性”“效率”和“指标”。

例如，创业形式在智慧城市的政治和社会领域的扩展表明，犯罪行为不再被视为是市场模式之外的行为，而是被视为市场本身。IBM已经花费了“超过140亿美元为商业和执法部门开发预测分析软件”（Wang, 2018: 231）。在亚特兰大和芝加哥，IBM向司法当局提供信息，帮助他们能够根据大数据分析来预测犯罪模式。IBM公司声称，他们正在帮助警方更好地工作，因为“执法的主要问题是信息碎片化”（Willis & Aurigi, 2017: 156）。特别是结合行为经济学领域的认识，这些发展的影响是广泛的，特别要注意的是其规范性后果不容小觑。科技公司在“兜售”安全的经济性，其传达的信息是安全治理是可衡量和可控制的，因此也是可管理的。故而，有效的解决方案与优质的解决方案相混淆，而解决犯罪问题是一项困难和长期的过程，不存在商业动机或盈亏的心态。人们是希望通过为居民提供更多的就业和住房机会来解决城市问题，还是想仅仅通过部署智
能安全技术来刺激高效、安全和以消费为重点地使用公共空间，148
以寻求商业上的成功？

结　论

“美好的智慧城市”在技术乌托邦式想象的精心培育中成长起来，想象突出了基于智能项目中收集数据的决策算法，而“美好的智慧城市”有望解决城市现在和未来将面临的各种危机和灾难，产生更智能的生存、生活和治理方式。我们的城市未来被描述为完全“向往的”“必然的”“理性的”“后政治的”，“智慧的”已经使我们城市的未来殖民化。市长们都在竞相把自己的城市转变成智能城市，大型科技公司以高价出售廉价的智能梦想。在智慧城市日益普及的背景下，讨论所谓的智慧技术的中立性变得很重要。虽然这些技术本身没有好坏之分，但也不是中立的，因为它们与我们城市生活的更广泛的社会想象相关联。换句话说，智慧技术始终具有权力关系功能——它们的影响也是如此。

正如本章所述，理所当然的、不容置疑的智慧城市愿景需

要特别的审视，必须与治理它们的社会想象相联系。在智慧城市争论日益激烈的背景下，我们需要了解智慧城市所倡导的愿景、政策和实践，以及转化为实践后在未来城市中所发挥的作用。更具体地说，笔者展示了智能“讲故事”是如何建立在一个核心理念之上的，这个核心理念推动了智能技术与城市生活的融合，并将带来经济、民主和安全方面的益处。通过批判性地质疑经济、民主和安全想象，笔者展示了新自由主义思潮是如何将经济理性逐步地渗透到各领域和实践中，而这些领域和实践先前是以非经济术语理解和分析的。这种新自由主义思潮为了根据市场原则和竞争形式来规范社会生活，而对政治程序和安全治理进行规范。换句话说，它受商业利益的驱动，有利于公司利益，并且阻碍了对城市空间非传统想象的产生。

为了将关于智慧城市的争鸣“再政治化”（参见March & Ribera-Fumaz, 2016），笔者主张，需要将智慧城市分解为不同层面的承诺、愿景和虚构，并将其赋于概念之中，并进行有机整合。笔者的核心论点是：已描述的想象是我们构建经验、塑造现实和创造未来的基础，就像它们在非传统的经验、现实和未来方面具有极大的破坏力一样。它们是我们生活中密不可分的一部分，因为它们完全地殖民了我们的存在。批判性地理解智慧城市项目治理的想象只是起点。一旦我们理解和解码了智能项目，我们就能找到摆脱它们的方法，不再被诱惑，并让自己参与到与市场和竞争无关的非传统愿景中去。

参考文献

Anderson, B. 1983. Imagined communities. *Reflections on the origin and spread of nationalism*. London:Verso.

Appadurai, A. 1996. *Modernity at large*. Minneapolis/London: University of Minnesota Press.

Armstrong, S. 2013. Using the future to predict the past: Prison population projections and the colonisation of penal imagination. In *Crime, critique, and utopia*, edited by M. Malloch and B. Munro, 136–163. London: Palgrave Macmillan.

Barber, B.R. 2013. *If mayors ruled the world: Dysfunctional nations, rising cities*. Yale: University Press.

Brand, P. 2007. Green subjection: The politics of neoliberal urban environmental management. *International Journal of Urban and Regional Research*, 31 (3): 616–632.

Brown,W. 2006. American nightmare: Neoliberalism, neoconservatism, and de-democratization. *Political Theory*, 34 (6): 690–714.

Brown,W. 2015. *Undoing the demos. Neoliberalism's stealth revolution*. New York: Zone Books. Burnham, P. 2001. New labour and the politics of depoliticization. *The British Journal of Politics & International Relations*, 3 (2): 127–149.

Campbell, S. 1996. Green cities, growing cities, just cities? Urban planning and the contradictions of sustainable development. *Journal of the American Planning Association*, 62 (3): 296–312.

Caragliu, A., C. Del Bo and P. Nijkamp. 2011. Smart cities in Europe. *Journal of Urban Technology*, 18 (2): 65–82.

Cardullo, P. and R. Kitchin. 2019. Being a 'citizen' in the smart city: Up and down the scaffold of smart citizen participation. *GeoJournal*, 84 (1): 11–24.

Caprotti, F. 2019. Spaces of visibility in the smart city: Flagship urban spaces and the smart urban imaginary. *Urban Studies*, 56 (12): 2465–2479.

Cathelat, B. 2019. *Smart cities: Shaping the societies of 2030*. https://unesdoc.unesco.org/ark:/48223/pf0000367762; accessed 15-01-2020.

Castoriadis, C. 1987. *The imaginary institution of society*. Cambridge: MIT University Press. Cheney-Lippold, J. 2011. A new algorithmic identity. *Theory, Culture & Society*, 28 (6):164–181.

Cowley, R., S. Joss and Y. Davot. 2017. The smart city and its publics: Insights from across six UK cities. *Urban Research and Practice*, 11 (1): 53–77.

Cugurullo, F. 2018. The origin of the smart city imaginary: From the dawn of modernity to the eclipse of reason. In *The Routledge companion to urban imaginaries*, edited by C. Lindner and M. Meissner. London: Routledge.

Datta, A. 2015. New urban utopias of postcolonial India: 'Entrepreneurial urbanization' in Dholera smart city, Gujarat. *Dialogues in Human Geography*, 5 (1): 3–22.

De Waal, M. and M. Dignum. 2017. The citizen in the smart city: How the smart city could transform citizenship. *Information Technology*, 59 (6), 263–273.

Dohler, M., C. Ratti, J. Paraszczak and G. Falconer. 2013. *Smart cities*. https://techblog.com soc.org/2013/05/14/smart-cities/; accessed 15-01-2020.

Dunn, N. and P. Cureton. 2020. Frictionless futures: The vision of smartness and the occlusion of alternatives. In *Architecture and the smart city*, edited by S. M. Figueiredo, S. Krishnamuthy and T. Schroeder, 17–28. London: Routledge.

Ersoy, A. 2017. Smart cities as a mechanism towards a broader understanding of infrastructure interdependencies. *Regional Studies, Regional Science*, 4 (1): 26–31.

Galič, M. 2019. *Surveillance and privacy in smart cities and living labs. Conceptualising privacy for public space*. Rotterdam: Optima Grafische Communicatie.

Giffinger, R., C. Fertner, H. Kramar and R. Kasalek. 2007. *Smart cities—Ranking of European medium sized cities. Final report.*Vienna: The Centre of Regional Science, Vienna University of Technology.

Gillespie, T. 2014. The relevance of algorithms. In *Media technologies: Essays on communication, materiality, and society*, edited by T. Gillespie, P. Boczkowski,& K. Foot, 167–194. Cambridge, US: MIT University Press.

Gordon, E. and P. Mihailidis (Eds.). 2016. *Civic media: Technology, design, practice*. Cambridge, US: MIT University Press.

Greenfield, A. 2013. *Against the smart city*. New York: Do Projects.

Grossi, G. and D. Pianezzi. 2017. Smart cities: Utopia or neoliberal ideology? *Cities: The International Journal of Urban Policy and Planning*, 69: 79–85.

Haraway, D. 2011. *SF: Science fiction, speculative fabulation, string figures, so far. Pilgrim Award Acceptance Comments*. https://people.ucsc.edu/~haraway/

Files/PilgrimAcceptance Haraway.pdf; accessed 18-03-2020.

Harvey, D. 2005. *A brief history of neoliberalism*. Oxford: Oxford University Press.

Hollands, R. 2008.Will the real smart city please stand up? Intelligent, progressive or entrepreneurial? *City*, 12 (3): 303–320.

Hwang, V. W. 2014. *Are cities our new economic engines?* https://www.forbes.com/sites/victorhwang/2014/08/14/cities-our-new-economic-engines/#7179721b1ec4; accessed 15-03-2020.

Jasanoff, S. and S.-H. Kim. 2009. Containing the atom: Sociotechnical imaginaries and nuclear power in the United States and South Korea. *Minerva*, 47: 119–146.

Joss, S., F. Sengers, D. Schraven, F. Caprotti and Y. Dayot. 2019. The smart city as global discourse: Storylines and critical junctures across 27 cities. *Journal of Urban Technology*, 26 (1): 3–34.

Khanna, P. 2011. *When cities rule the world*. https://www.mckinsey.com/featured-insights/ urbanization/when-cities-rule-the-world; accessed 30-01-2020.

Kitchin, R. 2014. The real-time city? Big data and smart urbanism. *GeoJournal*, 79 (1): 1–14.

Kitchin, R. 2015. Making sense of smart cities: Addressing present shortcomings. *Cambridge Journal of Regions, Economy and Society*, 8 (1): 131–136.

Kitchin, R. and M. Dodge. 2011. *Code/space: Software and everyday life*. Cambridge, US: MIT University Press.

Kumar,V. T. M. (Ed.). 2017. *E-Democracy for smart cities*. New York: Springer.

Lacinák, M. and J. Ristvej. 2017. Smart city, safety and security. *Procedia Engineering*, 192: 522–527.

Lahiji, N. (Ed.). 2014. *Architecture against the post-political: Essays in reclaiming the critical project*. London: Routledge.

Liberatore, S. 2016. Slower but safer: Waze navigation app adds ability to avoid crime hotspots. *The Daily Mail*, June 17. https://www.dailymail.co.uk/sciencetech/article 3647262/Commuters-avoid-crime-hotspots-Waze-app-route-drivers-high-risk-areas. html; accessed 15-03-2020.

Lindner, C. and M. Meissner. 2018. *The Routledge companion to urban imaginaries*. London: Routledge.

March, H. and R. Ribera-Fumaz. 2016. Smart contradictions: The politics of making Barcelona a self-sufficient city. *European Urban and Regional Studies*, 23 (4): 816–830.

Malik, K. 2019. *As surveillance culture grows, can we even hope to escape its reach?* https://www. theguardian.com/commentisfree/2019/may/19/as-surveillance-culture-grows-can-weeven-hope-to-escape-its-reach; accessed 15-04-2020.

Meijer, A. and M. P. R. Bolivar. 2015. Governing the smart city: A review of the literature on smart urban governance. *International Review of Administrative Sciences*, 82 (2): 392–408.

Merricks White, J. 2016. Anticipatory logics of the smart city's global imaginary. *Urban Geography*, 37 (4): 572–589.

Mitchell, T. 2002. *Rule of experts: Egypt, techno-politics, modernity*. Berkeley, CA: University of California Press.

Morozov, E. 2013. *To save everything, click here: The folly of technological solutionism*. New York: Public Affairs.

Morozov, E. and F. Bria. 2018. *Rethinking the smart city: Democratizing urban technology*. New York Office: Rosa Luxembourg Stiftung.

Mouffe, C. 2005. *On the political*. London: Routledge.

Niemtus, Z. 2019. *Are university campuses turning into mini smart cities?* https://www.theguardian.com/education/2019/feb/22/are-university-campuses-turning-into-mini-smart cities; accessed 16-01-2020.

Okyay, Z. B. 2018. *This is what a smart city should do for its people*. https://www.weforum.org/ agenda/2018/10/smart-city-people-canakkale-connected-iot-urban/; accessed 19-02-2020.

Osborne, D. and T. Gaebler. 1992. *Reinventing government*. New York: Plume.

Pali, B. and M. Schuilenburg. 2019. Fear and fantasy in the smart city. *Critical Criminology: An International Journal*, doi: 10.1007/s10612-019-09447-7; accessed 28-04-2020.

Pasquinelli, M. 2015. *Anomaly detection: The mathematization of the abnormal in the metadata society*. Talk given at Transmediale.file:///C:/Users/u0058818/AppData/Local/Packages/Microsoft.MicrosoftEdge_8wekyb3d8bbwe/TempState/Downloads/Anomaly_Detection_The_Mathematization_of%20(1).

pdf; accessed 22-07-2020.

Peck, J. 2005. Struggling with the creative class. *International Journal of Urban and Regional Research*, 29 (4): 740–770.

Raco, M. and R. Imrie. 2000. Governmentality and rights and responsibilities in urban policy. *Environment and Planning A: Economy and Space*, 32 (12): 2187–2204.

Rancière, J. 1995. *La mésentente: Politique et philosophie*. Paris: Galilée.

Ricoeur, P. 1970. *Freud and philosophy: An essay on interpretation*. New Haven: Yale UP. Rogan, K. 2020. Intelligence and armament. In *Architecture and the smart city*, edited by S.M. Figueiredo, S. Krishnamuthy and T. Schroeder, 113–125. London: Routledge.

Rometty, G. 2013. *Leadership in the era of smart. Speech delivered at think forum Japan*. https://www.youtube.com/watch?v=1LfISCMahlU; accessed 26-03-2020.

Sadowski, J. and R. Bendor. 2019. Selling smartness: Corporate narratives and the smart city as a sociotechnical imaginary. *Science, Technology & Human Values*, 44 (3): 540–563.

Sadowski, J. and F. Pasquale. 2015. *The spectrum of control:A social theory of the smart city*. http://first monday.org/ojs/index.php/fm/article/view/5903/4660; accessed 15-02-2020.

Savat, D. 2009. Deleuzes objectile: From discipline to modulation. In *Deleuze and new technology*, edited by M. Poster & D. Savat, 45–62. Edinburgh: Edinburgh University Press.

Schuilenburg, M. 2015. *The securitization of society: Crime, risk, and social order*. New York: New York University Press.

Schuilenburg, M. and R. Peeters. 2018. Smart cities and the architecture of security: Pastoral power and the scripted design of public space. *City, Territory and Architecture*, 5 (13): 1–9.

Schürer, O. 2020.The answer is 'smart'-but what was the question? In *Architecture and the smart city*, edited by S. M. Figueiredo, S. Krishnamuthy and T. Schroeder, 43–55. London: Routledge.

Scott, K. 2016. *The digital city and mediated urban ecologies*. Boston, MA: Palgrave Macmillan.

Shearing, C. D. and P. C. Stenning. 1983. Private security: Implications for social control. *Social Problems*, 30 (5): 493–506.

Shelton,T, M. Zook and A.Wiig. 2015.The 'actually existing smart city'. *Cambridge Journal of Regions, Economy and Society*, 8 (1): 13–25.

Slobodian, Q. 2018. *Globalists: The end of empire and the birth of neoliberalism*. Cambridge: Harvard University Press.

Soja, E.W. 2000. *Postmetropolis: Critical studies of cities and regions*. Oxford:Wiley-Blackwell.

Söderström, O., T. Paasche and F. Klauser. 2014. Smart cities as corporate storytelling. *City*, (18): 307–320.

Taylor, C. 2004. *Modern social imaginaries*. Durham: Duke University Press.

Thierer,A. 2016. *Permissionless innovation:The continuing case for comprehensive technological freedom*. Arlington: Mercatus Center at George Mason University.

Thrift, N. and S. French. 2002. The automatic production of space. *Transactions of the Institute of British Geographers, New Series*, 27 (3): 309–325.

Townsend, A. M. 2013. *Smart cities: Big data, civic hackers, and the quest for a new utopia*. New York: W. W. Norton & Company.

Tyszczuk, R. 2020. Scenarios of interactive citizenship. In *Architecture and the smart city*, edited by S. M. Figueiredo, S. Krishnamuthy and T. Schroeder, 139–153. London: Routledge.

Vanolo,A. 2014. Smartmentality:The smart city as disciplinary strategy. *Urban Studies*, 51 (5): 883–898.

Vanolo, A. 2016. Is there anybody out there? The place and role of citizens in tomorrow's smart cities. *Futures*, 82: 26–36.

Vandevoordt, R., N. Clycq and G. Verschraegen. 2018. Studying culture through imaginaries. In *Social imaginaries in a globalizing world*, edited by H. Alma and G. Vanheeiswijk, 167–192. De Gruyter.

Wakefield, A. 2003. *Selling security: The private policing of public space*. Cullompton: Willan.

Wang, D. 2017. Foucault and the smart city. *The Design Journal*, 20 (sup1): S4378–S4386.

Wang, J. 2018. *Carceral capitalism*. South Pasadena: Semiotext (e).

Webster, C. W. R. and C. Leleux. 2018. Smart governance: Opportunities for technologically-mediated citizen co-production. *Information Polity*, 23: 95–110.

Weiser, M. 1991.The computer for the 21st century. *Scientific American*, 265 (3): 94–105.

Willis, K. S. and A. Aurigi. 2017. *Digital and smart cities*. London & New York: Routledge.

Wilson, J. and E. Swyngedouw. 2014. *The post-political and its discontents: Spaces of depoliticization, spectres of radical politics*. Edinburgh: Edinburgh University Press.

Wiig, A. 2015. IBM's smart city as techno-utopian policy mobility. *City Analysis of Urban Trends, Culture,Theory, Policy, Action*, 19 (2–3): 258–273.

Zandbergen, D. 2018. The making of a responsive city: The material (anti)politics of the Amsterdam Smart Light experiment. *CUS Working Papers Series*, 33, University of Amsterdam.

154 # 第十章 （智慧）城市中的感官：政治个性化

迈克尔·麦奎尔

引 言

智慧城市需要“更宜居”的空间（MGI, 2018），即可以促进经济发展、提高服务水平（Rujan, 2018）及改善公民福祉和生活质量的空间（InfinitiLab, 2018），这种观点与算法对此方面的支持作用几乎是密不可分的（Bucher, 2018; Hildebrandt, 2018）。但这里有一种相当狭隘的（计算式）算法意义，一种与城市生活可能包含的同样狭隘的意义紧密相连。在本章中，笔者将讨论一个更宽泛的算法概念——作为达成解决方案的任何程序或公式（参见 Chabert, 1999; Kahneman, 2011）——这个概念有助于重新定位关于城市承诺的最佳人类生活方式的假设，这一点是在早期哲学家，尤其是亚里士多德的著作中发现的。亚里士多德可能会认同城市（或城邦）提供了一个社会工程中福祉和幸福的理想公式，因为它“是为了美好生活而存在，而不仅仅是为了生命安全”。[①]这不仅仅是一种可编码的输入-输出关系，而是一种复杂的组织原则——一种政体，它是按照城邦的宪法及其各种法律、制度框架的“子程序”，以及提供城邦公民教育工具来对“公民”分层的。

在这一章中，笔者的目标是重新审视这样一种观念，即最佳城市生活不是将其简化为更包容、更高效的数字算法，而是通过一套更复杂的方法来实现的（参见 Ellul, 2011）。为了尽可能生动地说明这一点，笔者将以一种复杂的方式描绘城市生活的一个维度，指出其并不像公交时刻表或供暖控制那样易于用数字算法来处理。这一额外维度源自对城市空间的感官体验，社会学家格奥尔格·齐美尔（Georg Simmel）曾一度认为，这个维度超越了“非常巨大且清晰可见的社会结构”，甚至超越了社会科学家通常指导分析的微观互动领域（Simmel, 1997: 109）。假设城市的感官方面是我们体验它们的中心，这不仅仅是一种修辞手法。正如笔者将指出的那样，这种感官维度带有一种特殊的解释力，它揭示了城市发展中的某些动态。没有它，智慧城市中的“导向和中介社会关系”的功能（Simmel, 1997: 109）将永远是不完整的。

155

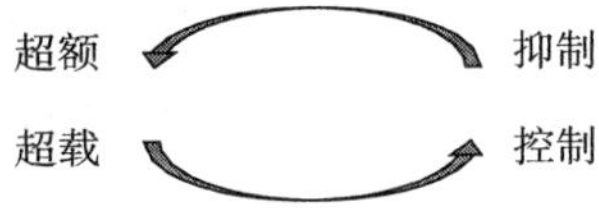

图10.1　城市的感官动态

在接下来的内容中，笔者将根据两个（表面上矛盾的）极性之间的核心感官动态，来追寻从传统城市到智能城市的转变

① 《政治学》3.9.1280a 31-4。

轨迹（图10.1）。

笔者认为，在解读这一动态时，由智慧城市推动的新型政体将变得更加清晰。其中不可或缺的是“个性化”现象——它推动城市空间转型成一个不仅响应（感知到的）需求，而且能识别有这种需求的人的空间。个性化与智慧城市承诺的最佳生活息息相关，但作为依赖于海量数据输入来提供输出的过程，它也是算法（狭义上）被用作社会控制工具的一个典型范例指标。笔者认为这超出了吉尔·德勒兹作为新的控制模块化而提出的数字连接及其“可变几何”的含义（Deleuze, 1992: 4）。通过承诺简化由数字信息引发的感官过剩的新变化，个性化似乎为我们提供了清晰度。更糟糕的是，它所提供的自主偏好的幻觉诱使我们认为自己“重要”，智慧城市关心我们。通过借鉴当代的养育和关怀的相关内容，个性化不仅对城市环境和优化的技术政治，而且对我们正在其中构建的自我造就了一种腐蚀性的政体。

传统城市中的感官

除了一些显著的例外（参见事例Febvre, 1942; Merleau-Ponty, 1945），起初齐美尔提出的感官体验对社会生活影响这一见解的影响力相当有限。最近，人们对发展成熟的齐美尔风格的“感官社会学”兴趣（参见Classen, 1993, Vannini, Waskul & Gottshalk, 2012; Low, 2012; Howes, 2013, 2016）有所增长，尽管这种兴趣尚未以任何非常先进的方式扩展到智慧城市领域。但是研究表明，我们对城市的嗅觉和味觉如同我们对城市的视觉和听觉的说法，是有说服力的。从感官环境的角度来看，城市的“感觉”和氛围对其身份的重要性不亚于其他人们更熟悉的方面，如建筑、公共空间或工业。当然，传统城市提供了一个名副其实的感官体验万花筒。虽然这并不总是令人愉快的，而且往往要求不高，但它至少是直接而真实的（Bruce et al.，2015）。最为关键的是，这种感官环境不仅是物理上的，也是语义上的——它提供了一种完全不同的方法来示意我们在哪里，以及作为公民的意义。对这个方案更有意义是我们更多的动物性原始感官，如嗅觉和触觉。

以嗅觉维度的强度为例。正如许多在感官研究发展领域的 156
评论家所强调的那样（Corbin, 1986, Classen, Howes & Synnott, 1994; Low, 2008; Jenner, 2011; Dugan 2018），前现代城市提供了一系列毫不妥协的“气味景观”。这些气味生动混合了许多现在被污名化为令人不快的气味——比如体味，泥土、腐烂的动物、腐败的蔬菜、腐臭的肉和粪便的气味。在一天之内，一匹马通常会将多达24磅的粪便和3—4夸脱的尿液排泄到街上（ECJ, 2013）。但是那里同样也有生动和更令人愉快的气味来增强这种嗅觉强度。公共建筑和庄园住宅的地板上散发着绣线菊和马郁兰的香味，而香薰草或薰衣草和百里香等草木混合物也常常起到补充作用。当然，从教堂散发出来的无处不在的熏香会遍布到每个地区（Genders, 1972; Wright, 2000）。由于使用材料的多样性，从每栋建筑内粗糙的石头和光滑的木材到亚麻质地的衣服、壁挂等，触觉也提供了更丰富、更密集的感官体验。同样，传统城市是一个复杂的听觉空间——不断传来的马蹄声、车轮声和轻工业噪音（如木工或铁匠发出的声音），与街道上的嗡嗡声和商人的叫喊声形成鲜明对比。随着不均匀鹅卵石的碰撞声和牛的吼叫声加入这种不和谐的声音中，人们每天所体验到的声音的音量和种类都会非常丰富（Garrioch, 2003; Mills, 2014）。

如前所述，这里的重点不仅仅是传统城市感觉中枢所提供的更多的色彩和强度。同样重要的是，我们的感官为构建城市体验的含义提供了方案。正如马塞尔·普鲁斯特（Marcel Proust）的著名观察，嗅觉为找回失去的记忆或获取隐藏的情绪提供了一个尚未开发的公式（参见Engen, 1991）。同样，我们的其他感官也为我们置身城市空间并理解其多层含义提供了发自内心的算法。例如，不同种类的听觉刺激曾经帮助我们构建日常生活，并且更为普遍地用于标记时间的流逝。传统的城市居民常常通过特定间隔的击鼓声、敲钟声甚至鸡叫声来明了时间上的区分（Garrioch, 2003）。当地的气味景观将有助于市民讨论城市的地理位置，就像仅仅触摸一件圣物和它所在的礼拜场所通常会为一个地点提供身份和地位一样。综上所述，似乎无可争议的是，我们的感官能力曾经为“阅读”城市空间提供了一系列复杂的机制。

从19世纪早期开始，极速加强的工业化程度并没有破坏城市感官体验的强度，也没有破坏它作为语义工具的功能。如果说有什么区别的话，它只是在嗅觉、听觉和更广泛的感官组合中加入了新的成分。燃烧的烟、煤或越来越刺鼻的工厂气味与机械动力产生的新声音相吻合，从火车的咔嗒声到汽车的轰鸣声，创造了一个具有城市意义的新词汇（Douglas, 2013; Jordan,
157 2018）。只有当信息时代开始对城市的特征施加更强有力的控制时，人们体验城市的感官方式才会发生决定性的变化——其后果才刚刚开始被人们所重视。

感官压抑、城市发展与合理化

显然，至少在20世纪中后期之前，复杂而“深邃”的感官景观一直是城市体验的一个基本方面。但随着现代化的到来，人们对于如何最好地构建体验城市生活的最优模式的态度也发生了微妙转变。这种转变的迹象可以从感官体验中感知到的“过剩”的控制范围不断扩大中看出，这种逻辑在智慧城市中达到了一个自然的顶点。例如，社会学家诺伯特·埃利亚斯（Norbert Elias）直接将现代性与越来越容易被厌恶联系起来（Eschenbaum & Correll, 2017），并提出对过度感官刺激的排斥是文明进程中的一种驱动力（Elias, 2000; Miller, 2009）。可以说，西格蒙德·弗洛伊德（Sigmund Freud）更为具体地建立了这种联系。在《文明及其不满》一书中，他指出，我们走向文明社会的漫长历程与我们对嗅觉等动物感官的压制，以及发展压制它们的卫生仪式密切相关。社会学家齐格蒙特·鲍曼（Zygmunt Bauman）写道，“现代性”已经“向气味发起了全面战争”（引自 Jenner, 2011: 238）。对乔治·巴塔勒（Georges Bataille）来说，现代情感中反复出现的一个方面是对四种非视觉感官的否定。但他拒绝接受人类文化是理性的进步，而是“有两个孔——肛门和口腔”的行为（1985: 88），其中口腔的排泄物（语言、逻辑等）仅仅反映肛门的排泄物。我们基本感觉的“排斥”还有更多的事情要关注，而不仅仅是卫生。相反，正如精神分析学家朱莉娅·克里斯特瓦（Julia Kristeva）所说，“不是缺乏清洁或健康导致了排斥，而是因为它扰乱了身份、制度和秩序。它不尊重边界、立场、规则等东西。它介于两者之间，是模棱两可的，复合的”（1982: 4）。换句话说，感官过剩成为社会混乱的密码——这种结果在智慧城市中和在其他地方一样不受欢迎。

19世纪至20世纪之间出现的感官过剩，其制度化解决方案的细节（参见事例Laporte, 2000; Melosi, 2005）为感觉控制的演变提供了有益见解。许多早期工业城市因快速、无计划的扩张而出现了混乱状况，这当然意味着这种解决方案是一个优先事项，特别是为了预防疾病。正如在智慧城市中“技术解决主义”（Morozov, 2014）是一个典型的响应。鉴于有效处置人类废弃物是任何大型人类居住区反复出现的结构性问题，许多此类技术已经相对成熟。例如，现代城市经常重现古代的污水处理系统（Angelakis & Zheng, 2015），其中约瑟夫·巴扎尔吉特（Joseph Bazalgette）在伦敦建造的优雅污水管网（为应对
158 1858年的“大恶臭”而建造）就是这类系统的一个典型的例子（Porter, 2001）。更新颖的是，它引入了一种带有更具识别性算法组件的卫生方法，该组件呈现为物理机制形式，而非数字工具形式。

以街道清洁技术的发展为例。到19世纪上半叶，传统道路（或“十字路口”）扫路机的作用已经被充分地编码，可由能够重现其刷洗和清扫主要动作的机器替代。1843年，约瑟夫·惠特沃思（Joseph Whitworth）发明的曼彻斯特专利的街道清扫机是最早的例子，之后不久，在1849年，一台完全可操作的清扫机便投入使用（C. S. Bishop享有专利）。这种机械化的街道清扫方案最初非常简单，只需要一个带钢丝刷毛的旋转圆盘即可，然而，在不到50年的时间里，这种装置开发了一系列更复杂的功能，比如用传送带将灰尘从扫帚运送到指定“灰尘箱”。现代

的同类设备目前都配备了水箱；设计用于通过松散颗粒来减少灰尘的喷雾器；使用真空吸尘器将残留物吸入收集箱或料斗；以及“再生式空气扫地机”，它利用强制空气产生“释放碎片”的漩涡效应（VCH, 2020）。

但是机械化的卫生系统只是算法在感官管理中发挥更完整作用的前奏。因此，现在在市中心散步的典型场景是，犹如进入一个高度制造的由化学配方组成的气味景观中，其中“天然的”（无序的）气味已经被人工烘焙气味、有香味的垃圾袋、空气清新剂和香水喷泉所取代（Nassauer, 2014; Henshaw et al., 2016）。在商业利益的驱动下，一个“合成芳烃”的全新世界已经出现。“气味营销”的兴起（Herz, 2010）造就了一系列新的感官专家，如“气味顾问”就是负责管理这种受监管的环境。因此，像Scent Air或Air Aroma为代表的公司向其“气味客户”承诺，要提高客户忠诚度和产品记忆度。[②]当然，尽管香草和精油一直被用于治疗使用，但类似当代技术的“芳香疗法”[③]的巨大普及强调了这样一个观念，即管理气味就是管理人类行为。当气味成为一个公式，这个目标就更容易实现。因此，在公共汽车站重现烤土豆香味的化学过程可以用来销售麦肯土豆产品（Hazell, 2012）；广告牌上的运动激活样本可以让路人熟悉Poudre系列香水（JCDecaux, 2019）；路边广告牌散发出的牛排气味可以吸引路过的驾车者光顾这家餐厅（Frucci, 2010），就像交通换乘站的草莓味广告有助于宣传杜松子酒一样

② 参见https://scentair.com/ & https://www.air-aroma.com/。

③ 2018年，全球芳香疗法市场价值约为18亿美元，预计到2025年将增长至27亿美元以上，增幅超过10%。精油市场似乎更大，预计全球将从2017年的170亿美元增长到2022年的270亿美元（Brandessence，2019）。

（Bellwood, 2018）。所有这些都需要将气味从事物本身转化为算法模拟。因此，合成香料的吸引力远不止于增强品牌形象，它与城市感官空间的重新排序息息相关。

感官角色重新调整的一个重要标志是它们被用作更公开的城市社会控制的工具。其中一个例子是“武器化”的声音——最初是由军队作为一种酷刑或战略援助形式而开发的
159（More, 2012）——现已被改造成协助城市管理的方式。许多地方当局和其他机构试图利用声音和音乐来震慑反社会行为（Hirsch, 2007; Duchen, 2008; Thompson, 2018）或用于情绪工程和行为矫正。例如，巴利和舒伦伯格（2019）报告了荷兰埃因霍温市如何利用不同强度和颜色的光，来创造更放松、更少暴力的氛围，特别是在城市的夜间经济区。埃因霍温当局还涉足嗅觉控制，通过在环境中扩散橙子的气味来创造“更平静”的氛围。

智慧城市中的感官控制：新加坡与智能清洁算法

带有更明显的（数字）算法成分的感官控制项目正在许多智慧城市中应用。亚洲的城市提供了一系列典型的研究案例，其中新加坡众人皆知的卫生制度是最典型的。虽然这些已经有了相对完善的记录（McDonald, 2018; Clancey, 2018），当仔细观察时，其庞大的规模仍然令人惊讶。新颖的不仅仅是旨在阻止感觉障碍的各种调节控制措施。同样引人注目的是，人们越来越信任这个问题的算法解决方案。

一系列的法律先例为算法的这种强化作用奠定了基础。例如，根据《新加坡环境公共卫生法》第95章的规定，任何人在

公共场所随地吐痰，第一次最高罚款1000新元，第二次最高罚款2000新元，再犯最高罚款5000新元（Stolarchuk, 2018）——还有可能被监禁（Chong, 2014）。从卫生角度来看，咀嚼口香糖被认为更具冒犯性——仅仅是在没有许可证的情况下进口口香糖，就会被处以10万新元的罚款或最高两年监禁（SSO 2020）。对乱扔垃圾也实施了同样无情的管控，违规者将被处以高达2000新元的罚款（第三次违法将提高到10000新元的罚款），严厉的“劳改令”（纠正服务令）要求违法者在公共场所清理垃圾。这些法律规范通常与更现代的解决方案结合在一起使用，比如羞辱仪式，罪犯在执行判决时被迫穿上粉色背心，以注明他们是“乱扔垃圾的人”。人们更厌恶排泄物便不足为奇，排泄形式的感觉障碍似乎特别不受欢迎。甚至通过喂鸽子来鼓励动物排便也会被处以500新元的罚款（Ng, 2018）。更严酷的是，警方聘请了专门的巡逻队对公共厕所进行随机检查，寻找任何因粗心大意忘记冲水的人。最高可被罚款1000新元（Heong, 2019）。

在新加坡，从使用专家系统来检测和报告卫生违规行为中可以看到一种用于执行感官秩序的算法力量。例如，用于检测尿液气味的尿液检测装置（UDDs），现在已被作为标配安装在全市的电梯里。根据程序设计一旦确定了犯罪者，UDD就会发出警报并锁上电梯门，直到警察到来（Avakian, 2015）。算 160
法控制的其他例子更为全面，通常涉及先进的人工智能系统，这些系统具有广泛的监控、检测和管理备受关注的场所（如厕所）的能力。正在开发此类系统的私营部门运营商越来越多——例如智能清洁（SmartClean）公司，一家数据驱动的“智能”清洁控制公司，基于“智能”物联网和人工智能的解决方案来维护厕所卫生。[④]智能清洁公司使命中的一个关键目标是利用清洁厕所使用复杂算法分析模式实现“标准化清洁”。已经设计了一系列数据驱动工具来管理这一点，包括空气质量监测传感器、反馈模块和应急按钮。然后产生的数据被输入人工智能算法中，该算法安排清理并给出可执行任务的建议。但这只是数字创意水平的入门，旨在尽可能维持“完美”（即感官中性）的马桶。智能清洁公司的首要算法产品是被称为“VCS”（虚拟清洁主管）的智能代理，它管理一系列任务，如图10.2所示。

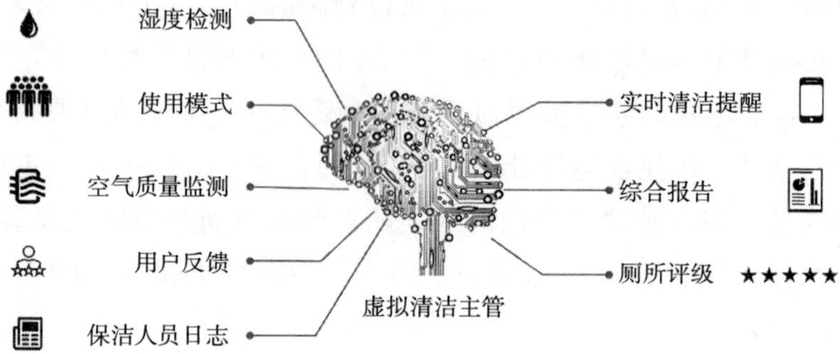

图10.2　智能清洁公司的虚拟清洁主管

智能清洁公司的VCS是利用算法将卫生和嗅觉控制带入一个全新时代的显著实例。但是该系统实际上只是像新加坡这样的智慧城市发展数字化管理感知环境方式的开端。自洁式厕所已经出现（Needham, 2019），而全智能卫生机器人的前景也在眼前（Cogley, 2020）。

④　https://www.smartclean.sg/。

从抑制到超载，从感觉到信息感官

在将传统城市视为感官过剩场所的看法，与采取调节其感知混乱的适当措施之间存在明显的权衡。很少有人会对人类的排泄物不再被丢弃在街上感到遗憾，然而似乎也有理由问一下， 161
对各种不那么令人不快的感官体验的控制，是否在剥夺城市生活提供的丰富氛围方面走得太远。在本章的结尾部分，笔者想通过考虑最新出现的感官过度问题及其管理来阐述，这个问题出现在智慧城市的环境中。尽管这个最近的项目不太引人注目，但它对我们的社会和政治秩序的影响力可能更令人不安。

解决这个问题的一种方法是重新审视感官体验可以由什么构成。因为这种假设仅仅起源于嗅觉、味觉、触觉、听觉和视觉这五种形式，现如今这种假设受到了越来越多的挑战。例如，有些人认为，存在**八种感官**同样合理（参见 Classen, 1993）。或者说，除了提供外部世界信息的五种传统的“外部感受”感官（视觉、听觉、味觉、嗅觉和触觉）之外，我们还需要考虑**内部**感官体验，如热感知（Fulkerson, 2014）、时间感知、我们的平衡感或运动感（动觉）（Vannini, Waskul & Gottshalk, 2012）。将独特的感官体验归因于我们的感官**组合**或重叠的方式也是合理的——就像通感现象一样，在通感现象中，人们报告说他们“看到”的气味是颜色，或者体验到的视觉刺激是声音（Suslick, 2012）。

无论是选择增强某些感官而不是其他感官，还是通过增加总体感官体验的范围和强度，技术总是在重新排列我们的感官方面发挥作用。从 19 世纪末开始，它在增强视觉感官重要性方面的作用为这种动态提供了一个有用的研究案例。在此期间，一系列的技术变革似乎决定性地将我们的感官平衡转向了米歇尔·德·塞托（Michel de Certeau）所说的“无可救药的视觉增长……通过显示或被显示的能力来衡量一切（de Certeau, 2002: xxi）。”格奥尔格·齐美尔也提出了类似的观点，他认为“现代社会生活越来越增加了视觉印象的价值”（Simmel, 2009: 356），这是瓦尔特·本杰明（Walter Benjamin）提出的一个建议，他强调了像照片这样的新视觉媒体将艺术创造力从手中“转移到了眼睛上，只能通看镜头观察”（1969: 2）。电影和后来的电视等其他视觉技术进一步扩充了图像的流通量，这深远地影响了我们对世界的感知和观念。吉尔·德勒兹将电影与一种思想形式相提并论，即一种“由运动和思维过程（前语言图像）以及对这些运动和过程的观点（前象征符号）组成”的“心理力学”（Deleuze, 1989: 262）。随着视觉感官越来越重要，充斥在我们城市环境中的视觉符号也越来越多——从广告牌、广告到街道标志、店面等。

随着数字信息的出现，技术在改变和增强我们的感官能力平衡方面的作用可以说变得更加强大。当然，信息在感官方面是独一无二的，它是多形态的，也就是说，它可以在视觉、听
162 觉、嗅觉或其他感官光谱上重现。或许更重要的是，它还可以将感官数据编码并重新编码成不同的形式，从而以全新的方式“再现”给我们。从这个意义上说，数字信息为全新的感官体验提供了一个切入点，最初以认知为中心，但能够扩展到感官的整个范围。从实质上讲，这种转变至少有两种表现形式。第一种形式是来自我们现在使用的多个接口的大量连接的数据。将这些数据集合、组合和综合成一些有意义的和可管理的东西的

行为产生了一种新的需要感官和认知理解的体验。第二种形式是更深远的层面，通过虚拟技术能够访问新的信息集，进入完全不同的现实，这些现实具有越来越丰富的感官可能性。这超越了单纯的模拟，而是进入了视觉和听觉的物理体验，甚至在界面足够复杂的情况下进入了触摸、品尝和嗅觉的物理体验领域（Soo, 2016; Kerruish, 2019）。一些心理学家已经提出，认知有它自己的感官（例如参见Maslen, 2015），但笔者的研究发现，目前事情的发展已经远不止于此。可以说，我们与数据丰富的世界深入接触的过程，出现了一个新的二阶感官维度。为了方便起见，我们可以称之为“信息感官”，一种从信息和基于信息的环境中衍生出来的新的感官体验形式。

但是随着信息感知能力的增强，不可避免地会出现复杂的情况。正是在这里，传统城邦和现代智慧城市在追求城市生活最优算法之间出现了某种连续性。因为正如城市空间放大了我们传统感官，产生了一种需要控制的过度感知一样，反过来，我们新兴的“信息感官”能力也开始在智慧城市中产生类似的问题。我们现在每天需要处理的大量数据中，已经可以辨别出感官过度和信息污染的新变化。其结果之一是，我们在试图区分真实信息和纯粹的“噪音”时越来越困难。“假新闻”的现象只是其中的一种——多余的、不相关的或“无信息性”的信息是另一种（Stahl, 2006; Zhang & Ghorbani, 2020）。总的来说，这些信息噪音共同阻塞了我们的认知能力，导致知识的退化，阻碍或破坏了批判性思维（Bawden & Robinson, 2009）。第二种结果是“信息超载”现象，即数据量本身造成的压力，或有时被称为“数字焦虑”（Bawden & Robinson, 2009; Harrison & Lucassen, 2019）。

当然，这样的结果并非完全不可预测。早在20世纪70年代，社会心理学家斯坦利·米尔格拉姆（Stanley Milgram）关于当代城市生活方面的研究就已经强调了过度刺激对决策的影响以及由此产生的压力（Blass, 2005）。这一发现反过来又在心理学文献论述的各种研究中得到了印证（参见Roetzal, 2019，商业世界背景下的综合指南）。甚至在20世纪60年代，早在信
163 息革命开始之前，像马歇尔·麦克卢汉（Marshall McLuhan）这样的评论家就预言了一个“焦虑时代”，这是由通信技术加剧紧张局势的趋势所产生的（McLuhan, 1964）。然而，即使是麦克卢汉也可能对随后事态发展的规模和信息超载的许多附带影响感到惊讶，尤其是“虚假”新闻的有害影响。

尽管如此，社交生活——尤其是在城市环境中——现在似乎过于依赖信息成瘾和其令人兴奋的“气味、声音、视觉和感觉”的嗡嗡声，以至于无法摆脱信息感官。海量信息给智慧城市带来的经济和商业利益意味着，要想改善智慧城市中信息超载的影响，任何持续性的尝试几乎都不可能。然而，人们对信息感知过度的个人解决方案（如“离网”或“数字卫生”）的兴趣日益增长，这意味着数据商或数据丰富的环境（如智慧城市）面临着越来越大的压力，要求他们给人一种简单的印象，同时保持海量信息的政治和商业优势。笔者认为，这类问题的一个关键“解决方案”在于个性化现象以及使之成为可能的算法。根据这种观点，个性化已经开始超越其在营销界的根基，成为一种通用“疫苗”，用以对抗新信息感知方面的认知超载。因为在一个拥有识别我们的算法的个性化智慧城市里，信息感官的过度似乎正在消失。不再需要担心淹没在数据中，失去对我们身份的控制，或者更糟糕的是变得无足轻重。因为，归根结底，

智慧城市是关于“我们的一切”。

智慧城市及其他领域的个性化

回顾过去，20世纪70年代所谓的“唯我的十年”（me decade, Wolfe, 1976）似乎只是社交媒体、自拍、网红和状态更新时代的前奏。当代文化中自我迷恋、自我陶醉的一面（Lasch, 1979; Twenge & Campbell, 2009）体现在许多指标上——从对通过演技获得成功的名人和民粹主义政客的迷恋，到以“为出名而出名”的个人、社交媒体上的状态更新，等等。在各种数据来源中都可以找到向“自我文化”转变的证据。例如，最近的一项研究发现，在20世纪50年代，在14—16岁的人中只有大约12%认同“我是一个重要人物”的说法。然而，到1989年这一数字已经上升到77%的男孩和80%以上的女孩（Twenge & Campbell, 2009: 34）。同样，在1982年至2009年间，根据NPI（自恋人格调查）测试，有“自恋倾向”的美国大学生数量翻了一番（Twenge & Foster, 2010）。

在一个如此追求自我价值的文化中，可见利用我们“特别”或“被认可”的感觉是一个强有力的策略。其中一个结果是“个性化”的世界，以专注于识别我们偏好的算法为基础。在这个世界上，我们很重要，因为原则上我们的每一种需求都能得到承认。个性化借鉴了长期以来确立的自我认同方式—— 164
无论是在公共场所树立雕像，还是仅仅在树上刻上自己的名字。当代个性化融合了这些传统的身份主张，并将其纳入更广泛的控制议程中。其中关键是感官管理——现在被重新定义为一种用于管理像智慧城市这样膨胀的信息感官环境的工具。通过只突出显示“我们想要的”或“我们（表面上）需要的”，个性化算法帮助简化了浏览复杂信息空间所需的认知资源。个性化另一个更深入、更有害的方面是，它揭示了个性化是一个根本性的政治过程。沉浸在“为我们而造”的世界的轻松满足感之中，任何挑战或质疑这个世界的需求都变得越来越多余。

这个为我们而造的世界正在缓慢但肯定地成为一种新的规范，这一点已被广泛证明。现在，几乎任何类型的在线服务都不可避免地要面对各种算法，这些算法帮助服务“了解”或“记住”你（Manola, 2019）。许多例子看起来相对无害。在网上购物，当产品被添加到购物车中时，很快会收到一些提醒，而实际并未购买。当用户的点击行为表明他们即将离开网站时，就会有针对性地出现一些信息，鼓励用户继续留在该网站上。有些定制的促销和优惠太过诱人，不买似乎是“愚蠢”的，这些措施使购买的可能性增加了三分之一以上（Sahni, Zou & Chintagunta, 2014）。此外，还有一些由“返销”或“降价”通知等技术促成的自主选择的假象，当理想产品返销或降价时，用户会收到提醒（电子邮件、推送、短信等）。在紧急消息传递等营销技术中可以看到更具强制性的个性化算法（Hassan, 2018; Taylor, 2019）。在这里，有针对性的通知会给用户带来微妙的压力，促使他们更快地下单购物，比如“其他五个人正在查看此酒店的客房供应和报价表”。内容的个性化如浏览、观看或购买进一步增强了基于营销的个性化形式。信息感官简化是一个重要的诱饵——如果亚马逊能记住我们更喜欢哪种汤，或者奈飞能选择我们可能更喜欢的电视剧，对我们来说就“方便”多了（Thorp, 2015）。

随着我们进入智慧城市的环境，这种丰富的定制服务供应会不断扩大。作为一个功能上依赖海量数据处理的空间，智慧城市为提供有针对性的“超个性化”商品和服务提供了一个理想的环境（Nelson-Field, 2020）。无论是交通状况的更新、医生预约的提醒，还是购物配送时间表，智慧城市已经为完全以个人需求为中心的日常生活提供了契机。这样的机会只会越来越多。例如，智慧城市的居民将很容易获得个性化治疗服务，如通过Woebot应用程序这个使用CBT的方法为其用户提供支持的自动代理（Molteni, 2017）。或者像Vi系统这样的私人教练，它能够在训练过程中提供实时反馈，并针对减肥等特定目标提供定制指导。Vi不仅可以从谷歌健身（Google Fit）和苹果健康 165
（Apple HealthKit）等应用程序中获取和“学习”个人数据，还可以连接到Spotify Premium等智能手机的音乐库，为健身计划提供量身定制的背景音乐（Rose, 2017）。甚至在运动期间使用的运动饮料也可以个性化。例如，佳得乐（Gx/Gatorade）饮料提供了一个应用程序，可以将其瓶子与体重秤等二级辅助设施“连接”，或者对配方根据味道、钠和碳水化合物水平进行个性化处理。监控汗液状况和钠含量，以确保用户始终在处于“理想的水合水平”（SSO, 2017）。

在其最发达的形式下，整个智慧城市最终将成为一个充满活力的环境。当我们穿过街道和空间时，广告、广告牌甚至数字标牌都有可能对我们的性别、年龄等线索做出反应。Uber或Lyft等打车出行应用程序的兴起，已经让我们能够在城市空间预先设定的基础上体验定制的城市交通。自动驾驶汽车的出现可能会将这一功能带入一个全新领域，包括定制的行李寄存、用户沿途娱乐的个性化内容、根据个人喜好定制的驾驶风格，甚至还有必要时在旅途中小憩的设施（Hasenjaegar & Wersing,

2017)。传统汽车公司已经看到了Mini等品牌的标语，及它的MINI Vision Next 100概念车项目在司机靠近汽车时用个性化的问候语欢迎他们，或者允许他们定制自己的驾驶偏好（Hope, 2016）。

两种技术创新可能会进一步强化智慧城市的个性化机制。第一个是可穿戴技术，如眼镜、手腕装备，甚至我们穿的衣服（Ortiz, 2018）。一方面，这些将越来越多地允许用户在浏览环境、从事工作和休闲活动时获得超个性化服务（Bowman, 2014）。从医疗保健到娱乐，对城市生活至关重要的所有服务都将立即可用，并根据可穿戴技术用户的实时需求进行定制（例如，参见Dunn, Runge & Snyder, 2018）。即使用户到达一个陌生的城市，"旅程个性化"也将确保没有任何形式的认知压力或不和谐干扰（引导）他们的情况下，探索零售和其他赞助设施（D'Amico, Ercoli & Del Bimbo, 2013）。当然，作为回报，我们会要求一些东西。伴随着市民在城市中四处活动，他们将越来越多地被要求充当人类数据中心，即作为参与交互式、参与式数据交换的主动传感器，以支持实时交通更新、污染监测等应用。

第二种可能成为核心的技术创新将涉及更加复杂的人工智能和机器人系统的作用。当然，我们已经熟悉了这种更有限的例子，如通过语音命令激活的Siri或Alexa等个人助理，为我们的请求提供即时解决方案。截至2019年，Alexa设备的销量已经超过1亿台（Smith, 2019），但这仅仅代表了智慧城市环境中服务于家庭和公共空间的更广泛、更完善的第一波个性化代理
166 （Williams, 2018）。欧盟的SciRoc计划（SciRoc, 2020）探讨了其中一个潜力事例，该计划专门研究让智慧城市机器人为有需

要的公民提供持续有用支持的能力。例如，在商店或其他商业场所协助客户，提供法律或财务建议等专业服务，或在紧急情况下提供支持能力。

进入这个由智慧城市及其个性化算法提供的“专为我们设计”的世界，我们似乎已经达到了历史的完美点。每一位公民都被认为是特别的，每一个观点都通过数字通信联系在一起，城邦所代表的“最高形式的社区”肯定已经开始实现。但是，一个以数字方式定制引擎的社会和亚里士多德式的人类生命终极终点——幸福——之间的对比再明显不过了。如前所述，虽然亚里士多德同意城市或城邦是实现这一目标的理想载体，但他也坚持认为，如果没有一个适当的政体这是无法实现的，政体是实现一种复杂而非简化、主动而非被动的社区形式的公式。

因此，正如在传统城市中对感官过剩的管理被证明是识别代表现代性的理性化政治的磁石一样，智慧城市中管理感官过剩的技术也讲述了他们自己的故事。因为随着我们部分感官网络的变平，其他地方也出现了更多的不规则现象——表现为我们接触到“信息感官”体验的新维度。随着我们对潜在的超负荷信息感官刺激焦虑的增加，我们对自己特殊性的确信也随之增加。为了应对感官重构带来的新焦虑，自我被重构为我们一直想象的一切事物的中心。

因此，个性化提供了一扇窗，让我们了解吸收、分散注意力和躯体收割的新政治，而我们的当代城邦——智慧城市——正在推进这种政治。但这一新安排所附带的浮士德式的约定仍有待正式承认。因为在这种将自我作为注意力焦点的表现中，它的实质同时被侵蚀。个性化的模拟出现了，数据显示了与感官景观缺乏有效连接的总和。在舒适安全的孕育子宫里，算法越来越精确地适应我们的需求，一种新的、更强大的控制形式正在孕育，它更易被乐观接受而非抵制强迫。这样，我们得到了取代实现人类幸福的透明公式，这让我们相信已经拥有了它。正是在这里，个性化变成了政治，一种转移我们注意力的数字“奉承”形式，同时将我们吸收到一个更大的整体中，我们再也无法认识到这个整体，更不用说批评了。

参考文献

Angelakis, A. and X. Y. Zheng. 2015. Evolution of water supply, sanitation, wastewater, and stormwater technologies globally. *Water*, 7: 455–463.

Avakian, T. 2015. 16 odd things that are illegal in Singapore: Urinating in a public elevator. *Business Insider*, 4 August 2015.

Bataille, G. 1985. *Visions of excess: Selected writings, 1927–1939*, Minneapolis: University of Minnesota Press.

Bawden, D. and L. Robinson. 2009. The dark side of information: Overload, anxiety and other paradoxes and pathologies. *Journal of Information Science*, 35 (2): 180–191.

Bellwood, O. 2018. Beefeater unveils strawberry-scented campaign. *The Spirits Business*, 16 May 2018.

Benjamin, W. 1969. The work of art in the age of mechanical reproduction. In *Illuminations*. edited by H. Arendt, translated by Harry Zohn from the 1935 essay, 1–26. New York: Schocken Books.

Blass, T. 2005. The urban psychology of Stanley Milgram. *Journal of Social Distress and Homelessness*, 14 (1–2): 12–22.

Bowman, J. 2014. *Wearable technology: Implications for personalisation and privacy, WARC Event Reports, I-COM Global Summit*, April 2014.

Brandessence. 2019. Aromatherapy market—Global industry analysis, size, share, trends, seg mentation and forecast 2019–2025.https://brandessenceresearch.biz/Request/Sample? ResearchPostId=97516&RequestType=Methodology;

accessed 15-04-2020.

Bruce, N., J. Condie, V. Henshaw and A. Payne. 2015. Analysing olfactory and auditory sens-escapes in English cities: Sensory expectation and urban environmental perception. *Ambiences: International Journal of Sensory Environment, Architecture and Urban Space*. https:// journals.openedition.org/ambiances/560; accessed 15-04-2020.

Bucher,T. 2018. *If…then: Algorithmic power and politics*. Oxford: Oxford University Press.

Clancey, G. 2018. Hygiene in a landlord state: Health, cleanliness and chewing gum in late twentieth century Singapore. *Science Technology & Society*, 23 (2): 214–233.

Classen, C. 1993. *Worlds of sense: Exploring the senses in history and across cultures*. London and New York: Routledge.

Classen, C., D. Howes and A. Synnott. 1994. *Aroma: The cultural history of smell*. London and New York: Routledge.

Chabert, J. (Ed.) 1999. *A history of algorithms: From the pebble to the microchip*. Berlin: Springer-Verlag.

Chong, E. 2014. Man in spitting case jailed 5 weeks. *Straits Times*, 24 March 2014.

Cogley, M. 2020. From cleaning toilets to cooking your dinner—five ways robots will trans form housework. *Telegraph*, 10 January 2020.

Corbin, A. 1986. *The foul and the fragrant: Odor and the French social imagination*. Harvard: Harvard University Press.

D'Amico, G., S. Ercoli and A. Del Bimbo. 2013. A framework for itinerary personalization in cultural tourism of smart cities. *AI*HCI@AI*IA* 2013.

De Certeau, M. 2002. *The practice of everyday life*. Berkeley and Los Angeles: University of California Press.

Deleuze, G. 1989. *Cinema 2: The time image*. Minneapolis: University of Minnesota Press.

Deleuze, G. 1992. *Postscript on the societies of control*, October, 59: 3–7.

Douglas, I. 2013. *Cities: An environmental history*. London and New York: I. B. Tauris.

Duchen, J. 2008. Mind the Bach: Classical music on the underground.

Independent, 26 March 2008.

Dugan, H. 2018. London smellwalk around 1450: Smelling medieval cities. In *The Oxford handbook of later medieval archaeology in Britain*, edited by C. Gerrard and A. Gutiérrez, 728–741. Oxford: Oxford University Press.

Dunn, J., R. Runge and M. Snyder. 2018.Wearables and the medical revolution. *Personalized Medicine*, 15, 5.

ECJ. 2013. Cleaning towns and streets—A history. *European Cleaning Journal*, 15 May 2013.

Elias, N. 2000. *The civilising process* (2nd edition). London: Wiley-Blackwell.

Ellul, J. 2011. *The meaning of the city*. Wipf and Stock; Reprint edition.

Engen,T. 1991. *Odour, sensation and memory*. New York: Praeger.

Eschenbaum, N. and B. Correll. 2017. *Disgust in early modern English literature*. London: Routledge.

Febvre, L. [1942] 1982. *The problem of unbelief in the sixteenth-century: The religion of Rabelais*. trans. B. Gottlieb, Cambridge MA: Harvard University Press.

Frucci, A. 2010. The steak-scented billboard: Advertising's stinking future. *Gizmodo*, 6 February 2010.

Fulkerson, M. 2014. Rethinking the senses and their interactions: The case for sensory pluralism. *Frontiers in Psychology*, 5, 1426. doi:10.3389/fpsyg.2014.01426.

Garrioch, D. 2003. Sounds of the city: The soundscape of early modern European towns. *Urban History*, 30, 1.

Genders, R. 1972. *A history of scent*. London: Hamish Hamilton Ltd.

Harrison, G. and M. Lucassen. 2019. Stress and anxiety in the digital age: The dark side of technology. *OpenLearn*, 1 March 2019.

Hasenjaegar, M. and H.Wersing. 2017. Personalization in advanced driver assistance systems and autonomous vehicles: A review. Conference paper, *IEEE 20th International Conference on Intelligent Transportation Systems (ITSC)*, Yokohama, Japan, 16–19 October 2017.

Hassan, O. 2018. *Why & how to use urgency in your marketing*. Optimise Press, 17 January 2018.

Hazell, K. 2012. McCain adverts that smell like freshly cooked jacket potatoes.

Huffington Post, 7 February 2012.

Heong, S. K. 2019. Singapore the fine city: 10 offences you might not realise you're committing. *Dollars and Sense*, 6 November 2019.

Henshaw, V., D. Medway, G. Warnaby and C. Perkins. 2016. Marketing the 'city of smells'. *Marketing Theory* 16 (2): 152–170.

Herz, R. S. 2010. The emotional, cognitive, and biological basics of olfaction: Implications and considerations for scent marketing. In *Sensory marketing: Research on the sensuality of products*, edited by A. Krishna, 87–107. London and New York: Routledge/Taylor & Francis Group.

Hildebrandt, M. 2018. Algorithmic regulation and the rule of law. *Philosophical Transaction of the Royal Society A*, 376, 2128.

Hirsch, L. 2007.Weaponizing classical music: Crime prevention and symbolic power in the age of repetition. *Journal of Popular Music Studies* 19 (4): 342–358.

Hope, G. 2016. MINI vision next 100 previews MINI's future. *AutoExpress*, 6 September 2016.

Howes, D. 2013. The social life of the senses. *Ars Vivendi Journal*, 3: 4–23.

Howes, D. (Ed.) 2016. *A cultural history of the senses in the modern age*. London: Bloomsbury Academic.

InfinitiLab. 2018. *59 Per cent of millennials believe a smart city would improve their quality of life*. https://www.globenewswire.com/news-release/2018/06/04/1515979/0/en/Report-INFINITI-LAB-Finds-59-Per-Cent-of-Millennials-Believe-a-Smart-City-Would-Improve-Their-Quality-of-Life.html; accessed 16-05-2020.

JCDecaux. 2019. *Smells like ooh: The power of scent in advertising*. https://www.jcdecaux.com/ blog/smells-ooh-power-scent-advertising; accessed 16-05-2020.

Jenner, M. 2011. Follow your nose? Smell, smelling, and their histories. *The American Historical Review*, 116 (2): 335–351.

Jordan, M. 2018. You cannot win the war on noise. *CityLab*, 23 April 2018.

Kahneman, D. 2011. *Thinking fast and slow*. New York: MacMillan.

Kerruish, E. 2019. Arranging sensations: Smell and taste in augmented and virtual reality. *The Senses & Society*, 14 (1): 31–45.

Kristeva, J. 1982. *Powers of horror: An essay on abjection*. New York: Columbia University Press.

Laporte, D. 2000. *A history of shit*. Boston: MIT Press.

Lasch, C. 1979. *The culture of narcissism: American life in an age of diminishing expectations*. New York and London: W.W. Norton & Company, Inc.

Low, K. 2008. *Scent and scent-sibilities: Smell and everyday life experiences*. Cambridge: Cambridge Scholars Publishing.

Low, K. 2012. The social life of the senses: Charting directions. *Sociology Compass*, 6 (3): 271–282.

Manola, S. 2019. What is personalization in digital marketing? *ABTasty*, 27 May 2019.

Maslen, S. 2015. Researching the senses as knowledge. *The Senses and Society*, 10 (1): 52–70.

Melosi, M. 2005. *Garbage in the cities: Refuse reform and the environment*. Pittsburgh: University of Pittsburgh Press.

McDonald,T. 2018. The cost of keeping Singapore squeaky clean. *BBC*, 29 October 2018.

McLuhan, M. 1964. *Understanding media: The extensions of man*. New York: McGraw-Hill.

Merleau-Ponty, M. [1945] 1962. *Phenomenology of perception*. London: Routledge and Kegan Paul.

MGI. 2018. Smart cities: Digital solutions for a more livable future. *McKinsey Global Institute*, Report June 2018.

Miller,W. 2009. *The anatomy of disgust*. Cambridge: Harvard University Press.

Mills, S. 2014. *Auditory archaeology: Understanding sound and hearing in the past*. London: Routledge.

Molteni, M. 2017. The chatbot therapist will see you now. *Wired*, 6 July 2017.

More, A. 2012. Contours of control | weaponising classical music: Waging class-warfare beneath our cities' streets. *Ceasefire*, 29 September 2012.

Morozov, E. 2014. *To save everything, click here: The folly of technological solutionism*. New York: Public Affairs.

Nassauer, S. 2014. Using scent as a marketing tool, stores hope it—and shoppers—will linger. *Wall Street Journal*, 20 May 2014.

Needham, J. 2019. Japan's singing, self-cleaning toilets are conquering the West. *Wired*, 2 September 2019.

Nelson-Field, K. 2020. *The attention economy and how media works: Simple truths for marketers*. Singapore: Springer Nature.

Ng, C. 2018. Two men fined $1,500 and $450 for feeding pigeons in two separate cases. *Straits Times*, 3 July 2018.

Ortiz, J. 2018. *Wearable technologies*. Rijeka: Intech Open.

Pali, B. and M. Schuilenburg. 2019. Fear and fantasy in the smart city. *Critical Criminology: An International Journal*, doi: 10.1007/s10612-019-09447-7; accessed 03-01-2020.

Porter, D. 2001. The great stink of London: Sir Joseph Bazalgette and the cleansing of the Victorian metropolis. *Victorian Studies*, 43 (3): 530–531.

Roetzal, P. 2019. Information overload in the information age: A review of the literature from business administration, business psychology, and related disciplines. *Journal of Business Research*, 12: 479–522.

Rose, B. 2017. Vi is a personal assistant for your workouts, but it needs some help. *The Verge*, 31 August 2018.

Rujan, A. 2018. Thinking about becoming a smart city? 10 benefits of smart cities. *Plante Moran*.

Sahni, N., D. Zou and P. Chintagunta. 2014. Effects of targeted promotions: Evidence from field experiments. *SSRN Electronic Journal*. doi:10.2139/ssrn.2530290; accessed 30-02-2020.

SciRoc. 2020. *Smart city robotic challenge*. EU H2020 Project, https://sciroc.eu/; accessed 30-04-2020.

Simmel, G. 1997. Sociology of the senses. In *Simmel on culture*, edited by D. Frisby and M. Featherstone, 109–119. London: Sage.

Simmel, G. 2009. Sociology of the senses: Visual interaction. In *Introduction to the science of sociology*, edited by R. E. Park and E. Burgess, 356ff. Project Gutenberg version, https://www.gutenberg.org/files/28496/28496-h/28496-h.htm#Page_356; accessed 23-06-2020.

Smith, C. 2019. *Amazon alexa statistics. DMR Business Statistics*.

Soo, d. 2016.Wake up and smell the roses: Virtually. *Asian Scientist*, 1 August 2016.

SSO 2017. How Gatorade is using technology to measure sweat content and help athletes stay hydrated. *Geekwire*, 10 May 2017.

SSO 2020. Regulation of imports and exports (chewing gum) regulations. https://sso.agc. gov.sg/SL/272A-RG4; accessed 26-07-2020.

Stahl, B. 2006. On the difference or equality of information, misinformation, and disinformation: A critical research perspective. *Informing Science Journal*, 9: 83–96.

Stolarchuk, J. 2018. NEA slaps Singapore resident with hefty $300 fine for spitting in public. *Independent News (Singapore)*, 3 February 2018.

Suslick, K.S. 2012. Synesthesia in science and technology: More than making the unseen visible. *Current Opinion in Chemical Biology*, 16 (5–6): 557–563.

Taylor, M. 2019. How creating a sense of urgency helped me increase sales by 332%. *CXL Institute*, 6 May 2019.

Thompson, M. 2018. To soothe or remove? Affect, revanchism and the weaponized use of classical music. *Communication and the Public*, 2 (4): 272–283.

Thorp, J. 2015. 11 examples of website personalization. *Add This (Blog)*, 20/01/2015. Twenge, J. M. and W. K. Campbell. 2009. *The narcissism epidemic: Living in the age of entitlement*. New York: Simon & Schuster.

Twenge, J. M. and J. D. Foster. 2010. Birth cohort increases in narcissistic personality traits among American college students, 1982–2009. *Social Psychological and Personality Science*, 1: 99–106.

Vannini, P., D. Waskul and S. Gottshalk. 2012. *The senses in self, society and culture: A sociology of the senses*. London: Routledge.

VCH. 2020. *Invention and history of street sweeper. Vacuum cleaner history*. http://www.vacuum cleanerhistory.com/vacuum-cleaner-development/history-of-street-sweeper/; accessed 23-09-2020.

Williams, A. 2018. Smart cities are getting smarter, but challenges remain. *Robotics Business Review*, 23 October 2018.

Wolfe,T. 1976. The 'me' decade and the third great awakening. *NewYork Magazine*, 23 August 1976.

Wright, L. 2000. *Clean and decent: The fascinating history of the bathroom and wc*. London: Penguin Classics.

Zhang, X. and A. Ghorbani 2020. An overview of online fake news: Characterization, detection, and discussion. *Information Processing & Management*, 57, 2.

第十一章　五种智慧城市的未来：城市智能的犯罪分析 172

基思·海沃德

引　言

我们生活在智慧城市时代。显而易见，在世界范围内，从斯德哥尔摩到韩国的松岛新城，从新加坡再到沙特阿拉伯，在21世纪城市规划和治理的讨论中，智慧城市范式占据主导地位，逐渐成为我们这个时代卓越的城市理想。这种成功很大程度上源于这样一个事实：智慧城市范式（SCP）实际上是一个融合了很多不同领域的观念和洞察力的混合概念，其中包括计算机科学、控制论、消费主义和“以选择为基础”的公民模型、人工智能（AI）、经营学和城市创业精神、大数据和网络信息学、环境适应力和“绿色科技”革命，以及虚拟现实和电脑游戏等。这种宽泛的、构成性的传统使得智慧城市模型能够应用于任意数量的情境并服务任意数量的居民；相反，那些已经使智慧城市范式这个概念被“必胜主义”理念吞没的传统表明，它的能力足以改变和提高从城市可持续发展到当代城市居住者的生存可能性以及一切美学体验。

但是，如果城市研究的历史给予我们什么经验的话，那就是理想化的城市概念往往达不到乌托邦的标准（Eaton, 2001）。[①]不足为奇的是，除了围绕城市智能的技术乐观主义和企业“吹嘘”之外，也存在持续高涨的学术批评声音。细究起来，这种批评有三种类型：第一，智慧城市仅仅是全球社团主义和其他形式的不受约束私人影响力的载体（例如Söderström，Paasche & Klauser, 2014; Hollands, 2015; Kitchen, 2016）。这种特别的批评在城市研究学者中间的呼声很高。原因很清楚：从历史上讲，它是诸如建筑、城镇规划和城市地理等为新城市模型/模式提供灵感的基本准则。然而，在这种情况下，“智慧城市”这一术语的词源和发展反而成了企业界的产物。更具体地说，它源于两家世界上最大的计算机公司即美国国际商用机器公司（IBM）和思科公司（Cisco）的行政办公室，作为一个包罗万象的概念，它解释了如何利用新的信息通信技术（ICT）链来
173 彻底改造城市景观，使其更加智能化、网络化、自动化，重要的是具有竞争力（Rosati & Conti, 2016）。[②]第二，在概念层面，

① 在“城市”一词前增加一个前缀，试图预示一种新的城市模式，这并不新鲜。从19世纪末埃比尼泽·霍华德（Ebenezer Howard）的“花园城市”到20世纪末的概念模型，例如“后现代城市”（Soja, 1989）、“边缘城市”（Garreau, 1991）、“幻想之城”（Hannigan, 1998）、“双元城市”（Castells, 1996）以及“事业之城”（Hall, 1989）（仅举几例），城市学者、建筑师和城市规划者已经创造了令人眼花缭乱的前缀修饰，试图预测和在某些情况下影响城市空间的未来形式和功能。然而，尽管这些模型在很大程度上对我们理解现代晚期的城市变化本质和城市生活有很大帮助，但是，它们都没有达到前缀“智慧”（smart）对现实世界的影响。

② ［城市］“智慧”一词也是公司高管的创意。信息通信技术幻想家从发生在20世纪90年代城市规划领域的“智慧增长”辩论中借用了这一术语，以及如何利用这个概念来对抗当时美国许多城市正在进行的城市扩张。

对于“智慧城市”实际上由什么来构成的存在很多困惑和担忧，许多评论家认为这个术语很“模糊”或者“朦胧”，缺乏一个统一的概念（例如Hollands, 2008; Albino, Berardi & Dangelico, 2015; Sadowski & Pasquale, 2015）。最后，因为它优先考虑技术和计算预测，而非城市生活中更偶然的或非正式层面的东西，一些人认为，智慧城市范式存在着将城市改变成一个中性“技术场所”（Keymolen & Voorwinden, 2019）的风险；以及变成一个单维的控制区（Krivý, 2018）和强制区（Sennett, 2012; Greenfield, 2013）的风险，其中公众受到摆布且被强加责任，甚至到了个体退化成可视化和数据化的无情之物的程度。

在本章，通过勾勒五种假定的智慧城市的未来，笔者会从犯罪学的视角简要介绍这些争论以及其他有关城市智慧的对抗性主张。重要的是，正如笔者在其他地方讲述过的空间犯罪学（Hayward, 2012）的新趋势一样，这里提到的所有主题，无论从哪种角度看都不是确定的或者详尽的；相反，这是一系列发展方向的理论反思，如有关已经兴起的旅游城市智慧，以及对城市犯罪动态感兴趣的犯罪学理论家来说，这些路径可能意味着什么。

作为社会技术想象的智慧城市

> 城市是一台计算机，街景是界面，你是光标，你的智能手机是输入设备。
>
> 保罗·麦克费德里斯（Paul McFedries）
>
> （引自于Mattern, 2017）

从一开始，技术行业通过撰写各色的吹捧文章来赞扬智慧城市范式，这一趋势丝毫没有减弱的迹象。例如，在最新版本的安全信息观察网（security-infowatch.com）上我们了解到“智慧城市是安全的城市”（Weagle, 2019），并且智慧城市提供“比之前更强的能源效能和便利性”，同时使“世界各地的警察部门和执法机关可以利用技术来提升他们保护生命和财产的承诺”（Carter, 2019）。一大批利益绑定在一起的企业经营者撰文，其中举例说明了用于支撑智慧城市技术行业长久性的计算优势。同时，这些文章也阐述了一个相关的、更普遍的趋势（也存在于学术界和市政部门），这种趋势把城市智慧视为解决各种城市弊病的灵丹妙药。无论是在减少城市犯罪、解决交通拥堵问题、加强市民的责任感，还是为促进社区驱动的生态可持续发展提供便利，[3]似乎没有任何问题是城市智慧系统不能解决的。从某种程度上说，这是值得期待的。无论是面对更为普遍的管理主义还是财政预算正在缩水的情况，如今的政治家和公务人员都
174 毫无疑问乐于接受科技行业关于增强公共安全或提高成本效益的营销，贾森·萨多斯基（Jathan Sadowski, 2019）在一篇文章中提出了这样一个观点，该文章巧妙地总结了智慧城市范式所具有现代吸引力：

> 无论是需要得到帮助从而更有效地运行复杂系统的策划者，还是面临高政绩压力下的政治家，或者是想要生活在可以服务于他们需要的城市中的公民，你都不能谴责他们对于继续进行这种叙述的预定目标。毕竟，智慧城市的

③　参见威泰恩（Viitanen）和金士顿（Kingston）（2014）对“概念青春期”的批评，这是智能城市关于“可持续性”和“环境弹性”宣传的主要特征。

设计听起来很棒。

实际上也的确如此。智慧城市范式被描绘成具有一个光明的未来愿景，宏伟而又实用、激进且又令人迫不及待地想要实现，它完全代表的是一个新的城市想象，在那里，无论城市居民身处何地，技术都可以被利用和合理化使用，从而改善他们的生活。智慧城市被概括为开放和富于想象力的概念，其对商业有着实在的益处。它允许供应商基于“城市发展”或“增强公民创造力”等积极又含糊其辞的概念而营销其技术性的解决方案，同时让客户设想这样的未来，其中智能、互联且又工具化的信息通信技术（ICT）系统可以用来创造他们选择的公认社会政治城市景观。正是出于这种原因，某些具有批判性的评论家已经开始提出“社会技术想象”（Jasanoff & Kim, 2015）这一术语，用来强调智慧城市范式核心的持续积极性（March, 2016; Sadowski & Bendor, 2019）。

社会技术想象是智识表达，通常以预想的社会场景为形式，给（规范的）生活注入（抽象的）科学知识和技术专长。换言之，社会技术想象是一个概念性工具，它使得技术科学和社会政治这两个在历史上分开的领域，可以调和其精神和物质现象对立的鲜明立场。正如莫林·麦克尼尔（Maureen McNeil）和其他人（2017: 457）所指出的，它是一个过程，其中涉及机巧却具有战略性的转变，离开了硬科学对“事实和加工品领域”的基本关注，而转向更陌生、更主观的“讲故事、成像和想象”的世界。贾森·萨多斯基（Jathan Sadowski, 2019）是与智慧城市范式这个术语的应用联系最紧密的学者，据他所言，智慧城市应该理解为社会技术想象的典范表达：“也就是说，作为一种对理想未来的愿景和表现形式，该未来的基础是利用技术改变社会，该社会坚持一种特定的市政发展和治理模式。”他和他的合著者罗伊·本多（Roy Bendor）早期发表的一篇论文中所解释的，该论文基于对思科和IBM编制的近十多年来有价值的智慧城市化主要原始资料的分析而做出论断，在全球智慧城市的决策中，绝大多数的公司促进了这种想象的转向趋势：

> 尽管政策制定在推广和应用智慧城市技术方面扮演着重要角色［……］企业却在塑造和推进社会技术想象发展。大型供应商定下基调，招募其他参与者，以及编织那些使智慧城市现实可能化的故事［……］。我们应该将这些企业的话语尽可能地视为工具，用以引导和界定我们想象的事
> 175 物［……］。他们的目的是创建自己的智慧版本，并成为未来唯一可用或可能的智慧版本。
>
> （Sadowski & Bendor, 2019: 543–544）

为了确保强大计算机企业的科学事实和技术逻辑从一种环境（硬件生产、数据存储）转换为另一种环境（动态的当代城市景观），企业幻想家设计和促进智慧城市未来的某些方面的发展，却忽略了其他方面。有几种叙述是可辨识的，但在这里笔者只提及两种：“预期”和“危机”相互强化的逻辑。

乌尔里希·贝克风险社会论的微妙变化在于，这位德国社会理论家强调未来生存性威胁的不可估量性，而“预期行动理论”（Anderson, 2010）则强调，城市基础设施面临的威胁如何作为当前采取行动的基础。当宣扬城市智慧的优点时，这是一种普遍的思维定式，正如詹姆斯·梅里克斯·怀特（James

Merricks White, 2016: 584）所解释的那样：

> 在严肃对待智慧城市全球想象的未来方向时，预测提供了一种有效的方式。它揭示了技术驱动城市变化的愿景与危机四伏世界所感知到的挑战交织在一起［……］智慧城市的全球想象并非依靠积极行动来实现某些规范性目标，而是基于不作为的威胁，逐渐演变为恐慌和不安全。城市规划和政策后现代主义的转变没有过多地依赖政治乐观主义，而是作为一种类现实主义的恐惧，被希望的可能性调和，但前提是现在就立即采取行动。

显而易见，对“立即行动”的强调，即智慧城市支持者中普遍存在的比喻与围绕智慧城市范式更为普遍的危机文化非常吻合。数十年来，僵尸电影、恐怖文学以及视频游戏一直充斥着末日叙事，现在这种叙事方式得到了巧妙的重塑，如今智慧城市的社会技术想象是由其自身的一套管理者认可的反乌托邦场景驱动的。例如，詹姆斯·梅里克斯·怀特（2016: 584）在其富有洞察力的文章“智慧城市的预测逻辑”中，概括了企业和技术服务提供者在促进城市智慧时持续引发的三大危机：“大规模城市化”“全球气候变化”和“财政紧缩”。上述危机列表可以通过一系列其他相关或附属的危机而被轻易扩充，这些危机在为尝试促进智慧城市事业中经常被运用，比如恐怖主义、城市抗议或不文明行为、流行病大爆发、城市基础设施崩溃或迫在眉睫的退化，以及现有（总是过时的）技术问题。

当然，在智慧城市范式的社会技术想象中植入危机文化是一个经过深思熟虑的策略。反乌托邦的未来需要解决方案，因此，无论预期的不安全因素是什么，智慧城市总是在等待一个令人信服的解决方案，它既具有创新性又能立竿见影，让人安心。本章并非回顾智慧系统在解决上述各种突发情况时的具体计算或实际方法。相反，在这有限的篇幅中，笔者将简单概括
176 出三种普遍但有疑问的比喻，尽管很少被认可，但实际上却是构成智慧城市大厦本体论的基础。

首先，也是最重要的，对计算技术的拜物教化：当代生活的方方面面明显充斥着这种令人不安的趋势，从教育到战争、权力放弃和问题优先化，再到物化技术和与巨大的数据存储库相联系的网络系统，其中有一种错误观念：任何社会挑战都可以通过由计算和技术提速的应用得以解决。在这里，显而易见的危险是，社会沦为了莫洛佐夫式“解决主义”[*]（2013）的牺牲品，或者是詹姆斯·布莱德尔（James Bridle, 2018）最近命名的“计算思维的鸿沟”，这种观点认为世界上所有的问题（包括一些甚至不被看作是实际问题的进展）都可以通过应用技术解决方案来识别和解决。

第二，将城市（以及由此产生的城市治理）过度估值作为解决危机的方案，这是智慧支持者在其宣传材料中隐晦地提及的；或者如詹姆斯·梅里克斯·怀特所讲：

> 可感知的威胁等级与应对威胁的地点之间存在脱节

* 过去十余年来，学者艾弗吉尼·莫洛佐夫（Evgeny Morozov）屡次指出，我们的社会场域正一块又一块地为数字资本主义的模式所蚕食，他将此模式命名为“解决主义”（solutionism）：其基本假定是，与老式的人类“看门人”（gatekeeper）决策模式相比，大数据与算法的配合将能更有效地解决我们的共同需求。——译者

> [……]。虽然城市被塑造为潜在的系统性危机可能爆发的底层，但咨询公司的分析中很少提及特定的城市。相反，在特定的情况下，需要全球趋势和统计数据作为采取行动的正当理由。
>
> （2016：585）

第三，与前面几点明显相关的是，技术行业对于（城市）萎靡不振的实际原因并未找到更为“聪明”的处方。因为缺乏对现代社会及其固有问题更深入、更全面的社会学和哲学理解，决定了通常构成智慧城市原型的创新性覆盖是有限的，在形式上是衍生的，这一点笔者将在下面智慧城市的发展中进一步阐述。

作为企业“运作”领域的智慧城市

> 表面上，智慧城市的主要目标是创建高效、可持续发展的城市，但究其根本，它首先是在巨大市场中获得主导地位的战略性工具。
>
> （Söderström, Paasche & Klauser, 2014: 316）

如上所述，智慧城市通常被看作是一个定义模糊、不精确的概念。然而，最近很多故事讲述者试图反对这种描述，相反，他们更为坦率地将智慧城市范式视为跨国公司进一步强化城市内部私人影响力的一个更直接的关键工具术语（Greenfield 2013, 2017; Kitchin, 2014; Hollands, 2015）。犯罪学家马克·舒伦伯格和布鲁尼尔达·巴利（2019）总结了这一观点，他们认为，如果“我们透过陈词滥调和花言巧语来看，智慧城市似乎 177
就成了‘裸体国王’，是一个旨在出售资本积累的企业愿景而设计的商业构造”。对于那些正从事智慧城市相关的技术、基础设施或者交流方面工作的人来说，这种观点可能是难以接受的，考虑到智慧城市的历史虽然短暂，但却有翔实的文献记载，这一点并不容易被忽视（Townsend, 2013）。据奥拉·索德斯特伦（Ola Söderström）、蒂伊·帕什（Till Paasche）和弗朗西斯科·克劳泽（Francisco Klauser）（2014: 310）所言，“智慧城市”最早出现于20世纪90年代中期，与当时澳大利亚和马来西亚规划的自动花园城市有关。在早期的例子中，修饰智慧城市的主要是诸如“竞争力”“经济效率”和“业务兼容性”等术语，但这些术语不亚于可持续性、电子政务或信息通信技术等固有元素。但是，这种权重平衡很快就开始向企业利益倾斜。

2018年，IBM公司在经历了十年的重大经济损失之后，面临着全球金融危机带来的经济增长放缓的影响。公司迫切需要一些措施来振兴疲软的收入来源，这一点在时任首席执行官萨缪尔·帕米沙诺（Sam Palmisano）的公共演讲“智慧地球：下一代领导议程”中有所表现。从本质上讲，在帕米沙诺的主导下，产生了IBM 21世纪的“市场创造战略”。2009年，IBM开始将“智慧城市”通过一系列出版物、宣传展示会以及高端会议活动来定义和推广。活动非常成功。通过巩固其在该领域核心利益相关者的地位，IBM完美地迈出了积极开发全球智慧城市市场发展的第一步。尤其是，在推论上他们将智慧城市定位成一个充满可能性的地方，一个企业开展有趣实验的开放空间，同时增强了城市的“创造力”，鼓励内部金融投资。

表面上，由IBM和它的竞争对手思科公司展现出来的智慧城市愿景以创新性、数字化、智能化、互联性、虚拟性等一系列不同的含义为前提，所有这些都应该以中立的、非意识形态的方式运行。然而，事实却完全不同。毫无疑问，在开放和创造性革新的光辉背后是对牟取暴利和全球新自由主义的深切承诺，有点像社会学家罗伯特·霍兰德（Robert Hollands, 2008）在早期的批判性文章中指出的那样，萌芽期的智慧城市只是城市企业化的另一种形式。但是，尽管他正确地将智慧城市范式视为市场化的“创意城市”准则的变体或者延伸，在这一点上，他仅仅是意识到智慧提出者如何主导市场和相关的话语。在霍兰德的文章发表大约十年之后，IBM、思科公司以及西门子、人行道实验室等该领域其他主要参与者，不仅在智慧城市这个蛋糕上分得一块，而且现在他们还生产蛋糕的原料、掌控配方，并且作为优秀的“蛋糕店”零售商进行运营。通过继续建立和推广智慧城市范式的企业版愿景［经常通过新加坡或迪拜等城市的发展实例展示。其中，利润利益和（或）既定等级秩序优先于民主或公民问责］，现如今，这些公司明确表示，不存在更有价值的智慧城市替代模式（非新自由主义的）。总之，一小部分技术公司已经成功地实现了2015年由硅谷成长型合伙制公司弗若斯特沙利 178
文咨询公司（Frost and Sullivan）报告中提到的标题，同时有效地构建了以服务为核心的智慧城市（Cotton, 2015）。

这种情况与哲学家斯拉沃伊·齐泽克（Slavoj Žižek, 2011）对全球资本主义现状更普遍的分析有着完美的共鸣。对齐泽克来说，我们解决资本主义（城市）失败的唯一方案是更加资本主义化，这是唯一的视角，也是资本主义的视角。因此，我们冲进了一个企业城市的未来，这个未来充斥着主张开放边界的全球资本家熟悉的术语，如“新兴市场”“城市竞争力”“增加问责制和透明度”等。这种“市场现实主义”伪装成一个社会技术想象，具有很多犯罪学方面的意蕴。首先，它确保市政府继续把资金投入到信息通信技术的支出中，并远离其他更传统的公共投资形式。这种转变可能在当代警务实践中最为明显（Joh, 2017; Danaher, 2018; Interpol, UNICRI, 2019）。但是，正如我们现在将要看到的，通过新的安全和预防或减少犯罪的策略，在空间上明确表现出来，“市场现实主义”极大地改变了我们城市的面貌和感觉，以及我们作为公民被调查和控制的方式。

作为军事化技术区的智慧城市

投入战争的技术不可避免地会回转。

亚瑟·霍兰德·米切尔（Arthur Holland Michel），《天空之眼》的作者，在丹麦国际问题研究所发表讲话，哥本哈根，2020年3月3日

在《山谷监控：互联网的秘密军事史》一书中，亚夏·列文（Yasha Levine, 2018）发掘了关于互联网是如何产生的这样一个有趣的非传统解释。最初的互联网是在20世纪60年代后期由美国国防部高级研究计划局（DARPA）为建立处理海外反叛乱集团数据收集和情报共享的网络而设计和建造，互联网（当时被称为阿帕网络，ARPANET）迅速演变成一个更普及、更精密的监视工具。在列文看来，这种从利基军事网络到总体监视系统的转变是美国联邦国防机构和私人通信企业之间的一系列经常性秘密合同和技术合作的结果。半个世纪之后，这种相同的关系动态甚至变得更强，其结果是形成了公私混合的监控系统，即今天的互联网。这个背景故事很重要，因为如果说智慧城市是什么，那么它就是互联网在物质层面的表现形式，所以

物联网是一个城市概念。正因如此，很多评论者简单地把智慧城市范式视为由互联网引发的高科技社会军事化的延伸。

所有智慧城市设计者的终极目标是创建一个这样的城市区域，其中每一个行动、互动、事件和交流都是可监控的、可记录的、可数据标准化的以及可网络化的。这些做法本身可以是完全中立的。然而，如果说过去的二十年教会了我们有关智慧城市的某些知识的话，那就是，当提到有关监控和安全问题时， 179
重要的是将所有新技术发展沿着控制连续体进行布置。在体系的良性一端，可以将数据传感器或物联网等智能平台视为社交网络的延伸、便捷的反馈工具或交互式通信节点。此种立场是阿尔贝托·瓦诺洛（Alberto Vanolo, 2014）所主张的，他以福柯式的视角进行写作，将这个由扫描仪、传感器和互联的数据架构组成的新世界称为**智慧心态**。对于阿尔贝托·瓦诺洛来说，这些新的城市管理或监控技术是沿着惩戒轴心的不可避免的扭曲，只是这次（通过技术）“公民被非常巧妙地要求参与到智慧城市的建设中”（2014: 893）。其他人则不那么乐观。例如，贾森·萨多斯基（Sadowski）和帕斯奎尔（Pasquale）（2015: 10）将所谓的“软实力生物特征监测”视为对肉体的“露天开采”；在这个过程中，技术行业的新数据掮客通过在新的“脸”“虹膜”和“步态经济”中对物理主体进行货币化来实现个体的个性化。④以这种方式，我们沿着智慧连续体向着更加军事化的、以安全为导向的极点迈进。

---

④ 有趣的是随着5G网络的兴起，不久将有可能（通过地理标签和新的移动路由器三角测量的组合）来创建智能电话用户的数字化身，这个过程将允许监视操作者和其他利益团体，不仅能在笛卡尔X和Y轴的平面上，也能在Z（高度）轴上跟踪个人。

随着智能系统开始更多地用于普通公众而非被普通公众所用，我们用更具意识形态的术语框架定义智慧城市范式，将其视为一个自上而下的控制点。也许智慧城市作为准军事领域的中心主题是领域感知系统（DAS）或领域感知中心（DAC）。领域感知中心本质上是一个城市范围的安全集合，它聚集了许多来自监视摄像机、车牌读卡器以及物理和辐射传感器的视频供给，并将其引导至中央指挥中心。从这里，“警察可以在某个地点进行操作，并实时观看或倒计时。他们可以打开人脸识别和车辆追踪系统，插入社交媒体装置，并利用来自其他执法机构的数据拓宽视野”（Levine, 2018: 1–2）。对贾森·萨多斯基（Jathan Sadowski, 2019）来说，就像纽约市警察局和微软合作开发的纽约城市领域感知系统一样，该系统有一个根本目标：把城市变成一个平台，从而创建基于强制和控制的治理模式，并由安全代理和技术企业联络人共同监督：

> 捕捉城市的理念要求对城市居民持敌对态度：当敌人能够到处活动时，任何地方都可能爆发战争；要时刻对所有地点和人员负责。有了足够的无处不在的监视和处理能力，我们的目标是让整个城市每时每刻、每个角落都可认知和可控：它们将能够按下城市的倒回键，在任意时点暂停，观察它随着时间的推移而展开，或者按快进键，设计预测模型，为预测性警务和规划提供信息［……］。警察（和他们的私人搭档）不需要在一个混乱的和多元化的城市中巡视，“智慧”系统能够强制实行机械化的秩序，仿佛城市像计算机分析的那样，以可预测和编程的方式运转。
>
> （Sadowski, 2019）

美国著名历史学家梅尔文·克兰兹伯格（Melvin Kranzberg） 180
的技术第一定律指出："技术无所谓好坏，也不是中立的。"据我们目前所知，领域感知系统几乎没有违背这一公理。它强调的是"预测性警务"和"预测性建模"，领域感知中心和领域感知系统代表了城市警务实践的重大转变，从旨在发现或侦查违法行为以执行法律，转变为旨在预测犯罪行为来彻底预防犯罪。如果这只涉及新的警务模式，依赖（算法）工具的发展来"超引导"市民采取某些亲社会行为，这是可以接受的。然而，很清楚的是，物质化是一种更具社会腐蚀性的事务（Hayward & Maas, 2020）。许多智慧警务系统并非"客观""中立"的警务模式（"中立警务"从来没有成为现实），它们将依赖数据库和分析平台，无论是使用人工智能还是现有的犯罪统计数据，这些数据库和分析平台都不可避免地受到根深蒂固的偏见的影响（Angwin et al., 2016）。自我确认预测模式不可避免地出现了"失控的反馈回路"（Ensign et al., 2017）。一些犯罪学家已经对独立的"预测性警务"实践的发展表达了他们的担忧（Edwards, 2017; Kaufmann, Egbert & Leese, 2018）。然而，到目前为止，很少有人研究这一问题，当与其他快速发展的军事技术（目前正被重新设计以部署于民用环境中，并最终与智慧城市监控平台整合）相结合时，上述发展将如何提升。

大约十年前，美国国防部高级研究计划局推出了自主实时地面全域监视成像系统（ARGUS-IS），这是一个安装在无人驾驶飞机上的180万像素的视频监视平台，它能够随时以15厘米的分辨率观察25平方千米的区域（Hambling, 2009）。2014年，该项目作为"戈尔贡之眼"（Gorgon Stare）系统的一部分与美国空军整合，部署了广域动态图像（WAMI），使无人机能够在大片区域内追踪多个目标。在第二次海湾战争期间，它最初用于探测叛乱分子在巴格达地区安装的自制爆炸装置，之后不久，该系统就被作为执法调查工具在美国巴尔的摩上空运行（Michel, 2019）。在发现“戈尔贡之眼”的部署未经授权或与当地协商后，巴尔的摩人随后提出了对侵害公民自由问题的担忧，当然，这种担忧并没能阻止该项技术在美国其他城市的推广。美国军方已经在中西部六个州进一步开展广域动态图像测试，该测试使用实验性的高科技高空气球，将广域动态图像装置放置在海拔65000英尺的平流层中。这些热气球配备了高科技跟踪雷达，目的是“提供一个持续的监视系统，以定位和防止毒品交易和威胁国土安全”（Harris, 2019）。虽然在很大程度上隐藏在视线之外，但从隐私的角度来看，其他发展情况甚至更具侵扰性和令人担忧。例如，作家阿瑟·霍兰德·米歇尔（Arthur Holland Michel, 2019）提醒到，广域动态图像平台不久将通过红外成像变得更强大，能够探测到房屋和建筑内的个体。与此同时，五角大楼已经测试了他们的新型“杰特森”（Jetson）激光振动仪，这是一个能够在200米范围内透过衣服识别独特的心脏（心跳）明显标示的设备。如今，人们似乎可以用任何东西扫描任何人（Hayward & Maas, 2020）。

181 尽管这些技术令人印象深刻，但要想在智慧城市中有效地应用，需要反叛乱专家提及的战场后勤协同（Singer, 2019）。显而易见，智慧城市想象家倾向于使用可替代的其他术语，例如“端到端解决方案”，但本质上说的都是一回事：监控系统、指挥中心和终端用户操作人员之间的数据流和实时信息更新。就高科技热气球的案例而言，先进的“多跳网络技术”（mesh networking technologies）用于连接广域动态图像平台，并与接收器立即共享数据。在警察的领域感知系统中，通过使用智能工具和实地数字反馈回路实现了相同的目标。[例如，基尔加诺（Kilgannon, 2020）谈及纽约警察局最近决定用智能手机应用程序取代警官的手写日志，以更好地获得他们所谓的“干净数据”。] 在这些以及其他发展中，我们看到警务作为一种社区资源进一步被削弱，取而代之的是看起来更像私人保安巡逻队和军事部署的结合体。

在撰写本章时，笔者发誓避免提及乔治·奥威尔（George Orwell）的经典小说《1984》，但此种技术让你别无选择。没有其他的对比标准。当然，区别在于如今智慧城市中可用的是控制论一代的老大哥（老大哥的大哥？）。控制论诞生于计算机和网络理论，它主张人类不是掌握自己命运的个体，而是复杂系统的组成部分。在城市战争机器中，如当代的领域感知系统，人类已经沦为通用机（universal machine）的一个部件，即由信息回路连接在一起的网络中的一系列节点。在下一节，我们将探索这种思考方式的逻辑结果。

作为生化电子人中心的智慧城市

> 我不是被封闭在一个完美的圆圈内的维特鲁威人，从我个人的视角坐标看世界，同时为所有事物提供尺度。我也不像建筑现象学家所认为的那样，是一个自主的、自给自足的、生物具体化的主体，遇到周围的环境，将其对象化，并对其做出反应。在一个相互递归的过程中我构建，也被构建；不断地与我流动的、可渗透的边界和我无休止的分支网络接触。我是一个空间上可扩展的生化电子人。
>
> 威廉·米切尔（William Mitchell, 2003: 39）

自从该领域的创始人诺伯特·维纳（Norbert Weiner）于1948年出版了《控制论：关于动物和机器的控制和通信科学》以来，来自很多学科的理论家预言，最终，人类与我们所生活其中的更大的“控制论机器”间的区隔将会瓦解。正如作家威廉·吉布森（William Gibson）引人深思的说法，网络空间和“人体空间”之间界线侵蚀的中心主题当然是生化电子人（Gray, 1995）。[⑤]在大众文化中，生化电子人通常以社会（类人
182 的）行动者的形式呈现出来。他们有知觉，但在感情上是冷漠的，是自由的，也具有潜在的破坏性（Haraway, 1991）。想象一下《星际迷航》里的博格人，或者《终结者》电影系列中的T-800机器人。然而，正如马修·甘迪（Matthew Gandy, 2005: 28）所指出的，在未来学家、控制论学者和社会理论家中，对生化电子人的重要解读是：**空间的物质延伸**。在其中，由于互联的基础设施和数字网络流，生化电子人成为网络城市成长和发展的典范，类似于社会学家曼纽尔·卡斯特尔（Manuel Castells, 1996）的“流动空间”中的复制人假体填充术。快进到智慧城市的时代，这些解释都是显而易见的，没有必要总是以堂吉诃德式的控制论学家或科幻小说作家设想的那种方式出现。

显然，军事机器人、虚拟现实以及基于云计算的战场通信的快速兴起为生化电子人提供了一个完美阐释，它既是一个物理领土的存在，又是后现代社会更普遍军事化的象征。例如，在第二次海湾战争中，我们看到美国部署了艾文·威利（Elvin Wyly, 2013: 389）所称的“有腿的IBM机器”，成百上千收集

⑤ 术语“生化电子人”（cyborg）是控制论有机体的简略表达。

数据的士兵和国防承包商的员工在军事和后工业化的复合体中充当网络节点。此外，很明显，装甲外骨骼（Scharre et al., 2018）、“机器人咕噜声”和“湿件”*（“人类效能改造”是通过基因组编辑和其他形式的合成生物实现）的发展，尽管与保罗·维霍芬（Paul Verhoeven）1987年的电影《机械战警》（犯罪学家和警察学者最喜欢的比喻）中的控制论警察还存在一定的差距，但我们很清楚，未来的生化电子人最终将实现马修·甘迪和威廉·米切尔的主张，并在城市的物质延伸中发挥作用，虽然只是发生在领域感知中心或城市战场变体中。⑥

不太明显但可能更令人担忧的是“生化电子人城市”的另一个方面，它与空间性的本质无关，而是与未来智慧城市居住者的意识和认知的变化本质有关。简而言之，我这里所说的是，新的“生化电子人”城市居民可能不太像是人类的复制人（当然，这一切正在到来），更像是复制人式的人类（replicant-like human）。这里的一个出发点是詹妮弗·加布里斯（Jennifer Gabrys, 2014）所观察到的，尽管智慧城市在本质上是一种环境现象，它也具有将城市公民转变为“市民传感器”（citizen sensors）的积极社会功能。对马罗什·克里夫（Maroš Krivý, 2018: 16）来说，这一发展是他所谓的“日常生活的渐进控制论”的核心特征，也是“市民同时融入自动行为传感器，并作为环境向量被侵犯”的过程。然而，这只是开始。在新的网络

* 是指相对于硬件和软件而言的人的大脑，或特殊的有机计算机。——译者

⑥ 有趣的是，麻省理工学院的诺伯特·维纳教授在发起军事思维领域的控制论革命方面比任何人做得都多，没过多久却后悔自己的参与。正如莱文（Levine, 2018: 45）指出的那样：“他看到科学家和军人用最狭隘的控制论来创造更好的杀人机器和更有效的监视、控制和开发系统。”

个体中，人类与非人类之间数据流变得越来越模糊，进一步腐蚀了大脑与机器之间的分界线。

这种去主体化进程，或杰瑞·曼德（Jerry Mander, 2012）所说的“意识私有化”，反过来又因市场力量的入侵而加剧，因为这种入侵是通过将进化神经营销技术和其他形式的神经网络殖民化编入算法中实现的。对某些人来说，此类担忧可能稍显牵强，过于未来主义。但事实上，这些发展的有些方面已经与我们密切相关。在生活的某些领域，人类已经输给了神经网络中的数据，这些神经网络现在构成了机器-人类二元件。例如，
183 在金融贸易领域，人类代理首先遭到诟病，目前基本上被算法支持的自动交易头寸所取代，其经常会导致随机的“闪电崩盘”和其他不可预见的市场动荡（Bridle, 2018: 121）。在科技研究中，他们把这种新的社会物理现象称为“新自由主义认知智慧圈”，“一个部分自治的领域，其中，信息算法彼此之间的交互方式经常与人类的理解、预测或掌控相悖”（Wyly, 2013: 390）。

但是，这种对互联网的屈服、对算法的默许将会产生什么结果呢？市民将会如何表现和商定新的“认知文化资本主义下的智慧城市”（Wyly, 2013: 390）？在一篇题为《超越平坦：智慧城市造就愚蠢公民》的有思想的论文中，迈克尔·麦奎尔（Michael McGuire）试图回答，在全面发展的、超链接的智慧城市范式中，预测现有的心理行为和交易关系是如何得到强化的。迈克尔·麦奎尔的核心观点是，智慧城市的“风险是有可能破坏任何城市最关键的组成部分——构成它的公民”。发展社会学家理查德·塞内特（Richard Sennett, 2012）提出了“正在麻木的智慧城市”的观点，迈克尔·麦奎尔（2018: 2）断言“我们的城市变得越智能，我们都将变得越‘愚蠢’”，因此，与

其说是麻木，还不如说正在发生的是愚昧化的过程：

> 塞内特（Sennett）同意这样一种观点，智慧城市可以提供的东西背后没有“魔法”[……]。结果是更多有机城市空间相关的探索、不确定性和内在不规则性被扼杀了。我们不再需要“弄清楚”如何利用城市以及如何与城市互动，正是在这一点上，他称其为“麻木”的开始。但是，我认为可能会有更深远、更持久的影响，而不仅仅是暗含着一点儿困惑或（暂时）失去理智的麻木。智慧城市可能会比它所表现出的愚蠢更为愚蠢，也就是说，它可能积极地剥夺和腐蚀利用城市空间的传统能力，以至于市民（确实）变得愚蠢。
>
> （McGuire, 2018: 4）

随着我们越来越善于“删除”城市感觉器官的这些部分，也是我们希望忽略的部分，我们就更接近前面提到的复制人。借用迈克尔·麦奎尔的术语，通过诸如“疏忽性失明”和“我们关键能力的萎缩”等过程，人类代理“消失”了。其结果是，聪明的市民不仅失去了管理自己的能力，更重要的是失去了意志力，因为他们更多地依赖网络来维持自己处于一个“永久安全和绝对安全的状态”（McGuire, 2018: 8）；一种关系动态，其本身降低了社会适应性，加剧了被动的婴儿化（Hayward, 2013）。

技术乌托邦主义者和信仰“加州意识形态”（Barbrook & Cameron, 1996）的商人们相信，他们新的复杂创造将带来“政治的终结”，促进建立在透明信息回路上的和谐社会，以及轻松

的环境行为管理。相反，他们无意中为控制、监视和剥削的总
184 体系统奠定了技术基础。[7]依据人类主观性和人际动力学，控制论梦想的破坏性更大。控制论学者的愿景是一个新的“市民传感器”，它将受到网络化处理数据流的启发，当我们拥抱超链接时，模拟世界中所有琐碎的不满和微观竞争都会以某种方式消失。事实上，他们及其企业的追随者已经创造了一个如此依赖数字技术的世界，以至于我们已经看不见作为人类的意义。如今，在我们面前有一个不可回避的问题：城市智慧的崛起和无人操作的必然产物，即复制人式的人类，是否将会继续强化？或者个体行动者、亚文化群体，甚至广大公众是否会决定，现在是时候夺回城市了？

作为对抗性表层的智慧城市

> 唯一一个好的领域感知中心（DAC）
> 是一个废弃了的领域感知中心！
>
> 奥克兰反监视抗议者（引自于Levine, 2018: 2）

正如我们所看到的，围绕智慧城市展开的未来区域基本上都是积极的。考虑到涉及的跨国公司和已经投入技术开发和城市智慧化营销中的巨大投资，（除了继续往前走）还能有其他方法吗？然而，揭开企业浮夸以及肤浅支持的厚重面饰，很明

⑦ 在正常情况下，这些颗粒状和预测性的监视系统的大规模应用可能需要大约十年的时间。但是，由于新型冠状病毒性肺炎疫情的影响，此类技术的部署将会更加迅速，监视系统的支持者利用公共健康问题来证明及时和长久部署的合理性。

显，作为未来城市居住的典范，智慧城市并不像其支持者所设想那样神圣。持批判态度的记者、专业学者和激进的城市主义者均在探索该领域边缘的研究成果，显然，对智慧城市的未来也存在着一种更为悲观的看法，即未来会出现旨在阻止技术帝国主义发展的抗议和城市阻力，以及使用智能系统作为攻击面的对抗或者犯罪行为。让我们依次来简要地看一下每一项内容。当考虑到未来反对智慧城市范式的抗议，或者是来自于智慧城市范式内部的抗议，最好从目前围绕“技术冲击”一词的一些想法着手。由于空间限制，所谓的“技术冲击”是基于对数据驱动城市主义伦理的普遍关注，以及基于控制论和技术解决方案的治理形式最终能否与多元、开放的民主社会兼容（Kitchen, 2016; Greenfield, 2017）。[⑧]这种假设因对技术本身的间接恐惧而强化（Bridle, 2018）。具体而言，我们只优先采用和促进城市化问题的技术解决方案，却没有考虑到这些相同的技术也可能被用来对付我们。尽管刚刚开始，但已经存在多种形式的技术冲击，包括对某些社会网络平台的普遍抵制和2018年欧洲范围内的保护数据的裁决。鉴于智慧城市作为人工智能和网络技术象征的现状，其也不可避免地以抗议和异议场所而出现。迄今为止，智慧城市的某些特定的方面已经遭到了限制，例如当地反领域感知中心（DAC）运动和政府的面部识别摄像头禁令。然而，

⑧　这种问题本身就是两种相互联系的焦虑的产物。首先，对智慧城市作为一个“新自由政治场所”的本体论的担忧和恐惧是，从长远来看，它将减少社会信任，甚至潜在地影响法律的规定（Keymolen & Voorwinden, 2019）；其次，一个更明确的新马克思主义论证是，新的超级富有的精英会利用高强度监视和司法特区创造一个被多克托罗（Doctorow, 2015）称为是“漫长的（信息通信技术）封建统治时期”。

如果按照当前的趋势，反智能化运动将可能具体化为更有形的
185 事物，这可能对智慧城市相关的技术和运营能力构成严重挑战。

从我们迄今所看到的情况来看，两个明显的“抵制文化”正在兴起。第一种主要是在技术界发挥作用，与其说对抵抗本身感兴趣，不如说为更好地加强风险管理而对新技术方案施行的压力测试感兴趣（参见Belfield, 2020）。最重要的是，在人工智能领域，恶意使用人工智能时如何暴露出智能关键基础设施的漏洞，当然，也包括如何产生新的漏洞。因为人工智能易受“对抗性输入”（旨有利用系统处理刺激方式的数据）的影响，所以人工智能平台可能“幻想”出不存在的物体（或声音）。有一个非常著名的例子，肉眼看起来正常的一幅熊猫图片在不知不觉中被“改变”了（Goodfellow, Shlens & Szegedy, 2014），人工智能将其感知为长臂猿。同样，现在可以采用3D技术打印海龟的模型，但是从各个角度人工智能几乎都将其感知为步枪（Athalye et al., 2018）。这种实践对人工智能安全传感器和其他嵌入智能架构中的扫描设备有巨大的影响。例如，凯文·埃克霍尔特（Kevin Eykholt）和其他人（2017）已经开发了“对抗补丁”贴纸，将该贴纸贴在交通标志上，会导致图像识别网络（比如那些自驾车上的图像识别网络）将“停车”的标志误解为“限速45km/h”的标志。在一个类似的实验中，腾讯的科恩实验室（Keen Security Lab, 2019）展示了，在道路上贴上三张贴纸可以误导特斯拉S型车转换车道，直接与迎面来车相撞。尽管这些举措并不总是受科技界欢迎，但他们本身却不构成有意义的**政治**抵抗。[⑨]当然，我们的目标是促进关于脆弱性载体和预

⑨ 《当代犯罪学中的抵抗》，参见Hayward & Schuilenburg, 2014。

防性安全内容更明智的讨论。对于更具政治色彩的东西，我们必须转向第二种新兴的抵抗文化。

最近突发一系列政治暴乱，其显著特征之一是抗议者在抗议活动中动用了技术手段。[10]例如，像社交软件Telegram这样的加密信息平台正成为政治性抗议的主要基地。与此同时，去中心化的应用程序也在变得非常普遍，其使用二维码让组织者节点（也叫“水滴”）把小型、突发的抗议合并成协调一致的示威（或“海啸”）。然而，更有趣的是，全世界的抗议者正积极地采取特定的“反技术行动”方式；无论是以本地化参与或抵抗反对“数据正义”（Smith & O’Malley, 2017）的去人格化形式，还是加泰罗尼亚等地更广泛的反政府示威，都出现了智能路灯柱和人脸识别系统被拆除，身份证被锡纸包裹，以避免触发射频识别传感器的现象。毫无疑问，这些趋势将变得更加复杂，因为抗议者也在开发对抗性人工智能技术，这可能会混淆面部识别程序。艺术家和研究人员已经联合研发了保护个体免受人工智能监控的化妆品“炫彩伪装”，而在比利时，已经设计出一种对抗性的图像，如果打印出来并随身携带，人工智能计算机视觉识别系统则无法识别到整个人。[11]亚当·爱德华兹（Adam Edwards）和马可·卡拉苏（Marco Calaresu）（2018）最近观察到，在当前环境下“高估机器的力量或低估人类在‘民主城市’ 186

⑩ 技术冲击或“排斥”主流数字文化的观念在抗议运动之外也有所发展。例如，暗网的“Tor”浏览器的使用量大幅增加，或者像浏览器插件AdNauseam或TrackMeNot一样的所谓的“混淆”技术已经兴起（Brunton & Nissenbaum, 2016）。

⑪ 还有亚当·哈维（Adam Harvey）的“高光谱人脸”项目，该项目使用了能够蒙蔽人脸识别系统的纺织图案。

中抵抗和即兴发挥的能力是不明智的”。这两种观点都是正确的。但是至少到目前为止，智慧城市范式的批评者更关注前者而非后者。展望未来，我认为社会科学对于纠正这种不平衡将发挥重大作用。

从犯罪学角度讲，正是在这一点上，智慧城市作为一种对抗性表层或空间（adversarial surface/space）的观点具有很大的吸引力。犯罪学家和数字社会学家已经写过很多关于网络犯罪和线上受害的文章，但很少将智慧城市作为数据不安全的特定载体。然而，我们现在正处于一个全新时代的风口浪尖，针对超链接的核心基础设施系统（Kaloudi & Jungyeu, 2020）充斥着“网络物理威胁”（Joo & Tan, 2018）和“人工智能犯罪”（King et al.，2020），因此，向这个方向转变的必要性是显而易见的。例如，已经出现了“人工智能黑客”利用Alexa、Siri和Google Assistant语音识别系统中的漏洞的情形。这些技术能够轻易地用于攻击“智能家居”，比如，只需通过无线电播放稍稍令人“不安”的音乐就可以开锁、汇款，或形成违法或令人尴尬的产品采购订单。这种“对抗性攻击”表明“坏人”如何在物理环境中散布保罗·沙瑞尔（Paul Scharre）和迈克尔·霍罗威兹（Michael Horowitz）（2018: 15）所称的“认知地雷”，揭露物联网系统中关键的安全漏洞，并为智慧城市范式的支持者提出了更深层次的问题。

通过开发先进的监视系统和率先使“传统的”犯罪形式变得不可能，我们只是使社会面临一系列不同的、基本上无法预料的灾难性风险与威胁——包括抗议和犯罪行为导致系统故障而引发复杂的相互作用——而这些风险和威胁以前被认为是不可能的。既然如此，也许是时候提醒犯罪学家回顾法国“日常生活哲学家”米歇尔·德·塞尔托（Michel de Certeau）的话：

> 如果“规训”的网格遍布各地，正在变得更清晰、更广泛，那么就更迫切地需要探索整个社会如何抵制沦为它的一部分，哪些普遍的程序（也是“微不足道”和日常的程序）操纵规训机制，并且仅为了规避它们而遵循它们。
>
> （《1984》: xiv）

结　论

2022年，在日本富士山山麓175英亩的土地上，丰田汽车公司将开始着手打造“茧城”（Woven City）。该公司的总裁丰田章男（Akio Toyoda）用相互矛盾的术语将其描述为“梦想之地”和“完全掌控的场所”，难以想象的是，“茧城”正在被作为未来城市生活的原型而推广（Korosec, 2020）。尽管提出了大胆的主张，但支撑“茧城”的大部分技术实际上并不新鲜。相 187
反，它代表既有的发明（智能家联技术、基于传感器的人工智能和嵌入式健康评估扫描仪）与丰田的e-Palette自动驾驶汽车运输和送货班车，以及品牌家庭服务和维护机器人的结合。最重要的是后一个要素。“茧城”无疑会测试很多有趣的东西，但本质上说，它所代表的是企业机器人进一步潜入“智慧城市2.0”的私人和公共领域的映射。对于像丰田这样的机器人技术世界领先者来说，“茧城”闪亮的设计师住宅和一尘不染的休闲空间只不过是新机器人——人机界面——的一个真人大小的试验场，一个亚历克斯·加兰（Alex Garland）拍摄的《机械姬》的良性版本，或者是重述先前的一个术语，第一个完全可操作的机器人社会技术想象。丰田的问题是，我们甚至在“茧城”的故事开始前就知道它会怎样结束。我们之所以知道，是因为我们之前已经听过这个故事。

2015年，在大肆报道和宣传加密未来学的标准之际，韩国启动了位于首尔西南25英里处的松岛智慧新城项目。松岛智慧新城的计划可谓野心勃勃。它将成为世界上第一个专门建造的“智能商务区”，并为30万新居民提供新家。松岛智慧新城被宣传为宽敞、绿叶茂盛、交通便利和“生态可持续的”城郊宁静的科技天堂，它与韩国典型的城市中污染严重、人口过剩的街区形成鲜明对照。然而，项目启动还不到十年，松岛智慧新城就已经偏离了当初的发展蓝图。只有四分之一的人口入住率，没有企业和主要零售商，而且也没有文化设施，松岛智慧新城展示了一位观察家最近描述的“切尔诺贝利式的空虚”（White, 2018）。虽然科技创新和超级互联很重要，但是空无一人的高层建筑和封闭式零售空间，使得如今的松岛不再是智慧城市，更像一个超级互联的鬼城。

很多困扰松岛的问题提供了一个悲惨的事例，即当城市开发者优先考虑技术创新而非城市居住者的生存现实时会发生什么。如果“世界上第一座智慧城市”成为一个生动的、正在上演的社会技术想象破碎的例子，为什么丰田汽车公司会如此痴迷于开拓出另一个技术幻想城堡？答案可以在技术计算文化的本质中找到。正如计算机科学家致力于试图通过给模型增加更多数据来修正预测错误一样，很多智慧城市范式的支持者错误地认为，解决智慧技术在现实世界中失败的唯一方式是使用更加智慧的技术。然而，将更多技术植入城市空间比扩大数据集要重要得多（且是不可逆的）。随着越来越多任务和决策被默许委托给机器及其相关系统，“城市体验”（Hayward, 2004）不可避免地被重构。城市空间变得越来越人为设计并且更加计算化，当漫步于城市时，开始感觉像是在机场的“代码/空间”（Kitchen & Dodge, 2011）中度过；安全且无菌，但同质且界限分明。但也许这就是重点。如果智慧城市支持者的基本前提是“非智慧即愚蠢”，那么数字技术城市自然就应比它模拟的（人类）前身更优越。正是这种虚假的二进制不可逆转地推动了 188
“茧城”和对企业机器人研发的加倍投入。简单来讲，对于丰田和其他智慧服务提供商来说，智慧城市唯一可能的未来是以机器人社会技术想象为前提的。毕竟，生活方法论和认识论的混合将出现在新的人机界面内，毫无疑问，新的人机界面比真实的事物更容易管理和拓展，因为它被“不智慧的”模拟公民的特质和生存焦虑所毁坏。

本章的开篇就大胆宣称，我们如今生活在智慧城市的时代。因此，作为结论我们必须提出一个鲜明的问题：无论是“茧城”、松岛智慧新城还是即将安装在您附近城市的即插即用的领域感知中心（DAC），当城市生活最终由计算系统定义和施行时，“生活”究竟意味着什么？如果对于这一问题没有清晰的答案，那么我们只能归咎于自己，因为智慧城市可以毫不费力地从社会技术想象转变为技术控制的现实。

参考文献

Albino, V., U. Berardi and R. M. Dangelico. 2015. Smart cities: Definitions, dimensions, performance, and initiatives. *Journal of Urban Technology*, 22 (1): 3–21.

Angwin, J. et al. 2016. Machine bias: There’s software used across the country to predict future criminals. And it's biased against blacks. *ProPublica*.

Anderson, B. 2010. Preemption, precaution, preparedness: Anticipatory action and future geographies. *Progress in Human Geography*, 34 (6): 777–798.

Athalye, A., L. Engstrom, A. Ilyas and K. Kwok. 2018. *Synthesizing robust adversarial examples. Proceedings of the 35th International Conference on Machine Learning*, PMLR 80: 284–293. Barbrook, R. and A. Cameron. 1996. The Californian ideology. *Science as Culture*, 6 (1): 44–72.

Belfield, H. 2020. *Activism by the AI community. AIES '20: Proceedings of the AAAI/ACM Conference on AI, Ethics, and Society*, February, 15–21.

Bridle, J. 2018. *New dark age*. London:Verso Books.

Brunton, F. and H. Nissenbaum. 2016. *Obfuscation*. Boston: MIT Press.

Carter, B. 2019. Public safety is at the heart of the smart city movement. Securityinfowatch. com, August.

Castells, M. 1996. *The rise of the network society*. Oxford: Blackwell.

Cotton, B. 2015. *Smart city as a service: Using analytics to equip communities for data-driven decisions*. https://www.mayorsinnovation.org/images/uploads/pdf/15_-_Smart_City_as_a_ Service.pdf; accessed 23-08-2020.

Danaher, J. 2018. The automation of policing: Challenges and opportunities. https://philosophicaldisquisitions.blogspot.com/2018/10/the-automation-of-policing-challenges. html; accessed 23-08-2020.

De Certeau, M. 1984. *The practice of everyday life*. Berkeley: University of California Press.

Doctorow, C. 2015. Technology should be used to create social mobility—Not to spy on citizens, http://www.theguardian.com/technology/2015/mar/10/nsa-gchq-technology-create-social-mobility-spy-on-citizens; accessed 03-09-2020.

Eaton, R. 2001. *Ideal cities*. London: Thames and Hudson.

Edwards, A. 2017. Big data, predictive machines and security: The minority report. In *The Routledge handbook of technology, crime and justice*, edited by M. Maguire and T. Holt. London: Routledge.

Edwards,A. and M. Calaresu. 2018. Smart cities and security: Editorial preface. *City, Territory and Architecture*, 5: 19. https://doi.org/10.1186/s40410-018-0089-1.

Ensign, D. et al. 2017. Runaway feedback loops in predictive policing.

Proceedings of Machine Learning Research, 81:1–12.

Eykholt, K., I. Evtimov, E. Fernandes, T. Kohno, B. Li, A. Prakash, A. Rahmati and D. Song. 2017. Robust physical-world attacks on deep learning models. https://arxiv.org/ abs/1707.08945; accessed 03-09-2020.

Gabrys, J. 2014. Programming environments: Environmentality and citizen sensing in the smart city. *Environment and Planning D: Society and Space*, 32 (1): 30–48.

Gandy, M. 2005. Cyborg urbanization: Complexity and monstrosity in the contemporary city. *International Journal of Urban and Regional Research*, 29 (1): 26–49.

Garreau, J. 1991. *Edge city*. New York: Doubleday.

Goodfellow, I. J., J. Shlens and C. Szegedy. 2014. Explaining and harnessing adversarial examples. arXiv:14126572 [cs, stat].

Gray, C. H. 1995. *The cyborg handbook*. New York: Routledge.

Greenfield, A. 2013. *Against the smart city*. New York: Do Projects. Greenfield, A. 2017. *Radical technologies*. London:Verso Books.

Hall, P. 1989. *Cities of tomorrow*. London: Blackwell.

Hambling, D. 2009. Special forces: Gigapixel flying spy sees all. *Wired*.

Hannigan, J. 1998. *Fantasy city*. London: Routledge.

Haraway, D. J. 1991. *Simians, cyborgs, and women*. London: Free Association Books.

Harris, M. 2019. Pentagon testing mass surveillance balloons across the US. *The Guardian*, 2 August.

Hayward, K. J. 2004. *City limits*. London: GlassHouse.

Hayward, K. J. 2012. Five spaces of cultural criminology. *British Journal of Criminology*, 53 (4): 441–462.

Hayward, K. J. 2013. 'Life stage dissolution' in Anglo-American advertising and popular culture. *The Sociological Review*, 61 (3): 525–548.

Hayward, K. J. and M. Maas. 2020.Artificial intelligence and crime: A primer for criminologists. *Crime, Media, Culture*, doi: 10.1177/1741659020917434; accessed 23-08-2020.

Hayward, K. J. and M. Schuilenburg. 2014. To resist = to create?: Some thoughts on the concept of resistance in cultural criminology. *Tijdschrift over Cultuur and Criminaliteit*, 4 (1): 22–36.

Hollands, R. 2008. Will the real smart city please stand up? Intelligent, progressive or entrepreneurial? *City*, 12 (3): 303–320.

Hollands, R. 2015. Critical interventions into the corporate smart city. *Cambridge Journal of Regions, Economy and Society*, 8 (1): 61–77.

Interpol, UNICRI. 2019. *Artificial intelligence and robotics for law enforcement*.

Jasanoff, S. and S. -H. Kim. 2015. *Dreamscapes of modernity: Sociotechnical imaginaries and the fabrication of power*. Chicago: University of Chicago Press.

Joh, E. E. 2017. The undue influence of surveillance technology companies on policing. *NYU Legal Review Online*, 101.

Joo,Y. -M. and T. -B. Tan. 2018. Smart cities: A new age of digital insecurity. *Survival*, 60 (2): 91–106.

Kaloudi, N. and L. Jungyeu. 2020. The AI-based cyber threat landscape: A survey. *ACM Computing Surveys*, 53 (1): 1–34.

Kaufmann, M., S. Egbert and M. Leese. 2018. Predictive policing and the politics of patterns. *British Journal of Criminology*, 59: 674–692.

Keymolen, E. and A.Voorwinden. 2019. Can we negotiate?:Trust and the rule of law in the smart city. *International Review of Law, Computers, and Technology*, forthcoming.

Kilgannon, C. 2020. Why the NYPD dropped one of its oldest crime-fighting tools. *New York Times*, 5 February.

King, T. C., N. Aggarwal, M. Taddeo et al. 2020. Artificial intelligence crime: An interdisciplinary analysis of foreseeable threats and solutions. *Science and Engineering Ethics*, 26, 89–120.

Kitchin, R. 2014. The real-time city? Big data and smart urbanism. *GeoJournal*, 79 (1): 1–14.

Kitchen, R. 2016. The ethics of smart cities and urban science. *Philosophical Transactions of the Royal Society A*, 374: 20160115.

Kitchen, R. and M. Dodge. 2011. *Code/Space*. Cambridge: MIT Press.

Korosec, K. 2020. Toyota is building a tiny utopian prototype city filled with people, robots and AI. https://www.yahoo.com/finance; accessed 20-01-2020.

Krivý, M. 2018. Towards a critique of cybernetic urbanism:The smart city and the society of control. *Planning Theory*, 17 (1): 8–30.

Levine, Y. 2018. *Surveillance valley*. New York: Public Affairs.

Mander, J. 2012. Privatization of consciousness. *Monthly Review*, 64 (5).

McGuire, M. 2018. Beyond flatland: When smart cities make stupid citizens. *City, Territory and Architecture*, 5.

McNeil, M., M. Arribas-Ayllon, J. Haran, A. Mackenzie and R.Tutton. 2017. Conceptualizing imaginaries of science, technology, and society. In *The Routledge handbook of science and technology studies*, edited by U. Felt et al. Cambridge: MIT Press.

March, H. 2016. The smart city and other ICT-led techno-imaginaries. *Journal of Cleaner Production*, 199: 1694–1703.

Mattern, S. 2017. *A city is not a computer*. https://placesjournal.org/article/a-city-is-not-aco mputer/?gclid=EAIaIQobChMI7bDUjf6K6AIVlpQYCh0acAIbEAAYASAAEgKGGPD_BwE#ref_10; accessed 20-05-2020.

Michel, A. H. 2019. *Eyes in the sky*. HMH Books.

Mitchell, W. J. 2003. *Me++:The cyborg self and the networked city*. Cambridge: MIT Press.

Morozov, E. 2013. *To save everything, click here*. New York: Public Affairs Books.

Pali, B. and M. Schuilenburg. 2019. Fear and fantasy in the smart city. *Critical Criminology: An International Journal*, doi:10.1007/s10612-019-09447-7; accessed 02-01-2020.

Rosati, U. and S. Conti. 2016. What is a smart city project?: An urban model or a corporate business plan? *Procedia: Social and Behavioral Sciences*, 223: 968–973.

Sadowski, J. 2019. *The captured city:The 'smart city' makes infrastructure and surveillance indistinguishable*. realifemag.com.

Sadowski, J. and R. Bendor. 2019. Selling smartness: Corporate narratives and the smart city as a technological imaginary. *Science,Technology, and Human Values*, 44 (3): 540–563.

Sadowski, J. and F. Pasquale 2015. The spectrum of control: A social theory of theory of the smart city. *First Monday*, 20 (7), 6 July.

Scharre, P. and M. C. Horowitz. 2018. *Artificial intelligence*. Center for a new

American security. https://www.cnas.org/.

Scharre, P., L. Fish, K. Kidder and A. Schafer. 2018. *Emerging technology*. Center for a New American Security, https://www.cnas.org/.

Sennett, R. 2012. The stupefying smart city. Available at in *LSECities* Open Transcripts: Urban Age, Electric City.

Singer, P. W. 2019. *Insurgency in 2030*. newamerica.org.

Smith, G. and P. O'Malley. 2017. Driving politics: Data-driven governance and resistance. *British Journal of Criminology*, 57 (2): 275–298.

Söderström, O., T. Paasche and F. Klauser. 2014. Smart cities as corporate storytelling. *City*, 18 (3): 307–320.

Soja, E. 1989. *Postmodern geographies*. London:Verso.

Tencent Keen Security Lab. 2019. Experimental security research of Tesla autopilot.Tencent.

Townsend, A. M. 2013. *Smarter cities*. New York: Norton.

Vanolo, A. 2014. Smartmentality:The smart city as disciplinary strategy. *Urban Studies*, 51 (5): 883–898.

Viitanen J. and R. Kingston. 2014. Smart cities and green growth: Outsourcing democratic and environmental resilience to the global technology sector. *Environment and Planning A: Economy and Space*, 46 (4): 803–819.

Weagle, S. 2019. *Smart cities are safe cities*. Securityinfowatch.com, 16 August.

White, J.M. 2016. Anticipatory logics of the smart city's global imaginary. *Urban Geography*, 37 (4): 572–598.

White, C. 2018. *South Korea's 'smart city' Songdo: not quite smart enough?* https://www.scmp.com/week-asia/business/article/2137838/south-koreas-smart-city-songdo-not-quite smart-enough; accessed 20-05-2020.

Wyly, E. 2013. The city of cognitive-cultural capitalism. *City*, 17 (3): 387–394.

Žižek, S. 2011. *Living in the end of times*. London: Verso.

第十二章　理解算法社会：思想总结 193

马克·舒伦伯格　里克·彼得斯

社会的分类

在人类历史上，社会分类的方法有很多种。一种分类是基于前工业社会类型演变的分类，包括狩猎和采集、园艺、畜牧和农业社会。虽然并非所有狩猎和采集社会都完全相像，但人类学家和社会学家都认为，它们具有合作经济关系的基本共同特征。在前工业社会类型中尚没有形成私有财产或所有权的观念，社会成员之间只是相互赠送物品。另一个分类是火葬社会和土葬社会。比如，考古学家戈登·柴尔德（Gordon Childe, 1945）等学者指出，这种区别对我们理解过去和现在的人类社会有若干方面的分析意义。在土葬社会，土葬的涌现部分源于为死亡和葬礼时间增添秩序和尊严的愿望。之后，有一种假设认为，丧葬待遇反映了社会的层级性质，特定的阶级和上层集团精英控制着社会群体。第三个分类是规训社会中的霸权权力结构（“控制权力”）与权力在其过程中变得更加内在的信息社会（“内生权力”）的分类。根据社会学家斯科特·拉什（Scott

Lash）的说法，这种分类转变的发生是与无处不在的媒体社会出现相一致的，“在其中权力正逐渐转向算法”（200: 71）。

正如莫顿·弗里德（Morton Fried, 1960）和马歇尔·萨林斯（Marshall Sahlins, 1961）等人类学家所指出的那样，需要重点关注的是这些分类应该被放置于更广泛的类别和更复杂的社会阶段。然而，许多人种学的研究表明，将社会定义为层级社会，是对西方和非西方社会的许多复杂社会秩序的过度简化和概括。持有不同意见的学者认为，这些分类无法解释不同类型的社会是如何相互关联、相互融合并最终实现部分替代。例如，在某一时刻是什么导致了规训社会和信息社会之间的转变？正如吉尔·德勒兹在其著作《福柯》（*Foucault*）中所说：“当一
194 个具有新规则和序列的新形态出现时，它从来不会在一个单独的阶段或创造行为中一下子出现，而是像一系列‘构件’那样出现，且带有在新规则出现时幸存下来的旧元素的裂口、痕迹和再生物（1986: 30）。”这就产生了我们社会在技术、权力和知识方面的“基础”问题，不必依赖于固定不变的形式或根深蒂固的本质。

技术、权力和知识

说算法深深植根于我们的社会，处处影响着决策，这几乎是陈词滥调。但是，分析它们如何影响我们社会的重要领域如行政、卫生、教育、工作、刑事司法和城市却并非毫无意义。尽管算法并不局限于数学，但随着人工智能和机器学习能力的不断增强，人们倾向于将算法视为一项将抽象数学原理应用于海量数据的最新技术创新。根据哲学家马泰奥·帕斯奎内利

（Matteo Pasquinelli）的研究，第一个机器学习算法是1957年的感知机。感知机是由纽约州布法罗康奈尔航空实验室的认知科学家弗兰克·罗森布莱特（Frank Rosenblatt）发明的。帕斯奎内利在《三千年算法仪式》（2019）中写道："感知机是一种可以被训练识别特定形状的照相机，即在误差范围内做出决定（使其成为'智能'机器）。"

深度的技术变革以相似的模式重复"训练"机器，并以统计分布的形式出现新的模式，已经引发了社会各种各样的文化愿景。其中之一是算法和分析促使新的权力动力的方式。不同学科的学者正在越来越多地研究新的权力模式是如何融入我们这个以算法为介质的社会。例如，哲学家科林·库普曼（Colin Koopman）谈到通过数据的形式作用于我们的"信息权力"。库普曼将信息权力定义为"信息的政治集合［……］，它的政治性表现为在任何交流交际之前，它将我们视为数据的主体"（2019b: 1334）。信息权力的一个关键要素是在某种意义上把我们联系在一起，它"既束缚我们，又促进我们"（2019a: 12）。另一种新的权力形式是律师兼批判理论家伯纳德·哈考特（Bernard Harcourt, 2007）所说的"解释性权力"，它揭示了由于我们的主观性是由算法塑造的，很大程度上我们变得不自由。算法将我们定义为特定类型的人，我们行动的可能性受到特定方式的制约。

这种多元化的权力形式表明，我们当前的社会并没有将世界统一为一个和谐的整体，而是在不同形式的技术、权力和知识之间产生有规律的社会综合体。因此，本书中描述的权力和知识的辨别形式，既不是相互排斥的，也不会取代"旧"形式的权力和知识。智慧城市的例子可以清楚地说明这一点。尽

管“智慧城市”的概念表明，只有智能技术才能用于改变和改善城市生活，但这对目前智能监控所涉及的内容提供了有限
195 的视角。智慧城市仍在使用“愚蠢”工具和技术来改善公共安全——例如，为限制进入和提高安全性，在繁忙的步行街和广场上放置大型混凝土花盆、重型卡车和水泥屏障（Pali & Schuilenburg, 2019）。另一个例子是预测性警务的数字形式，其中预测性分析用于评估未来可能发生的行为或事件，并指导警方采取适当的行动。关于权力问题，预测性警务是典型的国家监控（“主权权力”）的一种表现形式，然而该权力的运作是通过私营公司开发的数据驱动技术来跟踪和监测人们的行为和行动（Schuilenburg, 2021）。

本书以围绕算法如何塑造现在的社会以及如何塑造未来为主题。为解决这些问题，笔者将算法社会定义为：“涉及政府和私营主体之间混合联系的一系列实践和话语，其由一系列相对较新的数据驱动技术支撑，通过自己的知识模式以及形成新主体的特殊方式，为社会治理增加了新的层面。”在许多方面，前面章节的研究推进了我们对算法社会如何运作的理解。基于不同学者的贡献，关于算法在我们社会中的影响机制和困境，笔者得出了五点观察。

五点观察

技术乌托邦

第一个观察结果是看似矛盾的技术乌托邦愿景——算法的广泛使用（例如，参见舒伦伯格和巴利的文献）。算法被认为是

解决人类问题的一种先进技术形式，它坚持特定的发展和治理模式。算法在程序步骤上的排序和“黑箱”创建了一个类似机器的逻辑，符合韦伯式的对近代晚期官僚制度的分析。在公共服务管理、刑事司法管理和城市空间的监督方面均出现决策过程的自动化，这种异化标志着传统官僚制进入了临时阶段。尽管人类代理几乎不能被完全消除，而且许多自动化决策需要人类代理主体（公务员、法官、警官等）的后续决策，本书中的分析围绕算法追求治理的进一步合理化这一理念展开，并且这与我们数据驱动的经济密切相关。

然而，与此同时，算法的使用也注入了控制、预测和效率的乌托邦愿景。正如一些文献所概述的那样（例如，参见麦奎尔和海沃德撰写的章节），至少可以确定算法治理的三个核心
信念使得治理“更智能”。首先，算法不仅在私人生活和经济领 196
域，而且在政府管理中都能提高效率。它们都能够处理和分析大量数据，并找到人类理性无法创造的模式。其次，算法的使用被认为与公正呈正相关。它们以公民为中心，使参与成为可能，减少了人的偏见和主观性。第三，算法可用于提高安全性和安全感。它们可以预测犯罪以及作为城区软形式的行为管控（而不是严格的纪律）。然而，这些迹象至少在一定程度上是乌托邦式的。效率对竞争和消费的经济原理起重要作用。人的偏见在基层街道层面的决策中可能会减少，但是在算法的设计和数据输入中仍然发挥着重要作用。可靠的预测从根本上仍然无法实现，同时它也使新的控制形式合法化。

不公正

从本书收录的文章中可以得出的第二个观察结果是，算法

治理的社会后果是分布式的（见范·布雷克和阿维拉、汉娜-莫法特和毛鲁托的章节）。除其他外，行政决策自动化、刑事司法风险预测和公共领域行为干预的效果在人群中分布不均。算法社会有赢家和输家。赢家是那些从竞争和消费中受益的人，他们不屈从于带有偏见的数据，并且处于标准化行政决策的“幸福流”中。相反地，在以效率为由使人变得多余或者不具有生产力的地方，在已经过度管控的城区和高知名度风险群体中以及在发生行政失误或其他官僚主义复杂化的地方，都可以找到输家。

算法治理的至少两个因素使缓解这些分配倾向变得复杂。第一个复杂因素是算法不是根据宏伟的设计均匀应用或实现的，而更像是拼凑而成。然而，这种拼凑中有一个“逻辑”。例如，算法往往应用于特定的城区，比如在商业开发区或推出“智慧城市”激励措施的商业中心，以及在使用无线热点警务等措施的高犯罪率地区。此外，算法通常用于市民最容易受到伤害或排斥的行政决策中，即关于获得福利服务或津贴决定以及刑事司法判决和缓刑决定的地方。

第二个复杂因素是算法涉及保障针对个人的决策公平性。算法决策意味着很高层次的标准化：程序的设计所考虑到的是个人特征的抽象概念。因此，个体可能会因较大群体的某些特点而被概括（比如预测性警务）。此外，算法决策对市民来说通常是高度不透明的。它们可能会基于自身无法访问的数据、模
197 糊的算法程序，基于共享数据以及没有个人案例评估的设计结果选项而做出行政决定。正如一些文章所表明的，在保障每位公民的算法决策的公平性和构建公共组织的实际问责制方面，仍然存在挑战。最有可能受到算法负面影响的人，也是最有可

能没有明确的途径对算法决策提出上诉的人。

技术篡夺

第三个观察结果是算法通过否决现有的法律程序和保障措施来推动司法的技术“污染”（参见梅杰和格里梅利奎杰森以及威德拉克、范·埃克和彼得斯撰写的章节）。在这方面，可以确定算法治理设计中的三个相互关联的问题。第一个问题是缺乏算法透明度。对人类决策者和受影响的市民来说，使用了什么样的数据以及算法如何设计问题通常是不清楚的，这使得评估算法公平性变得复杂。第二个问题是缺乏算法责任。如果一项决策是自动生成的，谁将应该对此负责？我们如何判断个案中的所有相关因素是否都经过权衡？如果市民不知道判决所依据的数据或准则是什么，他们如何对决策提出上诉？最后，第三个问题是缺乏基层自主性。在“模拟”决策中，基层官员或一线工作者的自主决定权被认为是一个关键机制，在高度多样化的情况下，需要公平地应用自主决定来平衡一般规则和应用需求。由于引入了自动化决策，组织权衡个别情况的能力受到了限制。算法现在为人类代理的决策提供预设，而不是事实评估。

使算法决策与**法治**兼容仍然是一个挑战（参见科格利亚尼斯撰写的文稿）。如上所述，在新兴技术的影响下，透明度和公平正在被重新定义。一般而言，隐私和人权的倡导者已经强烈反对算法决策。自动化预测中的透明度和公平性问题是复杂的。算法是由IT专业人员而不是决策者设计的，由于其专有性质，通常讳莫如深，令人难以理解。此外，决策所有者和决策所依据的数据所有者之间可能存在分歧，就像自动网络决策的情况一样。通常，无论是决策组织还是受影响的市民，都无法洞察数据的来源和正确性。

算法代理

第四个观察结果是我们只能通过考虑人与算法的交互来理解算法对社会治理的影响（参见范·艾克撰写的章节）。然而，
198 保持数据驱动监管的“人机回路”本身不足以产生重大的影响。本书中的各种论述已经证明了在日常算法治理中起作用的行为元素。至关重要的是，即使人类必须跟踪算法生成的结果，算法也往往会产生决策者不会偏离的默认值。算法不会争论。它们在没有争论或推理的情况下给出结果。它们在不透露来源或假设的情况下呈现了真相。“只不过”组织自主决定的空间和算法透明度可能不足以克服行为和组织障碍，该行为和组织障碍实际上使用的是人的判断。算法的能动性范围超出了它们的即时计算和计算机代码。

各种机制可能使人类代理遵循算法结果。行为心理学的一个众所周知的事实是，人们通常倾向于遵循默认选项，而不是质疑它。此外，算法是特别有吸引力的默认项，因为它们通常以“非意识形态”的形式出现——带有科学客观性和合理性的气质。再者，对缓刑和警务的研究表明，人类的决策者可能无法正确理解算法，比如，将相关性和因果关系混为一谈，从而过度重视算法预测。组织行为学中关于令人满意行为的各种经典见解也在算法治理中发挥作用。例如，不信任计算机系统提供的数据而是从大量涉及行政决定的算法中挑出有问题的案例，或者对案例进行事实评估需要强大能力（包括分析能力和时间）。而且，组织意义上的透明度、问责制和公平性也可能因认识论问题而变得复杂。这里的问题不是算法缺乏透明度，而是

某些算法过于复杂，以至于人类无法理解。

大型科技公司

第五个也是最后一个观察结果是，在算法社会中主权从政府向大型科技公司发生了根本性的转变（例如，参见亨曼撰写的文章）。我们在这里把主权理解为在特定领域内做出决定的权威，该权威会影响人们的生活方式、居住场所以及调节他们生活的事物。一些研究表明，私营公司在数字产品和服务的开发、逐步决定公共事务的治理以及影响我们的行为这几个方面具有决定性的作用。如果这一发展继续下去，我们关于算法的最重要的描述是，私营部门如何决定创新和发展，包括什么是“善政”。这引出了最后一个问题：我们如何以民主的方式对算法和数据的使用“再政治化”？

进　路 199

我们的研究目标并非得出一个“反对算法”的简单论点；毕竟，算法已经深深地融入了整个社会的结构之中，它们也将毫无例外地继续扩展，其积极作用可能会大于在具体应用中给个人和社会带来的消极影响。然而，就像本书中的文章显示的那样，算法的应用也存在一些可以预见和无法预见的潜在危险，这是具有说服力的。因此，为了缓解算法社会给人们带来的忧虑，开启“在地性”实践行动这种替代性解决机制可谓是富有成效之举。

在这个场景下，批判理论家耶夫根尼·莫洛佐夫（Evgeny Morozov）和弗朗西斯卡·布里亚（Francesca Bria）（2018）将

“技术权威”理解为维持一定程度自治并在民众和技术提供者之间建立缓冲区的一种方式。他们认为，技术权威可以承诺更有意义的社会许可，从而管理我们的生活，它预示着民众有这样一种能力，可以对我们身边的技术设施如何运行以及所要实现的目标具有发言权和参与权。最后，人类依然设计算法、设定它们的目标、决定它们可以适用的领域。迄今为止，最雄心勃勃重新主张数字权威的项目在巴塞罗那兴起，针对可产生明确社会利益和公共回报的技术创新的发展方向和利用，政府及其民众具有优先决定权。在这里，已经成立了一个使用开源技术的委员会，其中技术和数字创新委员长由市政厅任命。

因此，重要的问题是人类代理应该在算法社会中扮演何种角色。说到初步建议，可以制定以下几条准则：

• 民众控制权应该是算法设计的宗旨——当然组织效率也不得不考虑。算法怎样影响民众的日常生活？民众如何对抗不公平的算法决策？

• 应该构建有益于人类自主判断的组织场景。为了克服便利和默认的算法输出，在有必要时，应该赋予人类代理以自由和激励，从专业角度出发改变算法决策。

• 独立的监督机构必须在组织声音和反话语方面发挥关键作用。政府部门或私人科技公司不太可能独自为算法决策建立与社会正义和法治原则相一致的、充分的制约与平衡机制。这些监督机构还应该提前检测政府部门使用的算法是否正常运转。

• 算法应用的推行应该与公共合法性与民众认可保持同步。为了某种手段性目的而强迫民众接受算法工具往往得不偿失，尤其当这种做法削弱民众对政府部门的信任时。

200 我们渴望实现这样的目标，即为了推进新的共同愿景寻求实践性和政治性干预，以改善这个以算法为中介的社会。这绝非易事。它代表着一种介于传统的成功和绩效衡量标准之间的张力。然而，算法不断融入社会基础设施要求我们拓宽对技术在功能意义上的理解，不应将理解仅仅局限于狭隘的工具性视角。

参考文献

Childe, G. 1945. Directional changes in funerary practices during 50,000 years. *Man*, 45: 13–19.

Deleuze, G. 1986. *Foucault*. Paris: Minuit.

Fried, M. 1960. *On the evolution of social stratification and the state*. Indianapolis: Bobbs-Merrill.

Harcourt, B. E. 2007. *Against prediction: Profiling, policing, and punishing in an actuarial age*. Chicago: Chicago University Press.

Koopman, C. 2019a. *How we became our data: A genealogy of the informational person*. Chicago: The University of Chicago Press.

Koopman, C. Koopman, C. 2019b. Information before information theory: The politics of data beyond the perspective of communication. *New Media and Society*, 21 (6): 1326–1343.

Lash, S. 2007. Power after hegemony: Cultural studies in mutation? *Theory, Culture & Society*, 24 (3): 55–78.

Morozov, E. and F. Bria. 2018. *Rethinking the smart city: Democratizing urban technology*. New York Office: Rosa Luxembourg Stiftung.

Pali, B. and M. Schuilenburg. 2019. Fear and fantasy in the smart city. *Critical Criminology: An International Journal*, doi:10.1007/s10612-019-09447-7; accessed 28-04-2020.

Pasquinelli, M. 2019. *Three thousand years of algorithmic rituals: The emergence of AI from the computation of space*. *E-flux*, #101.

Sahlins, M. 1961.The segmentary lineage: An organization of predatory expansion. *American Anthropologist*, 63: 322–345.

Schuilenburg, M. 2021. The security society: On power, surveillance, and punishments. In: *The Pre-crime society: Crime, culture, and control in the ultramodern age*, edited by B. A. Arrigo and B. G. Sellers. Bristol, UK: Bristol University Press and Policy Press.

索　引

（索引中页码为原书页码，即本书边码）

A

B

C

D

E

F

G

H

I

K

L

M

N

S

T

图书在版编目（CIP）数据

算法社会：技术、权力和知识 /（荷）马克·舒伦伯格，（荷）里克·彼得斯编；王延川，栗鹏飞译. —北京：商务印书馆，2023（2023.11重印）
（法律与科技译丛）
ISBN 978-7-100-22035-4

Ⅰ.①算⋯ Ⅱ.①马⋯ ②里⋯ ③王⋯ ④栗⋯ Ⅲ.①算法理论—应用—社会管理—研究 Ⅳ.① C916

中国国家版本馆 CIP 数据核字（2023）第 033288 号

本译著为国家重大社科基金项目“数字社会的法律治理体系与立法变革研究”（项目号：20&ZD177）的研究成果。

法律与科技译丛

算法社会：技术、权力和知识

〔荷〕马克·舒伦伯格　里克·彼得斯　编

王延川　栗鹏飞　译

商 务 印 书 馆 出 版

（北京王府井大街 36 号　邮政编码 100710）

商 务 印 书 馆 发 行

北 京 冠 中 印 刷 厂 印 刷

ISBN 978 - 7 - 100 - 22035 - 4

2023 年 7 月第 1 版　　开本 880 × 1230　1/32

2023 年 11 月北京第 2 次印刷　　印张 $10^{3}/_{8}$

定价：88.00 元